"十四五"航空运输类空中乘务专业系列教材

Minhangfa Jichu Zhishi yu Shiwu

民航法基础知识与实务

主　编 / 赵玉秋（中国民航大学）
副主编 / 王　姗　史金鑫　李建美
主　审 / 杨　惠

人民交通出版社股份有限公司
北京

内 容 提 要

本书是由国内民航法领域的理论专家和实务专家共同编写的专业教材，书中全部采用最新的立法规定，主要突出民航法的基本概念与基本制度。全书共八章，包括航空人员、航空旅客运输中的法律问题以及我国民航安全保卫法律制度等内容，同时附录列出了与民航乘务员相关的一些法律法规。本书结构层级清晰，内容表达简明扼要，浅显易懂。通过大量图解、表解、知识窗以及小案例等形式，拓展了很多知识点。每章开篇配有引例，章后配有思考与练习题，可帮助读者思考与巩固所学内容。

本书可作为民航院校空中乘务、航空服务等相关专业教材，也可作为民航领域非法律部门的培训教材，亦可供行业外读者了解民航相关法律法规知识使用。

图书在版编目（CIP）数据

民航法基础知识与实务 / 赵玉秋主编. —北京：人民交通出版社股份有限公司，2019.10
ISBN 978-7-114-15742-4

Ⅰ.①民… Ⅱ.①赵… Ⅲ.①民用航空—航空法—中国 Ⅳ.①D922.296

中国版本图书馆CIP数据核字(2019)第154275号

书　　名：	民航法基础知识与实务
著 作 者：	赵玉秋
责任编辑：	吴燕伶
责任校对：	张　贺　宋佳时
责任印制：	张　凯
出版发行：	人民交通出版社股份有限公司
地　　址：	（100011）北京市朝阳区安定门外外馆斜街3号
网　　址：	http://www.ccpcl.com.cn
销售电话：	（010）85285857
总 经 销：	人民交通出版社股份有限公司发行部
经　　销：	各地新华书店
印　　刷：	北京建宏印刷有限公司
开　　本：	787×1092　1/16
印　　张：	14
字　　数：	320千
版　　次：	2019年10月　第1版
印　　次：	2025年1月　第4次印刷
书　　号：	ISBN 978-7-114-15742-4
定　　价：	42.00元

（有印刷、装订质量问题的图书，由本公司负责调换）

前　言

改革开放 40 余年来,我国民航基本建成以《中华人民共和国民用航空法》为核心,覆盖行业各领域和各环节,科学规范、层次分明、能配套衔接的民航法律法规体系,在保障、规范和引领行业发展方面取得显著成就。目前,我国已建立的民航法律法规体系,共包括 1 部民航法、30 部行政法规和法规性文件、129 部部门规章,以及近 800 部与规章配套的规范性文件。

航空人员掌握民航法律法规,做到"学法、知法、敬法、守法",对推进平安民航建设具有非常重要的作用。空中乘务等相关专业学生在校学习民航法律法规,有助其牢固树立"有法必依,违法必究"的守法、用法观念,在未来岗位中严格树立规章意识、红线意识、风险意识,更好、更快地达到国家职业标准的要求。

我国的法制教育近几十年得到了长足的发展,国民的法律认知和法律素养日益提升。大学生的通识法制教育也经历了由统一、单一向多元发展,由浅显、基础到专业细分发展的过程。在此背景下,我们针对空中乘务专业学生对法律通识教育专业细分的需求,在中国民航大学乘务学院课程建设体系化的整体构架内,基于 2009 年中国民航大学校内讲义"航空法律法规基础知识——空中乘务专业"的框架,编写了这本适合空中乘务等相关专业学生的民航法基础知识教材。

本书有以下三个明显的特点。

其一是教材适用的针对性强。针对性和通用性是一对矛盾体,所以本教材主要适用于空中乘务等相关专业大学生法学基础类通识教育的需求。中国民航大学空中乘务专业毕业生连续十几年升空率在 90% 以上,学生的职业能力和素养提升在法律法规的基础教育方面有其独特的针对性需求。教材的编写是教育过程的第一环节,以学生为本,就要构架以其职业能力和素养提升为目标的"有用""解渴"的教材。

其二是编者的多元化。教材是教师合作的结晶,一般都是由一个教研室、一个学校或者至少是一个"学术共同体"的编者完成的。而本教材却是由民航法学理论研究者和民航实践部门的同仁"众筹智慧"的结晶。本教材参与的编者有 13 人,涉及中国民航大学多个学院、中国民航管理干部学院、中国民航飞行学院、中国民用航空局地方监管部门。

其三是内容表达的"活泼性"。一般法律法规类教材因其学科本质决定了其表达方式都很严谨,也略显沉闷。但当代大学生接受知识的方式已经发生了很大变化。本教材试图用最接近他们的方式来讲述法律知识,而不总是高高在上的传道者。我们试图用图解、表解、知识窗、小案例、"碎片化"的语言方式来接近学生,让"冰冷"的法学类教材更有温度。

本书以"基础、必需、实用"为准则,以实现学生"学法、懂法、守法和用法"为目标,在总结同类教材编写经验的基础上,对教学内容进行了精选、重组,力求反映最新的立法信息和司法实践,注重培养学生掌握基本、实用的法律知识的能力。本书共有八章内容:法律基础知识概述、航空法概述、空中航行法律制度、航空人员、民用航空器、民用机场、航空旅客运输中的法律问题和我国民航安全保卫法律制度。每章知识简明扼要、重点突出、通俗易懂,均设有丰富的案例及练习题,对学生巩固课堂知识、提高分析问题和解决问题的能力具有较大帮助。为了使本教材在学生日后工作中具有更加实际的指导作用,来自民航实务管理部门的编者在"客舱乘务员"这节的撰写中,以实用性为主旨思想,从与客舱乘务员岗位能力有关的民航规章体系构架出发,对规章条款进行分类汇总,按照客舱资格训练和安全运行两条主线,对民航规章和重点咨询通告中与客舱乘务员有关的内容进行了详细解读。这一节,正如航空公司的客舱乘务员是一道亮丽的风景线一样,在本书中也显露出了迥异的风格和特别的行文方式,打破了一般法条的解读方法,充分结合运行实际,拓展了很多知识点,列举了大量客舱运行实例,使学生能够充分结合实际来理解规章要求。

本书编者由来自中国民航大学、中国民航管理干部学院、中国民航飞行学院的民航法规理论研究者和来自民航实务部门的业内实践者组成。各章节编写人员具体分工如下:第一章赵玉秋;第二章张端;第三章刘胜军;第四章第一节、第二节、第三节郝秀辉,第四节许凌洁,第五节王姗,第六节史金鑫;第五章牛军;第六章李建美;第七章刘光才、李章萍;第八章史金鑫。中国民航大学乘务学院孙一平老师参与了第二章部分知识窗的编写工作,中国民航大学法学院研究生李冉同学参与了第四章第一节前期资料的查找工作,全书最后由赵玉秋统稿。

在此,对诸位编者的辛勤劳动表示诚挚的谢意!教材编写过程中,得到了中国民用航空局唯一授权公众号"爱客舱"团队专家的助力,感谢中国民用航空局信息中心汤琰女士的帮助与鼓励,感谢中国民航大学乘务学院初晓副院长以及教务处乏老师的支持,感谢人民交通出版社股份有限公司吴燕伶编辑为本教材提出的宝贵意见以及各种帮助,最后特别感谢主审杨惠教授多年来对编者专业上的指导以及为本教材所付出的精力!本书参考了国内相关的教材和专著,在此一并向相关的作者表示衷心的感谢。

本教材得以出版,是编写一本教材所需时间、空间、内容、观点、结构众多构成因素的最大公约数的体现。但愿本教材能为社会主义民航法治体系建设贡献点滴力量。

书中的疏漏和错误在所难免,但毕竟她如婴儿般诞生了。她将在试用和实践中不断打磨,以开放的心态积极吸纳意见,还请各位读者不吝指正。

编 者
2019 年 7 月

法的门前

弗兰茨·卡夫卡

法的门前站着一个守门人,有个乡下人来到他面前,请求进门去见法。守门人说现在还不能放他进去。乡下人问过一会儿是否允许他进去?

"可能吧,"守门人答道,"但现在不行。"

通向法的门像往常一样敞开着,守门人照例站在门的一旁,于是乡下人探身向门内窥望。守门人看到了,笑着说:"如果你这么想进去,就进去吧,不必得到我的允许。不过你要注意,我虽是有权力的,但我只不过是一个级别最低的守门人,里边的大厅一个连着一个,每个大厅门口都有守门人站岗,一个比一个更有权力。就说那第三个守门人吧,连我也不敢多看他一眼。"

乡下人没有料到这些困难,他原以为任何人在任何时候都可以见到法的。但是,当他仔细打量这位穿着皮外套、长着大大的尖鼻子、留着鞑靼胡须的守门人时,他便决定,还是等得到许可后再进去。

弗兰茨·卡夫卡

守门人给了他一个凳子,让他坐在门边。他就坐在那儿等,日复一日,年复一年。他曾多次尝试请求让他进去,把守门人都弄烦了。守门人时不时地也和他拉些家常,不过口气甚为冷漠,所提的问题也无关痛痒,说到最后也总是那句"还不能进去"。

乡下人为本次出行带了许多东西,他倾其所有,即使很贵重的东西,也在所不惜,希望能买通守门人。守门人每次收礼时,都要说上一句:"我收下这些,只是为了免得让你认为,还有什么遗憾之处。"

在这漫长的日子里,乡下人几乎一刻不停地注视着这个守门人。他忘记了其他的守门人,似乎这第一个守门人就是他进入法律大门的唯一障碍。最初几年,他还大声诅咒自己的厄运,后来,他渐渐老去,只能喃喃自语。他变得孩子气了,由于长年累月地观察,他连守门人皮领子上的跳蚤都熟悉了,他甚至想请求那些跳蚤帮忙说服守门人改变主意。最后,他老眼昏花了,他不知道,是他周围的世界真的变暗了,还是他的眼睛在捉弄他。然而,在这黑暗里,他却看到一束从法的大门里射出来的永不熄灭的光线。

此刻,他将不久于人世。弥留之际,他将自己全部岁月的一切感受都汇成了一个问题,这个问题他还从来没有问过守门人。他无力抬起自己正在变得僵直的躯体,只好把守门人招呼到跟前,守门人不得不低着身子听他说话。

"你现在还想知道什么?"守门人问,"你真是不知足。"

"人人都在寻求法律,"乡下人说,"可是,为什么这么多年来,除了我以外,没有人要求进去呢?"

守门人看出乡下人快要死了,听力也正在衰竭,于是在他耳边大声喊道:"没有任何人能进入这道门,因为它专为你而开。我这就去把它关上。"

法的门前

法律需要被信仰,否则它形同虚设。——[美]哈罗德·J. 伯尔曼(Harold J.Berman)

目 录
Contents

第一章　法律基础知识概述·······1

第一节　法的概念与分类·······2
第二节　法的渊源与效力·······5
第三节　守法与违法·······10

第二章　航空法概述·······25

第一节　航空法的概念及沿革·······26
第二节　国际民用航空法律规范·······32
第三节　国内民用航空法律规范·······47

第三章　空中航行法律制度·······53

第一节　空气空间的概述·······54
第二节　国际法意义上空气空间——领空主权的范围·······57
第三节　空中自由——航权·······59
第四节　国际空中航行法律制度·······64
第五节　国内法意义上的空气空间——空域·······66

第四章　航空人员·······71

第一节　航空人员概述·······72

第二节 航空人员的执照制度 75
第三节 航空人员的体检制度 90
第四节 机长 94
第五节 客舱乘务员 100
第六节 航空安全员 126

第五章 民用航空器 133

第一节 航空器的概念及分类 134
第二节 航空器的国籍 138
第三节 航空器的租赁 141
第四节 航空器搜寻救援与事故调查 145

第六章 民用机场 151

第一节 民用机场概述 152
第二节 国际机场联检制度 155
第三节 民用机场安全法律制度 159

第七章 航空旅客运输中的法律问题 167

第一节 航空旅客运输合同 168
第二节 航空旅客运输中的承运人责任 173
第三节 客运航班延误与法律责任 178

第八章 我国民航安全保卫法律制度 189

第一节 我国民航安保法律渊源 190
第二节 非法干扰行为的界定与处置 192
第三节 扰乱行为的界定与处置 199

附录 211

参考文献 213

第一章

法律基础知识概述

☑ 通过本章的学习,你应该能够:
- 了解法的概念;
- 清楚法的分类;
- 理解法的渊源;
- 熟悉当代中国法的正式渊源;
- 明确法的效力原则;
- 理解违法的构成要件;
- 掌握法律责任和法律制裁的种类。

引例

一对老夫妇搭乘国内某航空公司航班回国的时候,航空公司把行李弄丢了。按有关规定,特别是《国际航空运输协定》,航空公司只能进行限额赔偿。但这两位消费者在办理索赔手续时才知道,如果当时办理了保价托运的话,他们的赔付金额就会较高。于是这对老夫妇问航空公司工作人员为什么当时不告知,工作人员答复说:"机票上都写着呢!"可他们查遍了整个机票都没找到。最后,工作人员告诉他们:"中文没写,但英文写了。"两位老人说:"我们是中国人,又不懂英文,既然并非所有的中国人都懂英文,而你又没有用中文和英文两种语言同时告知,难道不应负相关责任吗?从告知的义务看,仆人难道能用主人听不懂的语言来为主人服务吗?"工作人员答复称,虽然《中华人民共和国消费者权益保护法》里面的告知义务要求必须要用中文来提示,但《中华人民共和国民用航空法》的告知规定中却没有要求必须要用中文来提示。因此,航空公司

认为,根据"特殊法优于一般法"的原则,应优先适用《中华人民共和国民用航空法》的相关规定进行限额赔偿。

那么,什么是"特殊法优于一般法"的原则呢?在本案例中,为什么航空公司认为《中华人民共和国消费者权益保护法》和《中华人民共和国民用航空法》就同一事项有不同规定时,要优先适用后者呢?学完第一章的内容后,请你回答。

第一节 法的概念与分类

一、法的概念

法是由国家制定、认可并由国家强制力保障实施的,反映了由特定物质生活条件决定的统治阶级(在阶段对立社会)或人民(在社会主义社会)意志的,以权利和义务为内容的,具有普遍效力的行为规范体系。

在我国现代汉语和现代法律制度中,通常情况下"法"与"法律"通用,而且"法律"一词有广义和狭义两层含义,如图 1-1 所示。

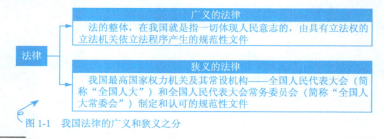

图 1-1 我国法律的广义和狭义之分

学习法律,生活于法律所许可的范围内,而不凭自己的幻想生活。——[古希腊]普罗泰戈拉(Protagoras)

> **知识窗1-1**
>
> **古体"法"字与独角神兽**
>
> "灋"是"法"的古字,由氵、廌（zhi）、去三部分组成。"水"寓意公平,"廌"寓意正直,"去"寓意惩罚（图1-2）。
>
> 《说文解字》说:"灋,刑也。平之如水,从水;廌,所以觸不直者去之,从去。"廌是传说中的一种独角神兽（图1-3）,能够分辨当事人有罪还是无罪,对有罪的就"触",对无罪的则不"触"。
>
>
>
> 图1-2 古体"法"字
>
>
>
> 图1-3 独角神兽

二、法的特征

法的基本特征如图1-4所示。

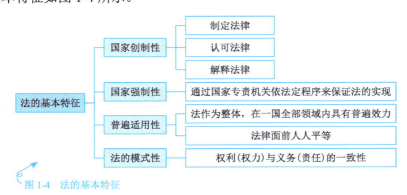

图1-4 法的基本特征

> **知识窗1-2**
>
> 国籍——国籍表示个人（自然人）具有某个国家公民的法律资格或身份,处于该国属人管辖权之下。根据《中华人民共和国国籍法》的规定,符合条件的个人通过出生、申请加入或申请恢复并获批准,可取得中国国籍。我国不承认中国公民具有双重国籍。

续

> **知识窗1-2**
>
> 【思考】我国法律是否承认民用航空器的双重国籍?
>
> 无国籍人——指不具有任何一个国家国籍的人。出现无国籍人的原因有:各国国籍立法冲突造成;由其本人意志决定;因婚姻、国籍被剥夺等丧失原始国籍而又没有获得新国籍。无国籍人在国际上不受任何国家的外交保护。
>
> 自然人——指中国公民和居住在中国境内或在境内活动的外国公民及无国籍人。在航空法中,自然人通常是指参与旅客运输活动,也包括一些以个人名义参与货物运输的托运人、收货人,他们在承担义务的同时,还享受相应的权利。有些自然人还牵涉到其他的航空法律关系之中,如地面第三人等。
>
> 法人——这是与自然人相对应的民事主体,具有自己的法律人格,可以起诉和应诉;是具有民事权利能力和民事行为能力,依法独立享有民事权利和承担民事义务的组织。航空法意义上的法人,主要是指航空公司(承运人)、经营人、代理人、托运人和收货人。
>
> 公民——这是个与外国人(包括无国籍人)相对应的法律概念,指取得某国国籍,并根据该国宪法和法律规定享有权利和承担义务的自然人。我国宪法规定:凡具有中华人民共和国国籍的人都是中华人民共和国的公民。
>
> 人民——这是个与敌人相对应的政治概念,在不同的历史时期具有不同的内容。公民的范围比人民范围大,除包括人民外,还包括人民的敌人。
>
> 选民——指依法享有选举权和被选举权的公民。

三、法的分类

根据不同的标准或从不同的角度,可以对法进行不同分类。世界上除了某一类和某一些国家适用法的特殊分类外,其他国家基本上都适用的是法的一般分类(表1-1)。

法的一般分类 表1-1

类别		分类标准	内容	举例
分类一	根本法	法律效力、内容和制定程序不同	根本法,也就是一个国家的宪法,在整个法律体系中居于最高地位,具有最高的法律效力。我国现行宪法为1982年宪法,并历经1988年、1993年、1999年、2004年、2018年五次修订	《中华人民共和国宪法》
	普通法		普通法是根本法之外的其他法律,种类繁多,各自的地位、效力、内容和制定程序亦有差别。普通法不得和根本法相抵触	《中华人民共和国民用航空法》(简称《民航法》)
分类二	一般法	适用范围不同	一般法是针对一般人、一般事项、一般地域、一般时间有效的法	《中华人民共和国消费者权益保护法》(简称《消费者权益保护法》)
	特殊法		特殊法是针对特定的人、特定事项、特定地域、特定时间有效的法	《民航法》

续上表

类别		分类标准	内容	举例
分类三	实体法	内容和功能不同	实体法是规定法律关系主体之间的权力与义务关系、职责与职权关系的法律	《中华人民共和国刑法》(简称《刑法》)
	程序法		程序法是规定保证法律关系主体权利与义务、职责与职权得以实现的方式的法律	《中华人民共和国刑事诉讼法》
分类四	成文法	创制和表达形式不同	成文法是由有立法权的国家机关制定或认可的,并以法律条文作为表现形式的法律总称	《中华人民共和国婚姻法》
	不成文法		不成文法是指不具有法律条文形式,但国家认可其具有法律效力的法。不成文法并非来自立法机关创制,其包括习惯法和判例法两种形式	入赘习惯
分类五	国内法	创制和适用主体不同	国内法是由国内有立法权的机关制定或认可,在一国主权范围内实施的法律规范	《中华人民共和国合同法》(简称《合同法》)
	国际法		国际法是调整国家与国家之间、国际组织之间以及国际组织与国家之间关系的法律规范	《国际民用航空公约》

知识窗1-3

本书后面会介绍航空公法与航空私法的内容,那你知道公法和私法是怎么划分的吗?

公法和私法的划分体现在法的特殊分类中。法律关系学说认为,凡调整国家之间或国家与私人之间权力与服从关系的法律为公法;凡调整私人之间或国家与私人之间民事关系的法律为私法。

一般来说,公法主要包括宪法、行政法、刑法、诉讼法等,私法主要包括民法、商法、婚姻家庭法等。

第二节 法的渊源与效力

一、法的渊源

1. 法的渊源的概念

在立法学研究中,法的渊源是指法的效力来源,包括法的创制方式和法律规范的外部表现形式,即被承认具有法的效力、法的权威性或具有法律意义并作为法官审理案件之依据的规范或准则来源,如制定法(又称成文法)、判例法、习惯法、法理等。在这个意义上的法的渊源又被称为法的"形式渊源"。

2. 当代中国法的渊源

当代中国法的渊源采用的是以宪法（图1-5）为核心、制定法为主体的形式。不同的制定法，其制定主体和法律地位都不相同。

图1-5 我国宪法

（1）我国的制定法及其法律地位

制定法又称成文法，是指由国家机关依照一定程序制定、颁布的，通常以条文形式表现出来的规范性法律文件。我国的制定法及其法律地位见表1-2，基本法律和非基本法律见表1-3。

我国的制定法及其法律地位　　　　表1-2

法律形式	制定主体	法律地位	举例
宪法	全国人民代表大会	最高	《中华人民共和国宪法》；《中华人民共和国全国人民代表大会和地方各级人民代表大会选举法》(简称《选举法》)
法律	全国人民代表大会及其常务委员会	低于宪法而高于其他法	基本法律，如《刑法》；非基本法律，如《民航法》
行政法规、军事法规	国务院、中央军事委员会	低于宪法和法律，高于地方性法规、行政规章	《中华人民共和国民用航空安全保卫条例》(简称《民用航空安全保卫条例》)；《中央军委巡视工作条例》
地方性法规	省、自治区、直辖市以及国务院批准较大的市和省会所在地的市人民代表大会及其常务委员会	低于宪法、法律、行政法规，高于本级、下级地方政府规章	《江苏省民用航空条例》
特别行政区基本法	全国人民代表大会	仅在特别行政区内有效	《中华人民共和国香港特别行政区基本法》；《中华人民共和国澳门特别行政区基本法》
自治条例、单行条例	民族区域自治地区的人民代表大会	仅在民族自治地区的行政区内有效	《海西蒙古族藏族自治州自治条例》
部门规章	国务院各部委、中国人民银行、审计署和具有行政管理职能的直属机构	低于宪法、法律、行政法规	《大型飞机公共航空运输承运人运行合格审定规则》(CCAR-121-R5)
地方人民政府规章	各地方人民政府	低于宪法、法律、行政法规、地方性法规	《天津市民用机场净空及安全管理规定》

我国的基本法律和非基本法律 表1-3

种 类	制定主体	内 容	举 例
基本法律	全国人民代表大会制定和修改（在全国人民代表大会闭会期间，全国人民代表大会常务委员会有权对基本法律进行部分补充和修改）	刑事、民事、国家机构和其他事项的法律	《刑法》；《中华人民共和国民法总则》（简称《民法总则》）；《选举法》；《中华人民共和国民族区域自治法》；《中华人民共和国香港特别行政区基本法》
非基本法律（一般法律）	全国人民代表大会常务委员会制定和修改	基本法律以外的法律	《消费者权益保护法》；《民航法》

知识窗1-4

中华人民共和国国家机构

国家权力机关——全国人民代表大会和地方各级人民代表大会

国家元首——国家主席

国家行政机关——国务院和地方各级人民政府

国家军事领导机关——中央军事委员会

国家审判机关——最高人民法院、地方各级人民法院和专门人民法院

国家检察机关——最高人民检察院、地方各级人民检察院和专门人民检察院

国家监察机关——国家监察委员会、地方各级监察委员会

法条点击1-1

《民航法》第七条第一款　中华人民共和国国家机构的民用航空器应当进行中华人民共和国国籍登记。

（2）国际条约和国际惯例

按照1990年全国人民代表大会常务委员会通过的《中华人民共和国缔结条约程序法》和有关法律的规定，凡我国缔结或参加的国际条约与协定在我国具有法律效力，属于当代中国法的渊源之一。

国际条约是两个或两个以上国家或政府间国际组织缔结的，确定相互之间政治、经济、法律、文化和军事等方面权利和义务关系的双边、多边协议以及其他具有条约、协定性质的文件。国际条约的名称有很多，除条约外还有公约、议定书、宪章、盟约和联合宣言等，是国际法中的"成文法"或"制定法"。

国际惯例是国际条约的重要补充，是指以国际法院等各种国际裁决机构的判例所体现或确认的国际法规则和国际交往中形成的共同遵守的不成文的习惯，是国际法中的"不成文法"。

法条点击 1-2

《中华人民共和国缔结条约程序法》第三条 中华人民共和国国务院,即中央人民政府,同外国缔结条约和协定。

中华人民共和国全国人民代表大会常务委员会决定同外国缔结的条约和重要协定的批准和废除。

中华人民共和国主席根据全国人民代表大会常务委员会的决定,批准和废除同外国缔结的条约和重要协定。

中华人民共和国外交部在国务院领导下管理同外国缔结条约和协定的具体事务。

二、法的效力

1. 法的效力的概念

法的效力即法的约束力,有广义和狭义之分。广义的法的效力,是指规范性法律文件的效力和非规范性法律文件的效力。狭义的法的效力,仅指由国家制定和颁布的规范性法律文件的效力,包括法的效力范围和法的效力等级。

2. 法的效力范围

(1) 法的对象效力

法的对象效力,通常是指法对什么人有效。此处的"人"是广义的,既包括自然人,也包括各种法律拟制人,如组织、国家机关等。

法的对象效力的原则如图 1-6 所示。我国法的对象效力采纳的是折中主义原则。

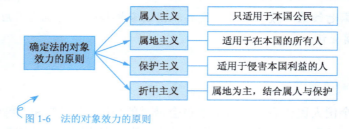

图 1-6 法的对象效力的原则

在我国领域内的我国公民一律适用我国法。在外国的我国公民,原则上我国法仍对其有效;但我国法与居住国法相冲突时,应根据有关国际条约、国际惯例或我国法律的规定,确定在哪种情况下应当适用哪国的法律。

外国公民和无国籍人在中国领域内,除法律另有规定者外,适用我国法律。

外国公民和无国籍人在中国领域外对中国国家和公民犯罪的,按中国《刑法》应处 3 年以上有期徒刑的,可适用中国《刑法》,但按犯罪地法律不受处罚的除外。

(2) 法的对事效力

法的对事效力,通常是指法对主体所进行的哪些行为、事项、社会关系有效。其原则见表 1-4。

法的对事效力的原则　　　　　　　　　　　表1-4

原　　则	内　　容
事项法定原则	法律对哪些事项有效一般以"是否有法律明文规定"为限
一事不再理原则	同一机关不得两次或两次以上受理同一当事人就同一法律关系所作的同一法律请求
一事不再罚原则	对同一个行为,不得处以两次或两次以上性质相同或同一刑名的处罚

（3）法的时间效力

法的时间效力,是指法的效力的起止时限,包括生效时间、失效时间以及法的溯及力三个方面,如图1-7所示。

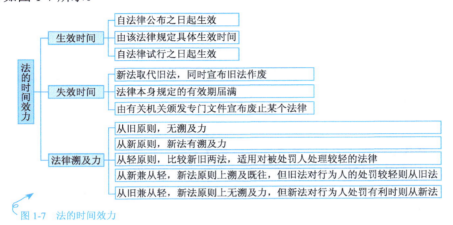

图1-7　法的时间效力

（4）法的空间效力

法的空间效力是指法在哪些地域有效。一般来说,一国法律适用于该国主权范围所及的全部领域,以及作为领土延伸的本国驻外使馆、在外船舶及飞机。

一般有三种情况:一是全国范围内有效;二是在特定的区域内有效;三是在领域外有效（如驻外使领馆,在境外悬挂本国国旗的航空器、船只等）。

法条点击 1-3

《刑法》第七条　中华人民共和国公民在中华人民共和国领域外犯本法规定之罪的,适用本法,但是按本法规定的最高刑为3年以下有期徒刑的,可以不予追究。

中华人民共和国国家工作人员和军人在中华人民共和国领域外犯本法规定之罪的,适用本法。

3. 法的效力等级

法的效力等级,是指一个国家法律体系中的各种法的渊源及其组成部分,由于其制定主体、程序、时间及适用范围的不同,导致其效力差别而形成法的效力的等级体系。确定制定法规范的效力等级原则见表1-5。

确定制定法规范的效力等级原则 表1-5

原则	内容
宪法至上原则	宪法作为国家的根本大法,拥有最高的法的效力。凡是违背宪法或与宪法相抵触的法律和其他规范性文件,都不具有实际的法的效力
等级序列原则	除特别授权的场合外,一般来说,制定机关的地位越高,其制定的法律规范的效力等级也越高,即上位法优于下位法
特殊法优先原则	特殊法是相对于一般法而言的。当同一机关在同一领域既制定了一般法,也制定了特殊法时,特殊法的效力优于一般法。该原则仅限于同一主体制定的法律规范,对于不同主体制定的法律规范,要优先考虑宪法至上原则和等级序列原则
后法优于前法原则	同一机关按照相同的程序先后就同一领域的问题制定了两个以上的法律规范时,后来制定的法律规范在效力上高于先前制定的规范。该原则也称"新法优于旧法"
国际法优先原则	一般而言,国际法既不高于也不从属于国内法,同时国内法也不从属于国际法,而是在特定情形下,凡主权国家签署或批准、认可的国际条约或国际惯例,对国内也有约束力,即同一问题既有国际法规定又有国内法规定而两者相冲突时,国内法律规范不得与国际条约或国际惯例相抵触。当然,国际法优于国内法并不是绝对的,对于主权国家声明保留的条款,就不适用该原则

法条点击 1-4

《民航法》

第一百八十四条 中华人民共和国缔结或者参加的国际条约同本法有不同规定的,适用国际条约的规定;但是,中华人民共和国声明保留的条款除外。

中华人民共和国法律和中华人民共和国缔结或者参加的国际条约没有规定的,可以适用国际惯例。

第一百九十条 依照本章规定适用外国法律或者国际惯例,不得违背中华人民共和国的社会公共利益。

第三节 守法与违法

一、守法

守法是指各国家机关、社会组织和公民依法享有权利和履行义务的活动。依法办事是守法的基本表现,它包含两层含义:第一,依法享有并行使权利;第二,依法承担并履行义务。守法导图如图1-8所示。

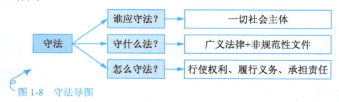

图1-8 守法导图

法条点击 1-5

《中华人民共和国宪法》第五条　一切国家机关和武装力量、各政党和各社会团体、各企业事业组织都必须遵守宪法和法律。一切违反宪法和法律的行为,必须予以追究。任何组织或者个人都不得有超越宪法和法律的特权。

二、违法

违法是指违反现行法律规定,不履行法定义务,侵犯他人权利及法律所保护的社会关系,造成社会危害,依法应承担法律责任的行为。

根据所违反的法律的类别或性质不同,可以把违法划分成违宪行为、民事违法、行政违法和刑事违法等。

请思考：违法一定是犯罪吗？

违法的构成要件见表1-6。

违法的构成要件　　　　　　　　　　　　　　　　　　　　表1-6

要件	具体内容
主体要件	必须是自然人、法人、国家
客体要件	必须是在一定程度上侵犯了法所保护的社会关系,对社会造成了一定的危害
主观要件	行为人在行为时必须有主观上的过错,是出于故意或过失而发生的行为
客观要件	必须是违反法律规定的行为,包括作为和不作为。仅有思想而无行为不构成违法

知识窗 1-5

公民的行为能力：世界各国的法律,一般都把公民划分为完全行为能力人、限制行为能力人和无行为能力人。

▶《中华人民共和国民法典》（2020年5月28日,中华人民共和国第十三届全国人大常委会第三次会议通过,自2021年1月1日起施行）

第十七条　十八周岁以上的自然人为成年人。不满十八周岁的自然人为未成年人。

第十八条　成年人为完全民事行为能力人,可以独立实施民事法律行为。

十六周岁以上的未成年人,以自己的劳动收入为主要生活来源的,视为完全民事行为能力人。

第十九条　八周岁以上的未成年人为限制民事行为能力人,实施民事法律行为由其法定代理人代理或者经其法定代理人同意、追认；但是可以独立实施纯获利益的民事法律行为或者与其年龄、智力相适应的民事法律行为。

第二十条　不满八周岁的未成年人为无民事行为能力人,由其法定代理人代理实施民事法律行为。

第二十一条　不能辨认自己行为的成年人为无民事行为能力人,由其法定代理人代理实施民事法律行为。

八周岁以上的未成年人不能辨认自己行为的,适用前款规定。

续

> **知识窗1-5**
>
> 　　第二十二条　不能完全辨认自己行为的成年人为限制民事行为能力人,实施民事法律行为由其法定代理人代理或者经其法定代理人同意、追认,但是可以独立实施纯获利益的民事法律行为或者与其智力、精神健康状况相适应的民事法律行为。
>
> 　　第二十三条　无民事行为能力人、限制民事行为能力人的监护人是其法定代理人。
>
> ▶《刑法》[2020年12月26日,第十三届全国人大常委会第二十四次会议通过《中华人民共和国刑法修正案(十一)》,2021年3月1日起施行]
>
> 　　第十七条【刑事责任年龄】已满十六周岁的人犯罪,应当负刑事责任。
>
> 　　已满十四周岁不满十六周岁的人,犯故意杀人、故意伤害致人重伤或者死亡、强奸、抢劫、贩卖毒品、放火、爆炸、投放危险物质罪的,应当负刑事责任。
>
> 　　已满十二周岁不满十四周岁的人,犯故意杀人、故意伤害罪,致人死亡或者以特别残忍手段致人重伤造成严重残疾,情节恶劣,经最高人民检察院核准追诉的,应当负刑事责任。
>
> 　　对依照前三款规定追究刑事责任的不满十八周岁的人,应当从轻或者减轻处罚。
>
> 　　因不满十六周岁不予刑事处罚的,责令其父母或者其他监护人加以管教;在必要的时候,依法进行专门矫治教育。

三、法律责任

1. 法律责任的概念与类型

法律责任是指行为人由于违法行为、违约行为或者由于法律规定而应承受的某种不利的法律后果。承担法律责任的最终依据是法律,具有国家强制性。

按照违法行为的性质和危害程度,法律责任可以分为违宪责任、民事责任、行政责任和刑事责任见表1-7。

法律责任分类　　　　　　　　　　　　　　　　　　　　表1-7

类型	定义
违宪责任	有关国家机关制定的某种法律和法规、规章与宪法相抵触,或有关国家机关、社会组织或公民从事与宪法规定相抵触的活动而产生的法律责任,认定和归结权属于全国人民代表大会及其常务委员会
民事责任	民事主体因违反法律规定或合同约定而依法承担的法律责任,认定和归结权属于人民法院
行政责任	行为人因违反行政法或因行政法规定而应承担的法律责任,认定和归结权属于公安、工商、税务等有特定职权的国家行政机关
刑事责任	行为人因违反刑法而应承担的法律责任,认定和归结权属于人民法院

法条点击 1-6

《民法总则》第一百八十七条 民事主体因同一行为应当承担民事责任、行政责任和刑事责任的,承担行政责任或者刑事责任不影响承担民事责任;民事主体的财产不足以支付的,优先用于承担民事责任。

知识窗 1-6

有关民事权利和民事责任的部分法律术语

民事权益——指民法规范所确认和保护的民事主体在民事活动中所享有的权力和利益的总称。

名誉权——指自然人就其自身属性和价值所获得的社会评价,即自己的名誉依法所享有不受侵害的权利。我国《民法总则》第一百一十条规定,自然人享有生命权、身体权、健康权、姓名权、肖像权、名誉权、荣誉权、隐私权、婚姻自主权等权利。

违约责任——指合同当事人违反法律、合同规定的义务而应当承担的责任。

侵权责任——指民事主体因实施侵权行为而应当承担的民事法律后果。

侵权行为——指行为人由于过错,或者在法律有特别规定的场合,无论行为人是否有过错,违反法律规定的义务,以作为或不作为的方式,侵害他人人身和财产权益,依法应当承担损害赔偿等法律后果的行为。

被侵权人——指因侵权行为或者其他致害原因导致民事权益受到损害的民事主体。

侵权人——指因自己或者他人的侵权行为以及其他致害原因依法应当承担民事责任的民事主体。

过错——指行为人对自己的行为及其后果所具有的主观心理状态,包括故意和过失两种形态。故意是指行为人能预见自己行为的结果,仍然希望它发生或者听任它发生的主观心理状态,一般分为直接故意和间接故意。过失包括疏忽和懈怠。疏忽是指行为人对自己行为的结果,应当预见或者能够预见而没有预见;懈怠是指行为人对自己行为的结果虽然预见了却轻信可以避免。

过错推定——指受害人在诉讼中,能够举证证明损害事实、违法行为和因果关系三个要件的情况下,如果行为人不能证明对于损害的发生自己没有过错,那么,就从损害事实的本身推定行为人在致人损害的行为中有过错,并就此承担赔偿责任。

无过错责任原则——指在法律有特别规定的情况下,以已经发生的损害结果为价值判断标准,由与该损害结果有因果关系的行为人,不问其有无过错,都要承担侵权赔偿责任的归责原则。

共同侵权行为——指两个或两个以上的行为人,基于共同的故意或者过失,侵害他人合法民事权益,应当连带承担民事责任的侵权行为。

知识窗1-6

连带责任——指受害人有权向数个责任人中的任何一个人或数个人请求赔偿全部损失,而任何一个人或数个人都有义务向受害人负全部的赔偿责任;数个责任人中的一人或数人已全部赔偿了受害人的损失,则免除其他人向受害人应负的赔偿责任。

追偿权——指连带责任人中的一人或数人承担了超过自己责任份额的赔偿责任之后,向其他应负责任而未负责任的连带责任人要求追偿的权利。

案例1-1 应某诉中国某航空公司侵犯人身权和名誉权案

1998年9月11日,旅客应某持某航空公司客票,乘坐MD-82飞机,由广州飞往杭州。飞机于18时28分起飞。飞行途中,大约19时30分许,应某(坐在经济舱第4排E座,与头等舱仅有门帘相隔)意欲前往头等舱洗手间方便。他正要走进头等舱,便被坐在第4排穿制服的机上安全员发现并劝阻。应某称要去厕所,安全员便告诉其去后部的经济舱洗手间,还告诉他飞机前部洗手间根据规定只能供头等舱乘客使用。应某提出要看规定,当安全员到前服务间去取规定时,应某尾随而去,被安全员发现,此时应某已经在开洗手间的门。安全员随即将应某叫住,并将规定交给他。应某看到规定后,要求安全员灵活一点,给予照顾。安全员不同意,双方发生争吵。坐在驾驶舱旁的另一安全员闻讯也来劝阻。应某不肯罢休,称要投诉,并伸手去抓安全员脖子上的证件。应某被两名安全员按在座位上,应某不服,反复几次。后安全员报经机长同意,决定对应某实施管束。当安全员给应某戴手铐时,应某进行了反抗,安全员与机组其他人员一起将应某制服。事态稍平息后,安全员曾取出钥匙要为应某松手铐,应某没同意。直至下飞机,应某未要求去洗手间。

航班到达杭州机场后,应某被机场公安人员带到机场巡警队并接受了询问,机场公安人员未对应某做出处罚。数月后,应某以安全员拿出的规定仅仅是机上广播词而非法律明确的禁止性规定,并以人身权和名誉权被侵害为由,向杭州市中级人民法院提起诉讼,要求航空公司在全国性新闻媒体上赔礼道歉,赔偿精神损失和经济损失50万元,并承担全部诉讼费用。

【一审:旅客胜诉】

杭州市中级人民法院认为:《中华人民共和国民用航空安全保卫条例》(以下简称《条例》)将在航空器内的违法行为的确认权授予民航公安机关,并由民航公安机关予以处罚。尽管有关贯彻该《条例》的通知授予了机长、航空安全员等人员对违反该《条例》相关规定、不听劝阻的人,可以采取管束措施,但对管束措施的范围、程度均有限制,且要求应在掌握其违法行为有关证据的前提下进行。本案中,民航公安机关对被管束人应某的行为未做出处罚,由此可以证明,航空公司安全员对应某施以手铐,拘束其人身,限制其自由,未能取得应某危及飞行安全、扰乱航空秩序的证据,其行为已超越了法律、法规规定的限度。当飞机降落后,航空公司安全员将戴着手铐的应某当众移交民航公安机关,客观上已对应某的名誉造成了损害。因此,航空公司安全员因主观臆断实施的管束措施不具有合法性,与应某人身权、名誉权受到的损害结果有直接的因果关系,已构成对应某人身权、名誉权的侵害,应依法承担民事责任。鉴于航空公司安全员的行为系职务行为,故由航空公司负责承担民事责任。对应某提出的诉讼请求酌情采纳,缺乏依据的过高部分不予支持。遂判决:一、航空公司应停止侵权,并于本判决生效后一个月内在《法制日报》上向应某公开赔礼道歉、恢复名誉、消除影响(内容需经法院审核);二、航空公司应赔偿应某因侵权行为给其造成的损失人民币2万元(含精神损失抚慰金)。一审案件受理费10010元,由应某负担4605元,航空公司负担5405元。

【二审:航空公司反败为胜】

航空公司不服一审判决,向浙江省高级人民法院提起上诉。在上诉中指出:

(1)原判认定事实错误。原判将本案的事实认定为,双方为经济舱的乘客能否使用头等舱的洗手间问题发生争执,导致航空公司安全员为此对应某采取了管束措施。事实是应某第一次进入头等舱的行为引起了安全员的高度注意,应某再次进入前服务间并接近驾驶舱,引起安全员的高度警惕,而且应某不听劝阻,扰乱机上秩序,引起旅客站立观望和向前拥挤,不利于飞机的平衡,对飞机安全造成影响,危及广大旅客生命财产安全,扰乱航空器内的秩序,因此被采取管束措施,扣上手铐。

(2)原判对法条的理解错误。原判认为《条例》将航空器内违法行为的确认权授予了民航公安机关,航空公司机上安全员对应某的管束,超过了法律法规规定的限度。根据《条例》第二十二条、第二十三条规定,航空安全员可以在机长的授权下,在航空器的飞行中,对扰乱航空器内秩序、干扰机组人员正常工作而不听劝阻的人,采取必要的管束措施。请求二审法院撤销原判。

浙江省高院经审理后认为,应某购买航空公司6328次航班经济舱的客票,理应只享受经济舱设备及服务,应某以方便为由,要求享受超标准的设备及服务,没有依据。应某在未被允许的情况下,擅自去闯仅供头等舱乘客使用的洗手间,在被拦住后不服从管理且不听劝阻,影响了机上正常秩序,威胁旅客的生命安全,其行为已构成《条例》第二十五条规定的"寻衅滋事",属于《中华人民共和国民用航空法》第四十六条规定的危及飞行安全的行为。机上安全员为了控制局面,确保飞行安全,有权在飞行中对应某实施临时管束措施,机长的行为符合《条例》第二十二条、第二十三条第(二)项及有关规定,也没有超出必要的限度,所以对应某实施管束不构成侵权,航空公司上诉有理,应予支持。原判以《条例》第三十四条为依据,根据应某的行为未受到地面公安机关处罚的事实,来反推航空公司构成侵权,没有法律依据。原判认定事实不清,适用法律不当,应予纠正。判决撤销杭州市中院的一审判决;一审二审案件受理费由应某负担。

(资料来源:http://www.lvhangwang.com/falvzhishi_245608)

2. 法律责任的减轻与免除

法律责任的免除也称免责,是指法律责任由于出现法定条件被部分或全部地免除。从我国的法律规定和法律实践看,主要存在以下几种免责形式。

(1) 时效免责

时效免责是指法律责任经过了一定的期限后而免除。

例如,《刑法》第八十七条规定,犯罪经过下列期限不再追诉:法定最高刑为不满5年有期徒刑的,经过5年;法定最高刑为5年以上不满10年有期徒刑的,经过10年;法定最高刑为10年以上有期徒刑的,经过15年;法定最高刑为无期徒刑、死刑的,经过20年。如果20年以后认为必须追诉的,须报请最高人民检察院核准。

《刑法》第八十八条规定:在人民检察院、公安机关、国家安全机关立案侦查或者在人民法院受理案件以后,逃避侦查或者审判的,不受追诉期限的限制。被害人在追诉期限内提出控告,人民法院、人民检察院、公安机关应当立案而不予立案的,不受追诉期限的限制。

(2) 不诉免责

不诉免责,即所谓"告诉才处理""不告不理",意味着当事人不告,国家就不会把法律责任归结于违法者,也就是违法者实际上被免除了法律责任。还有一种情况,在国家机关宣布责任主体须承担法律责任的情况下,权利主体自己主动放弃执行法律责任的请求。

(3) 自首、立功免责

《刑法》第六十七条规定:犯罪以后自动投案,如实供述自己的罪行的,是自首。对于自首的犯罪分子,可以从轻或者减轻处罚。其中,犯罪较轻的,可以免除处罚。

被采取强制措施的犯罪嫌疑人、被告人和正在服刑的罪犯,如实供述司法机关还未掌握的本人其他罪行的,以自首论。

《刑法》第六十八条规定:犯罪分子有揭发他人犯罪行为,查证属实的,或者提供重要线索,从而得以侦破其他案件等立功表现的,可以从轻或者减轻处罚;有重大立功表现的,可以减轻或者免除处罚。

犯罪后自首又有重大立功表现的,应当减轻或者免除处罚。

(4) 补救免责

补救免责是指对于那些实施违法行为,造成一定损害,但在国家机关归责之前采取及时补救措施的人,免除其部分或全部责任。

(5) 意定免责

意定免责是基于双方当事人在法律允许的范围内通过协商所达成的免责,即所谓"私了"。这种免责一般仅适用于"私法"领域的民事违法行为,对于"公法"领域的犯罪行为和行政违法行为不适用。

(6) 人道主义免责

在责任主体没有能力履行责任或全部责任的情况下,有关的国家机关或权利主体可以出于人道主义考虑,免除或部分免除有责主体的法律责任。

一旦法律丧失了力量,一切就都告绝望了;只要法律不再有力量,一切合法的东西也都不会再有力量。——[法]让 - 雅克•卢梭(Jean-Jacques Rousseau)

四、法律制裁

法律制裁是指由特定国家机关对违法者依其法律责任而实施的强制性惩罚措施。法律责任是前提,法律制裁是结果或体现。

根据违法行为和法律责任的性质不同,法律制裁可以分为违宪制裁、民事制裁、行政制裁和刑事制裁(表1-8)。

法律制裁的种类　　　　　　　　　　表1-8

制裁分类		定　义	制裁主体	被制裁主体	制裁形式
违宪制裁		根据宪法的特殊规定,对违宪行为所实施的一种强制措施	全国人民代表大会及其常务委员会	国家机关及其领导人员	撤销或改变同宪法相抵触的法律与决定、行政法规、地方性法规,罢免违宪的国家机关领导人等
民事制裁		依民事法律规定,对民事责任主体实施的强制性惩罚措施	人民法院	公民或法人	停止侵害、排除妨碍、消除危险、返还财产、恢复原状、赔偿损失、支付违约金、消除影响、恢复名誉、赔礼道歉。以上制裁方式可以单独适用,也可合并适用
行政制裁	行政处分	行政机关对违反行政法律规定的行政人员所实施的惩罚措施	国家行政机关	行政机关及其工作人员、授权或委托的社会组织及其工作人员以及公民、法人和社会组织等	警告、记过、记大过、降级、撤职、开除
	行政处罚	行政机关给予犯有违法行为而尚不构成刑事处罚的行政相对人所实施的法律制裁			申诫罚、行为罚、财产罚、人身罚
刑事制裁		对违反刑法规定、构成犯罪的责任主体依其所应承担的刑事责任而实施的法律制裁	法院、检察院	公民、法人和其他社会组织	刑罚和非刑罚处罚(对情节轻微不需判处刑罚的人免予刑罚,但根据不同的情况,予以训诫或者责令具结悔过等)

法条点击 1-7

《民航法》

第二百一十一条　公共航空运输企业、通用航空企业违反本法规定,情节较重的,除依照本法规定处罚外,国务院民用航空主管部门可以吊销其经营许可证。

第二百一十二条　国务院民用航空主管部门和地区民用航空管理机构的工作人员,玩忽职守、滥用职权、徇私舞弊,构成犯罪的,依法追究刑事责任;尚不构成犯罪的,依法给予行政处分。

行政处罚的种类见表1-9。

行政处罚的种类　　　　　　　　　　　　　　表1-9

处罚种类	处罚形式	举　例
申诫罚 （精神罚或声誉罚）	主要是警告	《民用航空安全保卫条例》第三十五条　将未经安检或者采取其他安全措施的物品装入航空器的，可处以警告或者3000元以下的罚款
行为罚 （能力罚）	主要有责令停产停业、暂扣或吊销许可证、执照	《民航法》第二百零八条　民用航空器的机长或者机组其他人员有下列行为之一的，由国务院民用航空主管部门给予吊销执照的处罚：民用航空器遇险时，违反本法第四十八条的规定离开民用航空器的；违反本法第七十七条第二款的规定执行飞行任务的
财产罚	主要有罚款和没收，没收对象是违法所得和非法财物	《民航法》第二百零二条　将未取得型号合格证书、型号认可证书的民用航空器及其发动机、螺旋桨或者民用航空器上的设备投入生产的，由国务院民用航空主管部门责令停止生产，没收违法所得，可以并处违法所得1倍以下的罚款
人身罚	主要是行政拘留（治安拘留），期限为1日以上15日以下。 注：除县级以上的公安机关外，任何行政机关都没有行政拘留的权力。行政拘留区别于刑事拘留	《中华人民共和国治安管理处罚法》（简称《治安管理处罚法》）第二条　扰乱公共秩序，妨害公共安全，侵犯人身权利、财产权利，妨害社会管理，具有社会危害性，依照《中华人民共和国刑法》的规定构成犯罪的，依法追究刑事责任；尚不够刑事处罚的，由公安机关依照本法给予治安管理处罚

知识窗1-7

与机组人员行政责任有关的部分法条

▶ 《民航法》

第二百零六条　有下列违法情形之一的，由国务院民用航空主管部门对民用航空器的机长给予警告或者吊扣执照1个月至6个月的处罚，情节较重的，可以给予吊销执照的处罚：

（一）机长违反本法第四十五条第一款的规定，未对民用航空器实施检查而起飞的；

（二）民用航空器违反本法第七十五条的规定，未按照空中交通管制单位指定的航路和飞行高度飞行，或者违反本法第七十九条的规定飞越城市上空的。

第二百零七条　违反本法第七十四条的规定，民用航空器未经空中交通管制单位许可进行飞行活动的，由国务院民用航空主管部门责令停止飞行，对该民用航空器所有人或者承租人处以1万元以上10万元以下的罚款；对该民用航空器的机长给予警告或者吊扣执照1个月至6个月的处罚，情节较重的，可以给予吊销执照的处罚。

第二百零八条　民用航空器的机长或者机组其他人员有下列行为之一的，由国务院民用航空主管部门给予警告或者吊扣执照1个月至6个月的处罚；有第（二）项或者第（三）项所列行为的，可以给予吊销执照的处罚：

（一）在执行飞行任务时，不按照本法第四十一条的规定携带执照和体格检查合格证书的；

（二）民用航空器遇险时，违反本法第四十八条的规定离开民用航空器的；

（三）违反本法第七十七条第二款的规定执行飞行任务的。

续

知识窗1-7

第二百零九条 违反本法第八十条的规定,民用航空器在飞行中投掷物品的,由国务院民用航空主管部门给予警告,可以对直接责任人员处以2000元以上2万元以下的罚款。

▶ 《大型飞机公共航空运输承运人运行合格审定规则》(CCAR-121-R6)

第121.763条 违反本规则规定的行为

(c)对于未按照合格证持有人的手册或者管理规则履行职责而导致违反本规则规定,或者其本人直接违反本规则规定的航空人员或其他相关人员,情节轻微的,中国民用航空局可以处以警告或者500元以上1000元以下罚款;情节严重的,按照有关法律法规予以处罚。

▶ 《公共航空旅客运输飞行中安全保卫工作规则》(CCAR-332-R1)

第四十五条 机组成员违反本规则第十一条、第十五条第二款、第十七条第二款、第二十二条、第二十三条、第二十九条第一款,未按照本规则规定履行安全保卫职责的,由地区管理局处以警告或1000元以下罚款。

第四十六条 航空安全员有下列行为之一的,由地区管理局处以1000元以下罚款:

(一)违反本规则第二十八条,未按规定携带齐全、妥善保管执勤装备和安保资料的;

(二)违反本规则第三十一条第二款,接受超出规定范围的执勤派遣。

航空安全员违反本规则第二十八条未按规定携带证件,按照《中华人民共和国民用航空法》相关规定进行处罚。

案例1-2

飞行途中三次让女乘客进入驾驶舱,某航空公司机长被罚

根据中国民用航空中南地区管理局(简称"民航中南局")发布的公告,2018年7月28日,某航空公司的飞行员陈某作为机长,在执飞DZ6286、DZ6206(南通—郑州—兰州—北京)飞行任务期间,先后三次同意旅客王某违反进入驾驶舱的人员的限制要求,进入飞行中的航空器驾驶舱。该行为违反了《公共航空旅客运输飞行中安全保卫工作规则》第二十三条的规定。民航中南局依据《公共航空旅客运输飞行中安全保卫工作规则》第四十五条的规定,对机长做出罚款1000元的行政处罚(图1-9)。

此外,在郑州—兰州和兰州—北京航段,该机长同意未购买这两个航段机票的旅客王某继续乘机,在机上人数与舱单人数不符的情况下,先后两次同意关闭舱门并执行了航班任务。该行为违反了《大型飞机公共航空运输承运人运行合格审定规则》(CCAR-121-R5)第121.679条的规定,依据《大型飞机公共航空运输承运人运行合格审定规则》(CCAR-121-R5)第121.763条(c)的规定,民航中南局对机长陈某行政罚款1000元,并责令其立即改正上述违法行为(图1-10)。

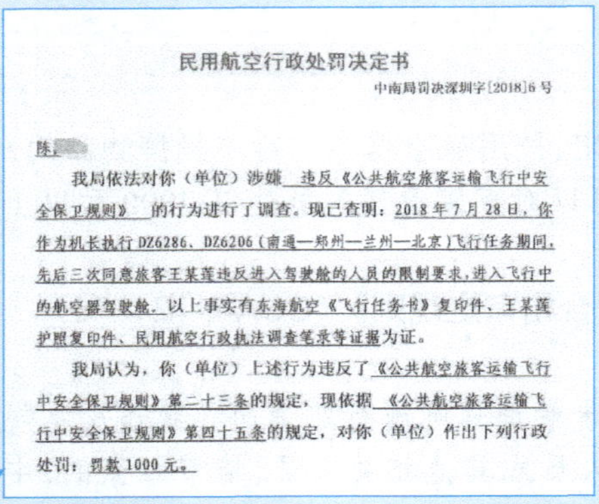

图1-9　民航中南局行政处罚决定书（一）　　　图1-10　民航中南局行政处罚决定书（二）

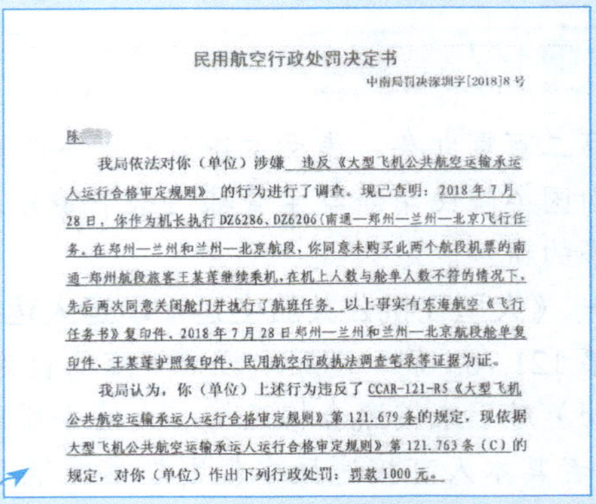

同时，航班上的专职安保人员孙某，未尽到制止无关人员进入驾驶舱的职责，被处以罚款800元的行政处罚（图1-11）。

此外，民航中南局对该航空公司做出行政警告处罚（图1-12）。

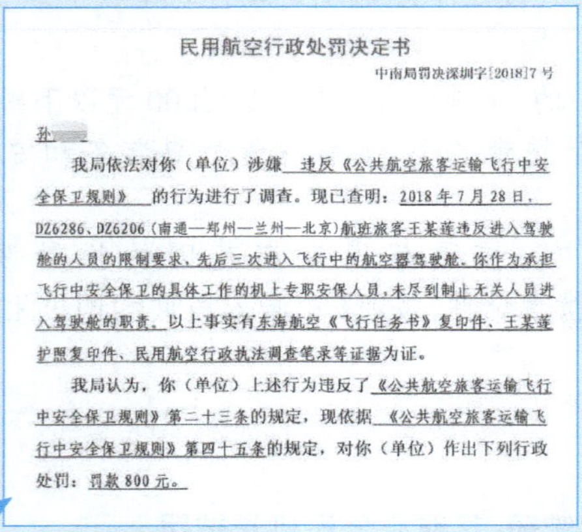

图1-11　民航中南局行政处罚决定书（三）　　　图1-12　民航中南局行政处罚决定书（四）

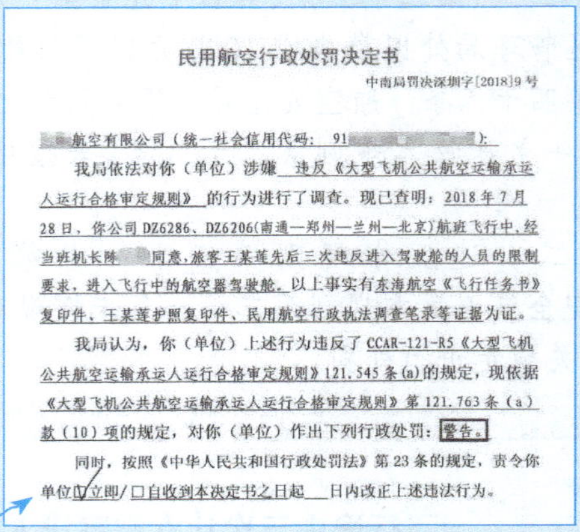

（资料来源：http://news.carnoc.com/list/476/476835.html）

我国刑罚的种类如图1-13所示。

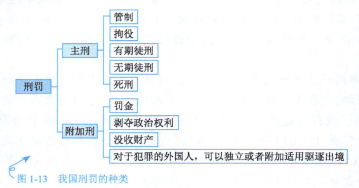

图1-13　我国刑罚的种类

案例 1-3　前空姐走私普通货物，被判有期徒刑 3 年并处罚金

31 岁的前空姐李某与 32 岁的某电子有限公司工程师褚某、41 岁的北京市无业人员石某涉嫌犯走私普通货物罪被提起公诉。2013 年 12 月 17 日，北京二中院以走私普通货物罪，分别判处李某 3 年有期徒刑，并处罚金 4 万元；判处褚某 2 年 6 个月有期徒刑，并处罚金 2 万元；判处石某 2 年 4 个月有期徒刑，并处罚金 2 万元；继续追缴三人偷逃税款上缴国库。2012 年 6 月 25 日，北京市人民检察院第二分院向二中院提起公诉，指控李某、褚某、石某犯走私普通货物罪。二中院经审理于同年 9 月 3 日作出判决后，李某、褚某不服，上诉到北京市高级人民法院。2013 年 5 月 2 日，北京市高级人民法院裁定将该案发回重审，二中院于同年 5 月 14 日立案后，依法另行组成合议庭，公开开庭审理了该案。

二中院经审理查明，李某与褚某预谋后，由褚某为李某提供韩国免税店账号，并负责在韩国结算货款，李某伙同石某在韩国新罗免税店购买化妆品等货物后，分别于 2011 年 4 月 19 日、2011 年 8 月 30 日，采用以客带货的方式从沈阳仙桃机场、首都机场无申报通道携带入境，偷逃海关进口环节税共计 8 万余元。二中院经审理认为，李某、褚某、石某逃避海关监管，走私化妆品进境，偷逃应缴税额较大，三人的行为均已构成走私普通货物罪，依法均应予惩处。李某在共同犯罪中起主要作用，系主犯。褚某、石某起次要或者辅助作用，系从犯，考虑褚某曾两次因携带超量化妆品入境被海关行政处罚，石某到案后如实供述罪行，认罪态度较好等情节，对褚某、石某从轻处罚并区别量刑。据此，做出上述判决。

（资料来源：http://bjgy.chinacourt.gov.cn/article/detail/2013/12/id/1163558.shtml）

案例 1-4　机组成员偷运冰毒一审领死

2008 年 11 月 10 日上午，某航空公司一安全员李某因涉嫌在值机时携带 30 多千克冰毒出境，被广州中院一审依法判处死刑，剥夺政治权利终身。与其同谋贩毒的其他 3 名被告人，则分别被判处死缓和无期徒刑。

2007 年 4 月 28 日，一架航班（广州—悉尼）的机组成员在机场过安检时，安检人员觉得有机组成员所携带的"茶叶"可疑，于是上机核实那些外包装为普洱茶、铁观音，呈真空密封状态的茶叶。他们当场打开其中一包，发现里面装的是黄色晶体物品。安检人员立即扣留这批物品，经检验后确认是"冰毒"，总重量约达 8kg，安全员李某自此走进警方的视野。

据查，早在 2006 年 6 月，李某就经人介绍认识了毒贩邓某。双方约定，由邓某提供毒品，并伪装成茶叶，交由李某带上飞机。到悉尼后交给指定的人，李某就算完成任务，可以得到不菲的回报。2006 年 7 月 1 日，李某开始了自己的"运毒之旅"。他从邓某那里拿了 4kg 的"茶叶"，偷偷摸摸带上了飞机，并将它们带到了终点站悉尼，交给了"接头人"。同年 8 月

4日，李某又将8kg的冰毒偷运成功。两次下来，他拿到了53万元人民币的"报酬"。2007年1月20日和3月3日，李某将合计16kg的毒品运至悉尼，事后获"报酬"120万元人民币。2007年4月28日，李某再次铤而走险时被抓。

广州中院经过审理认为，李某等人的行为已经构成犯罪，且运输贩卖毒品数量较大，遂一审判处李某死刑，并处没收个人全部财产；肖某死刑，缓期2年执行；杨某和袁某皆为无期徒刑。

（资料来源：http://news.sina.com.cn/o/2008-11-15/133914734955s.shtml）

知识窗1-8

航空人员重大飞行事故罪

航空人员重大飞行事故罪是指航空人员违反规章制度，致使发生重大飞行事故，造成严重后果的行为。本罪在主观方面表现为过失，包括疏忽大意的过失和过于自信的过失。

《刑法》第一百三十一条　航空人员违反规章制度，致使发生重大飞行事故，造成严重后果的，处3年以下有期徒刑或者拘役；造成飞机坠毁或者人员死亡的，处3年以上7年以下有期徒刑。

案例1-5

重大飞行事故案：伊春空难案

2010年8月24日21时38分08秒，某航空公司机型为ERJ-190、注册编号为B-3130号的飞机，在执行哈尔滨至伊春的VD8387班次定期客运航班任务时，在黑龙江省伊春市林都机场30号跑道进近时距离跑道690m处（北纬47°44'52"，东经129°02'34"）坠毁，部分乘客在坠毁时被甩出机舱。机上乘客共计96人，其中儿童5人。事故造成44人遇难，52人受伤，直接经济损失30891万元。该事故属于可控飞行撞地，事故原因为飞行员失误。事发后，机长齐某被以涉嫌重大飞行事故罪起诉，这是中国首例飞行员被指控重大飞行事故罪的案件。

2013年11月28日，黑龙江省伊春市伊春区人民法院正式开庭审理伊春坠机事故。2014年12月19日，齐某被判处有期徒刑3年。

（资料来源：黑龙江法院网 http://www.hljcourt.gov.cn/public/detail.php?id=24261）

法条点击1-8

《民航法》第四十八条　民用航空器遇险时，机长有权采取一切必要措施，并指挥机组人员和航空器上其他人员采取抢救措施。在必须撤离遇险民用航空器的紧急情况下，机长必须采取措施，首先组织旅客安全离开民用航空器；未经机长允许，机组人员不得擅自离开民用航空器；机长应当最后离开民用航空器。

第一章　法律基础知识概述

本章知识地图

思考与练习

一、填空题

1. 法是由_____制定或认可的。
2. 我国的最高国家权力机关及其常设机构是_____。
3. 我国的根本法是_____。
4. 我国法律规定的刑罚分为_____和_____两大类。
5. 对同一个行为，_____处以两次或两次以上性质相同或同一刑名的处罚。
6. 根据我国《民法总则》的规定，_____周岁以上的未成年人为限制民事行为能力人。
7. 根据我国《刑法》的规定，已满_____周岁的人犯罪，应当负刑事责任。
8. 根据我国《刑法》的规定，已满14周岁不满18周岁的人犯罪，应当_____处罚。
9. 行政制裁包括行政处分和_____。
10. 民事主体因违反法律规定或合同约定而依法承担的法律责任，认定和归结权属于_____。

二、判断题

1. 法律具有保证自己得以实现的力量。（　　）
2. 《最高人民法院关于审理盗窃案件具体应用法律若干问题的解释》规定：各地高级法

23

院可根据本地区经济发展状况,并考虑社会治安状况,在本解释规定的数额幅度内,分别确定本地区执行"数额较大""数额巨大""数额特别巨大"的标准。该规定说明:法律内容的决定因素是社会经济状况。(2007年司法考试题)   （   ）

3. 司法审判中,当处于同一位阶的规范性法律文件在某个问题上有不同规定时,法官可以依据"上位法优于下位法""特殊法优于一般法"以及"新法优于旧法"的适用原则来进行审判。(2010年司法考试题)   （   ）

4. 赵某因涉嫌走私国家禁止出口的文物被立案侦查,在此期间逃往A国并一直滞留于该国。该案涉及法对人的效力和空间效力问题。(2015年司法考试题)   （   ）

5. 法律制裁是主动承担法律责任的一种方式。(2002年司法考试题)   （   ）

6. 不是每个法律条文都有法律责任的规定。(2005年司法考试题)   （   ）

7. 国际惯例是国际法中的"制定法",是国际航空法的最主要渊源。   （   ）

8. 违法行为就是犯罪行为。   （   ）

9. 我国的守法主体不包括无国籍人。   （   ）

10. 扰乱机场、非法拦截或者强登航空器的行为,情节较重的,处5日以上10日以下拘留,可以并处200元以下罚款。   （   ）

三、思考题

1. 怎样理解法的概念？
2. 当代中国正式的法律渊源有哪些？
3. 法律效力等级的原则有哪些？
4. 法律制裁的形式有哪些？

第二章

航空法概述

☑ 通过本章的学习,你应该能够:
- 了解航空法的概念及沿革;
- 熟悉《国际民用航空公约》的主要内容;
- 掌握 1963 年《东京公约》中有关机长权力的规定;
- 熟悉 1970 年《海牙公约》中关于劫机犯罪的主要内容;
- 理解 1971 年《蒙特利尔公约》中涉及航空犯罪的主要内容;
- 了解 2010 年《北京公约》及《北京议定书》的主要内容;
- 了解 1929 年《华沙公约》的历史背景和意义;
- 熟悉 1999 年《蒙特利尔公约》的主要内容;
- 理解我国《民航法》的意义和主要内容;
- 掌握我国国内民用航空法律规范体系的构成。

> **引例**
>
> **旅客在乘机过程中受伤怎么赔？**
>
> 陆女士（中国籍）于1998年5月12日乘坐美国联合航空公司UA801班机，由美国夏威夷经日本飞往中国香港。飞机在日本东京成田机场加油后起飞时，飞机的左翼引擎发生故障起火（图2-1），包括陆女士在内的多名乘客在紧急撤离过程中受伤。经拍片，陆女士被诊断为右踝骨骨折。征得美国联合航空公司同意后，陆女士回国内治疗。后来，在多次与美国联合航空公司就赔偿事宜交涉无果的情况下，陆女士委托律师于2000年4月27日将美国联合航空公司告上上海市静安区人民法院，要求其承担赔偿责任。
>
>
>
> 图2-1 美国联合航空公司班机引擎发生故障起火
>
> 本案中陆女士能否依据国际条约或者国内法的相关规定得到赔偿？赔偿数额是多少？学完本章内容后，请做出回答。

第一节 航空法的概念及沿革

一、航空法的概念

1. 定义

航空法是调整因民用航空和与民用航空有关的活动而产生的各种社会关系的法律规范的总称。

早期各国航空法学者，为概括表述航空法的特征与实质，对航空法进行了如图2-2所示的三类定义。

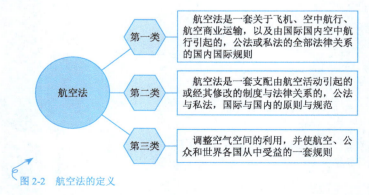

图2-2 航空法的定义

2. 特征

航空法具有国际性、综合性、民用性、平时法四个特征（图 2-3）。

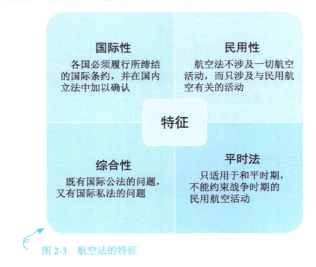

图 2-3 航空法的特征

（1）国际性

航空法的国际性源自人类航空活动的天然国际性。航空器速度快,对航空活动的发源地——欧洲来说,中小国家林立,飞机一个小时就能穿越几个国家（与公路交通和水上交通有重要差别）,如果不采用国际统一的法律规则,而采用各国千差万别的国内法,航空活动势必障碍重重、寸步难行。

国际上,国土面积广大的国家屈指可数,对于美国、俄罗斯、加拿大、印度以及我国来说,虽然国内航空活动具有重要价值,但航空法的国际性仍然是不可忽视的。最明显的例证是制止劫机等航空犯罪问题必须求助于国际立法。

各国必须履行所缔结的国际条约,并在国内立法中加以确认。

我国民航的国内法规体系就是以《国际民用航空公约》、国际标准和建议措施（《国际民用航空公约》19 个附件）为蓝本,在符合我国宪法和法律的前提下,结合我国的实际而逐步完善的。

（2）综合性（囊括公法与私法）

就航空活动而言,首先要解决的是公法问题,诸如主权、领土、国籍、国家关系等。

民用航空活动还应解决私法问题,诸如财产权利、损害赔偿、合同法、侵权行为法等。在这些问题上,各国法律规则差别巨大、冲突突出。因此,国际上采取统一原则和规则是国际航空运输的前提条件。《关于统一国际航空运输某些规则的公约》（通称 1929 年《华沙公约》）是解决这种差别与冲突的典型成功之作。

为保证国际空中航行、商业运输以及其他航空活动安全、迅速、经济和便利地进行,各国对于航空活动的各项规定应尽可能地统一起来,国际航空法是统一的结果。

人类有法律,事务有规律,这是不容忽视的。——[美]拉尔夫·沃尔多·爱默生（Ralph Waldo Emerson）

(3) 民用性

航空法不涉及一切航空活动，而只涉及与民用航空有关的活动。

航空法不能约束国家航空器。

法条点击 2-1

《国际民用航空公约》第三条　本公约仅适用于民用航空器，而不适用于用于军事、海关和警察部门的国家航空器。

（关于航空器分类的内容，详见本书第四章）

航空活动的分类如图 2-4 所示。

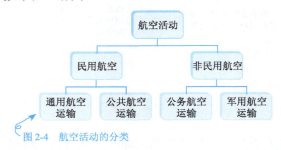

图 2-4　航空活动的分类

(4) 平时法

航空法不能约束战争时期的民用航空活动，无论其为交战国还是中立国。

如遇战争或国家处于紧急状态，民用航空要受战时法令或紧急状态下非常法的约束。

二、航空法的沿革

航空业的出现与发展必然要求建立与其相适应的法律制度，以保障并促进民用航空事业的发展，由此决定了航空法作为一种法律门类以及新的独立学科的存在价值。

航空法的发展分为萌芽、活跃、不断成熟与完善三个时期（图 2-5）。

图 2-5　航空法的发展时期

1. 萌芽时期（1783—1913 年）

在第一次世界大战以前，人类的航空活动基本上处于实验阶段。当时的热气球、滑翔机、简易飞机的各种性能还不稳定和成熟，除执行军事使命外，还谈不上作为运输工具运送旅客、货物和邮件。这个时期，各国尤其是英法两国在国内做了一些立法，但不系统，还谈不上成套规则。但航空活动的每一次进步为后来航空法的颁布奠定了基础。如图 2-6 所示为萌芽时期变革的大事记。

第二章 航空法概述

1783年
- 史上最早的航空活动——法国的蒙哥尔费兄弟研制出第一个载人气球。

1784年
- 法国巴黎警方颁布治安法令——凡是从事飞行必须事先获得批准。

1785年
- 蒙哥尔费式热气球由人驾驶,成功飞越英吉利海峡。

1849年
- 史上最早的空袭——奥地利人把定时炸弹挂装在热气球上,袭击威尼斯。

1855年
- 出现了第一个重于空气的非机动飞行器——滑翔机。

1889年
- 法国政府邀请欧洲19个国家在巴黎召开第一次讨论航空法的国际会议。

1902年
- 在国际法学会的布鲁塞尔年会上,法国著名法学家福希尔提出了人类第一部航空法典的建议草案——《浮空器的法律制度》。

1903年
- 美国的莱特兄弟成功起飞第一架装有动力装置的、重于空气的航空器——飞机。

1904年
- 俄罗斯帝国在其领空击烯了德国的热气球——领空主权的保护。

1910年
- 欧洲19国又聚集在巴黎,讨论制订国际航空立法问题,但没能达成一致意见,未有成果。由此可见,航空活动的发源地在欧洲。

图2-6 萌芽时期变革的大事记

知识窗2-1

世界上首个热气球

蒙哥尔费兄弟二人都是当地造纸厂的普通工人。一次工作时,两兄弟发现工厂里的碎纸片会在篝火旁不停地跳动。这一幕给了他俩很大的灵感,所以兄弟二人就产生了要做一个可以飞上天的东西的想法。经过一段时间的发明创造,蒙哥尔费兄弟两人终于发明出了世界上第一只可以飞上天的热气球。当时兄弟两人用草和羊毛燃烧产生的热气将巨大的气球送上了天,但是世界上的第一只热气球并没有载人,而是带着一只羊、一只鸭子还有一只小鸡飞上了天空。经过一段时间的努力,蒙哥尔费兄弟又研制出可以载人的热气球,但起初却没有人敢乘坐,最后一个叫罗齐尔的人主动提出要乘坐这个热气球,于是成为世界上第一个乘坐热气球上天的人(图2-7)。

图2-7 乘坐热气球上天的人

知识窗2-2

世界上首架飞机试飞成功

1903年12月17日清晨,美国北卡罗来纳州的基蒂霍克还在沉睡,天气寒冷,刮着大风,空旷的沙滩上静静地停放着一个带着巨大双翼的怪家伙,这就是人类历史上第一架飞机——"飞行者一号"(图2-8)。空旷的场地上冷冷清清,到现场观看的只有5个人。10时35分,一切准备就绪。为了能够率先登机试飞,威尔伯和奥维尔兄弟俩(图2-9)决定以掷硬币的方式确定谁先登机,结果弟弟奥维尔赢了。

奥维尔爬上"飞行者一号"的下机翼,俯卧于操纵杆后面的位置上,手中紧紧握着木制操纵杆,哥哥威尔伯则开动发动机并推动它滑行。飞机在发动机的作用下先是剧烈震动,几秒钟后便在自身动力的推动下从"斩魔丘"上缓缓滑下,在飞机达到一定速度后,威尔伯松开手,飞机像小鸟一样离地飞上了天空。虽然"飞行者一号"飞得很不平稳,甚至有点跌跌撞撞,但是它毕竟在空中飞行了12s共36.5m,才落在沙滩上。接着,他们又轮换着进行了3次飞行。在当天的最后一次飞行中,威尔伯在30km/h的风速下,用59s飞了260m。人们梦寐以求的载人空中持续动力飞行终于成功了!不幸的是,几分钟后,一阵突然刮来的狂风把"飞行者一号"掀翻了,飞机严重损坏,但它已经完成了历史使命。人类动力航空史就此拉开了帷幕。

图2-8 飞行者一号　　　　　　图2-9 威尔伯和奥威尔

2. 活跃时期(1914—1943年)

在第一次世界大战(1914—1918)中,飞机作为一种有效的作战工具或武器,大显神通。受到战争刺激,各国纷纷投入科技力量,使飞机性能得到大幅度提高和发展。以英国为例,1914年战争刚爆发时,英国仅有军用飞机12架,到1918年战争结束时,英国已拥有22000架飞机。各国从航空技术的进步中认识到飞机作为一种新型的运输工具,具有无限的发展前途。同时,战争的实践也对各国在航空国际法律制度方面的统一认识起了重要推动作用。战后,民用航空发展前景的逐渐明朗,推动了国际航空立法的第一次革命,这个时期的航空国际文件,为后来的国际航空发展奠定了良好的基础。活跃时期的大事记如图2-10所示。

法律绝非一成不变的,相反地,正如天空和海面因风浪而起变化一样,法律也因情况和时运而变化。——[德]格奥尔格·威廉·弗里德里希·黑格尔(Georg Wihelm Friedrich Hegel)

第二章 航空法概述

1919年
- 第一个国际定期航班——巴黎往返布鲁塞尔定期国际航班开通;
- 欧洲各国首都之间的国际定期航线已建立起来;
- 横跨大西洋的航空飞行成功;
- 世界上最早的经营国际民用航空运输的航空公司——荷兰皇家航空公司(KLM)建立,迎来了国际航空业的早春;
- 在战后的巴黎和会上,顺利制定了第一个国际航空法典——《关于管理空中航行的公约》(通称1919年《巴黎公约》);
- 以英法为代表成立的国际空中航行委员会(ICAN)是今天国际民用航空组织的前身。

1925年
- 以欧洲为主的43国在巴黎举行第一次航空私法国际会议,这次会议产生了"航空法专家国际技术委员会",相当于现在的"法律委员会"。

1926年
- 西班牙由于不满1919年《巴黎公约》中的某些规定,拉拢20个拉丁美洲国家,另行签订一个《伊比利亚美洲公约》,其基本规则与1919年《巴黎公约》雷同。

1928年
- 美国也因对《巴黎公约》不满,与其他美洲国家签订了《泛美商业航空公约》(通称《哈瓦那公约》),该公约除商业权利方面稍为详细外,其他基本规则与1919年《巴黎公约》雷同;
- 以上三个多边国际公约后来均被1944年《国际民用航空公约》所取代。

1929年
- 在华沙召开第二次航空私法国际会议,10月12日制定了《关于统一国际航空运输某些规则的公约》(即1929年《华沙公约》)。

1933年
- 在罗马制定了《统一有关航空器对地(水)面第三方造成损害的某些规则的公约》(通称1933年《罗马公约》)。我国未加入。

图2-10 活跃时期的大事记

3. 不断成熟与完善时期(1944年—现在)

1944年,为促进合作并"建立和保持世界各国之间和人民之间的友谊和了解",由54个国家起草,制定了《国际民用航空公约》,该公约确立了开展国际航空运输的核心原则。此后,多项国际公约和议定书陆续发布,民用航空立法得到不断完善。

不断成熟与完善时期的大事记如图2-11所示。

1944年
- 1944年11月1日至12月7日在芝加哥召开第一届国际民航会议，签订了《国际民用航空公约》，该公约是当今国际民航的宪章性文件。

1955年
- 1955年签订《海牙议定书》，修改补充1929年《华沙公约》。

1961—1966年
- 1961年签订《瓜达拉哈拉公约》；
- 1963年9月14日在东京签订《关于在航空器内的犯罪和其他某些行为的公约》(通称《东京公约》)。
- 1966年签订《蒙特利尔协议》。

1970年
- 12月16日在海牙签订《关于制止非法劫持航空器的公约》(通称1970年《海牙公约》)。

1971年
- 1971年9月23日在蒙特利尔签订《制止危害民用航空安全的非法行为的公约》(通称1971年《蒙特利尔公约》)。之后30年，国际航空法的发展进入相对稳定和停滞阶段。
- 1971年签订《危地马拉议定书》

1988年
- 2月24日在蒙特利尔签订《制止在用于国际民用航空的机场发生的非法暴力行为的议定书》，通称1988年《蒙特利尔议定书》。

1999年
- 5月28日于蒙特利尔签订《统一国际航空运输某些规则的公约》(通称1999年《蒙特利尔公约》)，意欲合并"华沙体制"前9个文件。

2010年
- 8月30日，国际航空法会议在北京召开并签订《制止与国际民用航空有关的非法行为的公约》(通称《北京公约》)和《制止非法劫持航空器公约的补充议定书》(通称《北京议定书》)。《北京公约》于2018年7月1日正式生效，《北京议定书》于2018年1月1日正式生效。

2014年
- 3月26日—4月4日，国际民用航空组织在总部蒙特利尔举行国际航空法外交会议，审议通过了《关于修订〈关于在航空器内的犯罪和其他某些行为的公约〉的议定书》(通称《蒙特利尔议定书》)。(2020年1月1日正式生效)

图 2-11　不断成熟与完善时期的大事记

第二节　国际民用航空法律规范

一、国际民航基本法律规范

1.《国际民用航空公约》产生的背景和意义

《国际民用航空公约》是第二次世界大战结束之前签订的。因该公约是1944年在美国城市芝加哥签订的(图2-12),故又被称为1944年《芝加哥公约》。该公约在英美等国倡议下,获得近50个国家签署,于1947年4月4日生效。目前,参加该公约的国家已经达到193个(截至2019年4月13日)。

图2-12 《国际民用航空公约》签字仪式(1944年12月7日)

《国际民用航空公约》是国际民用航空法的基础性和宪法性文件,它所确定的原则和规则对整个国际航空活动起到直接的约束和指导作用,使国际民用航空遵循安全和有秩序的发展方式,以便建立在机会均等基础上的航空业务能健全而经济地运营。

知识窗2-3

国际民航日

1992年9月召开的国际民用航空组织第29届大会做出决议,自《国际民用航空公约》签署50周年的1994年起,将每年的12月7日定为"国际民航日"。开展"国际民航日"活动的目的主要是为了在全世界树立和加强对国际民航在各国社会和经济发展中重要性的认识,同时强调国际民航组织在促进国际航空运输的安全、高效和正常方面所起到的作用。

2.《国际民用航空公约》的主要内容

《国际民用航空公约》分为4个部分,共22章,96条。包括:第一部分,空中航行(第1~6章,第1~42条);第二部分,国际民用航空组织(第7~13章,第43~66条);第三部分,国际航空运输(第14~16章,第67~79条);第四部分,最后条款(第17~22章,第80~96条)。如图2-13所示。

图2-13 《国际民用航空公约》的主要内容

（1）确认国家领空主权原则

领空主权是指国家对其领土（包括领陆、领水、领陆及领水的底土）之上的空气空间具有完全的和排他的权力。领空主权不可侵犯，是现代国际法上一项公认的基本原则。

最早确立领空主权原则的国际公约是1919年在巴黎签订的《关于管理空中航行的公约》（即1919年《巴黎公约》）。（关于领空主权的内容详见第三章）

（2）适用范围

《国际民用航空公约》只适用于民用航空器。

（3）飞行的权利

关于不定期航空业务，各缔约国同意不需要事先获准，飞机就有权飞入另一国领土，或通过领土做不降停的飞行；关于定期航班，则需要通过签订双边协定的方式，才可以在该国领土上空飞行或进入该国领土。

法条点击 2-2

《国际民用航空公约》

第五条 关于不定期航班

缔约各国同意其他缔约国的一切不从事定期国际航班飞行的航空器，在遵守本公约规定的条件下，不需要事先获准，有权飞入或飞经其领土而不降停，或做非商业性降停，但飞经国有权令其降落。

第六条 关于定期航班

除非经一缔约国特准或其他许可并遵照此项特准或许可的条件，任何定期国际航班不得在该国领土上空飞行或进入该国领土。

（4）航空器国籍原则

航空器必须具有国籍且不得拥有双重国籍。

民用航空器国籍原则是一个在世界范围得到普遍接受的原则，也是《国际民用航空公约》的基本原则之一。（关于航空器国籍的内容详见第五章）

（5）设立国际民用航空组织

1947年4月1日，国际民用航空组织（International Civil Aviation Organization，ICAO，简称"国际民航组织"）（图2-14）正式成立。国际民航组织是联合国的一个专门机构，总部设在加拿大蒙特利尔，是193个缔约国在民航领域中开展合作的媒介。国际民航组织的框架如图2-15所示。

图2-14 国际民航组织图标

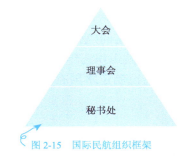
图2-15 国际民航组织框架

> **知识窗2-4**
>
> 中国和国际民航组织的关系
>
> 我国是国际民航组织的创始国之一,于1944年签署了《国际民用航空公约》,并于1946年正式成为会员国。1971年11月19日,国际民航组织第七十四届理事会第十六次会议通过决议,承认中华人民共和国政府为中国唯一合法代表。1974年,我国承认《国际民用航空公约》并参加国际民航组织的活动。同年,我国当选为二类理事国。2004年,在国际民航组织第35届大会上,我国当选为一类理事国。2013年9月28日,在加拿大蒙特利尔召开的国际民航组织第38届大会上,我国再次当选为一类理事国。
>
> 柳芳女士(中国籍)2015年3月当选国际民航组织秘书长。

(6)争议和违约

缔约国之间发生争议可提交理事会裁决,或向国际法院上诉;对航空运输企业不遵守公约规定者,理事会可停止其飞行权;对违反规定的缔约国,可暂停其在大会、理事会的表决权。

法条点击 2-3

《国际民用航空公约》

第八十四条 争端的解决

如两个或两个以上缔约国对本公约及其附件的解释或适用发生争议,而不能协商解决时,经任何与争议有关的一国申请,应由理事会裁决。

第八十六条 上诉

除非理事会另有决定,理事会对一国际航空运输企业的经营是否符合本公约规定的任何裁决,未经上诉撤销,应仍保持有效。

第八十七条 对空运企业不遵守规定的处罚

缔约各国承允,如理事会认为一缔约国的空运企业未遵守根据前条所作的最终裁决时,即不准该空运企业在其领土之上的空气空间飞行。

3.《国际民用航空公约》的19个附件

《国际民用航空公约》附件,又称"国际标准和建议措施",是由国际民航组织在国际民用航空公约的原则下制定的,它包括民航各个活动的具有约束力的技术文件。根据民航形势和技术发展,国际民航组织逐年讨论和修改完善这些文件。国际民航组织各成员国根据这个文件结合本国情况制定本国有关的法律和规章。《国际民用航空公约》的19个附件见表2-1。

《国际民用航空公约》的19个附件　　　　　　表2-1

附件号	附件名	附件号	附件名
附件1	人员执照的颁发	附件11	空中交通服务
附件2	空中规则	附件12	搜寻与救援
附件3	国际航空气象服务	附件13	航空器事故和事故征候调查
附件4	航图	附件14	机场
附件5	空中和地面运行中所使用的计量单位	附件15	航空情报服务
附件6	航空器的运行	附件16	环境保护
附件7	航空器国籍和登记标志	附件17	保护国际民用航空免遭非法干扰行为
附件8	航空器适航性	附件18	危险品的安全航空运输
附件9	简化手续	附件19	安全管理体系
附件10	航空电信		

二、国际民航安保法律规范

随着航空业的发展,民航运输领域的国际刑事犯罪日益突出,严重影响国际航空事业的发展。为防止和惩治在航空器上的犯罪活动,有关国际组织和世界各国共同努力,先后制定了1963年《东京公约》、1970年《海牙公约》、1971年《蒙特利尔公约》、2010年《北京公约》以及其他预防惩治非法干扰民用航空的一系列民航安保国际公约。这些公约从不同的角度,对危害国际民用航空安全的非法行为的概念、犯罪、管辖权、引渡和起诉、缔约国的权力和责任以及航空器机长的权力等问题做出了明确的规定。缔约国都要承担义务,不得放纵危害国际民用航空安全的罪行,对犯罪要给予严厉的惩罚。这些公约构成了现行的防范和制止危害国际民航安全行为的国际法框架。

本节重点介绍1963年《东京公约》、1970年《海牙公约》、1971年《蒙特利尔公约》以及2010年《北京公约》和《北京议定书》的主要内容。

1. 1963年《东京公约》概述

(1) 1963年《东京公约》产生的历史背景

早在第二次世界大战以后,民用航空飞速发展,航空器已成为人类从事政治、经济、文化活动的必备工具。由于在万米高空进行跨国界、跨地区的飞行,航空器内发生的各种关系往往脱离了各国司法管辖范围,在飞行中的航空器陷入无人管理状态,对航空器进行干扰的行为愈发增多。

案例 2-1　美国科多瓦案

1948年，两个美国人，一个叫科多瓦，另一个叫桑塔诺，从纽约乘飞机到波多黎各去看球赛。在返回纽约途中，当飞机在公海上空飞行时，两个人发生争斗，旅客纷纷离座，拥到后舱，造成飞机失平，险些发生失事事故。机组人员进行干涉时，被科多瓦打成重伤。飞机在纽约降落后，警察将二人逮捕，并提交纽约法院对之起诉。法院审理认为，美国法律只规定美国对在公海上的美国船舶内的犯罪有管辖权，但航空器不是"船舶"，所以美国法院对此案没有管辖权。因缺乏管辖的法律依据，结果只能使犯罪嫌疑人逍遥法外。

案例 2-2　英王诉马丁案

1955年，在英国登记的一架民航飞机在从波斯湾的巴林飞往新加坡的途中，机组成员马丁被发现携带鸦片进行贩运。当该飞机返回英国本土后，检察官将马丁逮捕并起诉，其罪名是贩运鸦片违犯了英国《危险毒品条例》所规定的贩运毒品罪，并根据1949年英国《民用航空法》第六十二条第一款规定："在英国飞机上发生的任何犯罪，为赋予管辖权的目的，均应视为发生的犯罪人当时所在地的犯罪。"检察官将其提交英国法院。被告律师抗辩称，马丁没有在英国犯罪，应该由在飞行过程中发现其贩运鸦片时的所在地的法院来判断贩运鸦片是否构成犯罪，英国公诉人依据的英国《危害毒品条约》只能对英国本土有效，没有域外效力。经过反复辩论，法院不得不驳回起诉，因为英国法中的成文法规定的犯罪，不适用于在英国登记但在英国境外的飞机，最后马丁被无罪释放。

为了解决此类案件中刑事管辖权问题上的缺陷，避免有关犯罪行为人逃避惩罚，国际民航组织决定主持签订一个国际公约，使各国刑法的适用范围都能用于本国的航空器上。在国际民航组织和国际社会的共同努力下，1963年9月14日，61个国家参加了在东京举行的国际航空外交会议，签订了打击危害国际航空安全非法行为的第一个公约，即1963年《东京公约》。目前，已有180多个国家加入该公约。我国于1978年11月14日交存加入书。1979年2月12日，该公约对我国生效。

（2）1963年《东京公约》的主要内容

①明确了公约的适用范围（图2-16），包括空间与时间范围。

> **第一条第一款规定**
>
> - 该公约适用于"一，违反刑法的罪行；二，危害或能危害航空器或其所载人员或财产的安全、或危害航空器上的良好秩序和纪律的行为，无论是否构成犯罪行为"。这个条款虽然并没有就航空器内的犯罪下一个明确的定义，但对空中犯罪的内涵做了明确规定。

> **第一条第二款规定**
>
> - "本公约适用于在缔约一国登记的航空器内有犯罪或犯有行为的人，无论该航空器是在飞行中，在公海海面上，或在不属于任何国家领土的其他地区（水）面上。"这样规定，既可以解决航空器登记国的空中刑事管辖权问题，又可以避开很多复杂的因素。这两个条款就是公约适用的空间范围

图2-16　《东京条约》的适用范围

法条点击 2-4

《东京公约》第一条第三款 在本公约中,航空器从其起动发动机起飞到着陆冲程完毕这一时间,都应被认为是在飞行中。

②确立了航空器登记国管辖权。

作为整个公约的核心内容,第三条确立了航空器登记国管辖权:"一,航空器登记国有权对在该国登记的航空器上犯罪与行为行使管辖权;二,各缔约国都应采取必要措施,以确立其作为登记国对在该国登记的航空器上的犯罪的管辖权;三,本公约不排除依本国法行使的任何刑事管辖权。"

这是国际社会首次用国际条约的形式,确立了空中刑事管辖权的航空器登记国管辖原则。这一规定以国际条约确认了航空器登记国法律的域外适用,避免了航空器处于公海或不属于任何国家领土地区时,其内发生犯罪的情况下,因管辖权问题而使犯罪分子逃脱惩罚,从而完善了惩治犯罪的制度。所以,公约规定的航空器登记国管辖权是一种新型的管辖规则,也是对民用航空器法律地位的确认。

③明确了航空器机长的权力。

1963 年《东京公约》还确立规则:航空器机长对于飞行中航空器上犯罪或危及航空安全或正常秩序的行为具有管理的权利和职责。该公约第五条至第十五条赋予了机长如图 2-17 所示的权力。

> **机长具有采取管束措施的权力**
> - 第六条第一款规定:凡机长有正当理由认为某人在航空器上有犯罪行为或者违反航空器内良好秩序和纪律的违法行为,可以对此人采取合理的措施,包括必要的管束措施。其目的是保证航空器和航空器所载人员、财物的安全,维护机上良好的秩序和纪律。"管束"意味着对人身自由的限制。因此"合理措施"可以包括较轻的口头制止措施,也可以包括最严厉的剥夺行为人自由的措施。只要机长采取的措施是必要的和合理的,就是合法的。这是在国际法中第一次规定机长在安保方面的权力。
> - 第六条第二款进一步规定:机长可要求或授权其他机组成员协助,并可请求或授权旅客协助,以看管机长认为需要看管的人。此外,特殊情况下,任何机组成员或旅客如有正当理由认为必须马上采取正当措施进行预防,以保护航空器、机上人员或财产的安全时,则无须经过上述授权。例如,公约签订前的 1961 年 10 月 14 日,一架日本航空公司班机在飞越太平洋时,一位不法旅客企图打开机舱门,并用酒瓶袭击该机乘务员,后被众旅客制服。依据公约的规定,这些旅客的行为也是合法的

> **机长有权要求违法行为人在任何降落地点下机**
> - 第八条规定:一,机长在有理由认为某人在航空器内已犯或行将犯第 1 条第 1 款乙项所指的行为时,可在航空器降落的任何国家的领土上使该人离开航空器,如果这项措施就第 6 条第 1 款甲项或乙项所指出的目的来说是必要的;二,机长按照本条规定使人在某国领土内离开航空器时,应将此离开航空器的事实和理由报告该国当局。这种情况主要是针对有轻罪或即便不构成犯罪但让其留在机上可能危及飞机安全的人,如酗酒、寻衅滋事者

> **机长有权将在机上实施严重犯罪行为者移交给航空器降落地国主管当局**
> - 第九条第一款规定:如机长有理由认为,任何人在航空器内犯了他认为按照航空器登记国刑法是严重的罪行时,他可将该人移交给航空器降落地任何缔约国的主管当局。对机上发生的严重犯罪行为,需要追究其刑事责任者,机长有将其押送降落地治安当局的权利,以保证继续飞行时的安全。例如,发现游客在航空器上带有毒品,尽管没有危及航空器和机上人员、财产的安全,没有扰乱机上的秩序和纪律,但该人已涉嫌走私、贩卖、运输、制造毒品罪,应将该人移交给降落地国主管当局。依据该条款可以给予机长公约赋予的权力,判断机上行为是否构成严重犯罪

> **机长有权依据登记国法律合法掌握证据**
> - 第九条第三款规定:机长依照本条规定,将犯罪嫌疑人移交当局时,应将其按航空器登记国法律进行合法占有的证据和情报提供给该当局。注意,机长的证据必须是通过合法途径进行搜集和占有的

> **机长享有豁免权**
> - 第十条规定:对于根据本公约所采取的措施,无论航空器机长、机组其他成员、旅客、航空器所有人或经营人,或本次飞行是为他而进行的人,对因采取这些措施而被提起的诉讼,概不负责。这是关于机长行使权力的免责条款。
> 如果机长在行使公约规定的权力中有某些不当,导致被采取行动的人受到损害而引起行政、刑事、民事责任,则机长及相关人员应被免除此类责任

图 2-17 机长的权力

④第一次规定了劫持航空器犯罪。

这是第一个对劫持航空器犯罪做出规定的国际公约。早期的《东京公约》草案并没有涉及劫机问题。因为在当时,劫机犯罪并不十分突出,所以未能引起国际社会的普遍重视。随后,在东京会议上,由于美国和哥伦比亚代表的强烈要求,公约才在第四章设立专章对"非法劫持航空器"做出规定。该公约对"非法劫持"做了专门的定义:某人非法地用暴力或暴力威胁对飞行中的航空器进行干扰、劫持或非法控制,犯有或将要犯有这种行为,便是非法劫持航空器。1963年《东京公约》为制止劫持航空器的犯罪奠定了基础,使劫持航空器的概念第一次出现在国际条约中。

2. 1970年《海牙公约》概述

(1) 1970年《海牙公约》产生的历史背景

1929年《东京公约》开放签字以后,劫持航空器的犯罪行为仍然逐年增加。从20世纪60年代末期起,劫持航空器的事件达到空前频繁和严重的地步,并且蔓延到全世界,成为在航空器内发生的不法行为中最典型、最常见的一种。例如,1968年就发生了30起劫持航空器的事件,1969年发生了91起劫持航空器案件。触目惊心的劫持航空器事件引起了国际社会的广泛关注。当国际社会纷纷谴责劫持航空器的恐怖活动,要求将行为人绳之以法时,才发现《东京公约》的规定显然不足以对付日益高涨的劫持航空器的浪潮,因为《东京公约》既没有将劫持航空器的行为宣布为犯罪,也没有规定相应的惩治措施。为此,联合国大会两次通过决议,要求保障国际民航安全,制定新的国际法规则,以预防和严惩劫持航空器的行为。于是,在联合国的敦促下,1970年12月1日,国际民航组织在海牙召开了由77个国家代表参加的外交会议,通过了《关于制止非法劫持航空器的公约》(即1970年《海牙公约》)。中国于1980年9月10日加入该公约。同年10月10日,该公约对中国正式生效。

(2) 1970年《海牙公约》的主要内容(图2-18)

劫机犯罪的定义
- 根据第一条的规定,以暴力或用暴力威胁,或用任何其他恐吓方式,非法劫持或控制该航空器的既遂或未遂行为,是非法劫持航空器犯罪

劫机犯罪的构成要件
- 每一种犯罪行为,其主客观表现形式都是不一样的,都有具体的目的、动机、手段和方法。根据《海牙公约》的规定,本罪的客观方面的行为要件是:用暴力、暴力威胁或任何其他恐吓方式,非法劫持或控制正在飞行中的航空器的行为

劫机行为发生在正在飞行中的民用航空器上
- 第一条将劫机犯罪限定在特定的时间与地点之中,即必须是在飞行中。
- 第三条第一款明确了"飞行中":航空器从装载完毕,机舱外部各门均已关闭时起,直至打开任一机舱门以便卸载时为止。如果航空器被迫降落时,在主管当局接管对航空器及其所载人员和财产的责任前,航空器应被认为仍在飞行中。如果犯罪嫌疑人劫持的不是正在飞行中的民用航空器,而是停放在机场跑道上或摆放在仓库里或车间组装的航空器,则不构成劫持航空器罪。
- 第三条第二款规定:本公约不适用于供军事、海关或警察用的航空器,劫机犯罪只能发生在民用航空器上。因此,劫持航空器犯罪事实上可以称之为"劫持民用航空器罪"

明确规定严惩原则
- 第二条规定:各缔约国承允对上述罪行予以严刑惩治。上述犯罪即公约第一条规定的"劫持航空器犯罪"。基于各国刑罚政策的重大差别,公约没有规定劫持航空器犯罪应处的具体刑罚种类和刑罚幅度,但明确要求各缔约国对公约规定的罪行给予严厉惩罚。所谓"严厉惩罚",是指各缔约国立法机关应按照本国法律将这类犯罪作为严重的普通犯罪规定出刑罚。如我国《刑法》第一百二十一条规定:犯本罪的,处10年以上有期徒刑或者无期徒刑;致人重伤、死亡或者航空器遭受严重破坏的,处死刑。我国对此罪的量刑标准最低为10年有期徒刑

图2-18 《海牙条约》的主要内容

①明确规定了劫持航空器的犯罪。

②创立了"或引渡或起诉"原则。

1970年《海牙公约》创立了"或引渡或起诉"的原则,也是公约惩治劫机犯罪的主要措施。

该公约第七条规定:在其境内发现被指称的罪犯的缔约国,如不将此人引渡,则不论罪行是否在其境内发生,应无例外地将此案件提交其主管当局以便起诉。该当局应按照本国法律以对待任何严重性质的普通罪行案件的同样方式做出决定。

知识窗 2-5

引渡:指一国把在该国境内而被他国指控为犯罪或已被他国判刑的人,根据有关国家的请求移交给请求国审判或处罚。引渡制度是一项国际司法协助的重要制度,也是国家有效行使管辖权和制裁犯罪的重要保障。

起诉:指依法向法院提出诉讼,请求法院对特定案件进行审判的行为。起诉必须是有起诉权的公民或法人依法向有管辖权的法院提起。

案例 2-3

卓长仁劫机案

1983年5月5日上午10时49分,中国民航三叉戟296号班机从沈阳东塔机场起飞前往上海,机上共105人。11时20分左右,飞机飞临渤海湾时,以卓长仁、安卫建为首的6名武装暴徒突然冲到驾驶舱门口,用枪猛射驾驶舱门锁,踢开舱门后持枪闯入驾驶舱对机组成员射击,当即将报务员和领航员打成重伤。紧接着,武装暴徒又用手枪逼迫机长和领航员立即改变航向,向韩国飞去。296号客机被迫降落在韩国的春川军用直升机场。韩国军事当局将6名劫持犯拘留,并对事实情况进行调查。之后,韩国军事当局立即把情况向中华人民共和国和国际民航组织理事会报告。

经过双方磋商,被劫持飞机上的旅客和机组成员与中国民航工作组同乘一架波音707专机返回中国;被劫持的中国三叉戟客机,在技术性问题获得解决后也归还给了中国;但是,双方关于6名劫持罪犯的处置问题未取得一致的意见。中国方面指出:按照中国的法律和有关国际公约的规定,这些劫持罪犯理应交还给中国方面处理。韩国方面表示:不能把罪犯交还给中国,并声称韩国方面已决定对他们进行审讯和实施法律的制裁。

本案应注意以下几个问题:

(1)卓长仁等人的暴行是劫持航空器犯罪,是一种国际犯罪行为。

(2)韩国拒绝引渡是有国际法依据的。鉴于中韩两国当时没有引渡条约(中韩在2000年签署了引渡条约),当两国无引渡条约时,被请求国有权"自行选择"是否以公约作为引渡的依据。且韩国方面已根据"或引渡或起诉"原则,对卓长仁等罪犯予以起诉并依其国内法做出相应判决。另外,根据1970年《海牙公约》第四条的规定,韩国作为飞机降落地国有权对劫机犯行使管辖权。所以,韩国当局的这一做法也是符合1970年《海牙公约》的规定和国际法的引渡规则的。

（3）中国要求引渡是有国际法依据的。中国根据1970年《海牙公约》有关危害民用航空器犯罪行为管辖权的规定，作为飞机登记国，对该犯罪行为享有管辖权，且该犯罪行为属于可引渡的罪行。据此，中国可以请求引渡卓长仁等罪犯。

3. 1971年《蒙特利尔公约》概述

（1）1971年《蒙特利尔公约》产生的历史背景

1970年《海牙公约》主要惩治针对飞行中的航空器进行的劫机犯罪。然而，危害国际航空安全的犯罪无处不在，破坏航空器、破坏机场上正在使用中的航空器及其航行设施等犯罪在世界各地也经常发生。国际民航组织于1971年9月8日在加拿大蒙特利尔举行了由60个国家参加的外交代表会议，讨论并通过了《制止危害民用航空安全的非法行为的公约》（即1971年《蒙特利尔公约》）。我国于1980年9月10日加入该公约，该公约于同年10月10日对我国生效。

制定1971年《蒙特利尔公约》的目的在于通过国际合作，进一步完善国际民用航空安全保卫的法律体系。该公约与1970年《海牙公约》互为补充，共同构筑国际民用航空运输安全的法律堡垒。从这个意义而言，1971年《蒙特利尔公约》是1970年《海牙公约》的姊妹篇。

（2）1971年《蒙特利尔公约》的主要内容

①明确定义了危害民用航空安全的犯罪。

该公约在1970年《海牙公约》的基础上进一步对危害民用航空安全的各种非法干扰行为做出了详细而具体的规定，列举了除劫持民用航空器之外的危害民用航空安全的其他行为，扩大了航空犯罪的范围。

根据1971年《蒙特利尔公约》第一条的规定，航空犯罪主要有以下分类：

a. 对飞行中的航空器内的人从事暴力，危及该航空器的安全的行为。

b. 破坏使用中的航空器或对该航空器造成损坏，使其不能飞行足以危及飞行安全的行为。

c. 用任何方法在使用中的航空器内放置或使别人放置一种将会破坏该航空器或对其造成损坏使其不能飞行或对其造成损坏而危及飞行安全的装置和物质的行为。

d. 破坏或损坏航行设备或妨碍其工作，危及飞行中航空器的安全的行为。公约没有对"航行设备"作出具体解释。

e. 传送明知是虚假的情报，可能危及飞行中的航空器安全的行为。

②创立了"使用中"的概念。

1971年《蒙特利尔公约》第二条规定：从地面人员或机组为某一特定飞行而对航空器进行飞行前的准备时起，直到降落后24h止，该航空器应被认为在使用中。在任何情况下，使用的期间应包括公约所规定的航空器在飞行中的整个时间。"飞行中"与1963年《东京公约》、1970年《海牙公约》的概念相一致，但为打击范围广泛的危害国际民用航空安全的犯罪，单靠"飞行中"这一概念是不够的，因为它无法概括危害航空安全的地面犯罪，因此，1971年《蒙特利尔公约》采用了比"飞行中"范围更广的"使用中"概念。

> **案例2-4**
>
> **洛克比空难**
>
> 1988年12月22日3时3分,泛美航空公司PA103航班遭恐怖袭击,在英国边境小镇洛克比上空爆炸解体,这就是洛克比灾难,此事件是一起典型的危害国际民用航空安全的犯罪事件。
>
> 这是利比亚针对美国的一次报复性恐怖袭击。飞机前货物舱里的280～400g塑胶炸药被引爆,触发连串事件,令飞机迅速毁灭。航班上259名乘客和机组成员无一幸存,地面上11名洛克比居民死于非命。

4. 2010年《北京公约》概述

为进一步完善国际航空安保公约体系,从而使其能够更好地保护国际民用航空运输业的安全运行,2010年8月30日—9月10日,国际民航组织在北京举行了航空保安外交会议,目的是更新1970年《海牙公约》、1971年《蒙特利尔公约》及其议定书。共有来自77个国家的代表和4个国际组织的观察员参会。大会通过了《制止与国际民用航空有关的非法行为的公约》(即2010年《北京公约》)和《制止非法劫持航空器公约的补充议定书》(即《北京议定书》)。这是民航史上第一个以中国城市命名的国际公约。2018年1月1日,《北京议定书》正式生效;2018年7月1日,《北京公约》正式生效。

(1)《北京公约》产生的历史背景

从某种意义上说,2010年《北京公约》是对1971年《蒙特利尔公约》和《蒙特利尔补充议定书》的修订。它将这两个文件的内容有机地结合在一起,并吸收国际社会预防和惩治恐怖主义犯罪的新的实践经验,增加了新的内容,在此基础上形成了新的公约。

(2)《北京公约》的主要内容

①增加了新型犯罪的种类。

2010年《北京公约》在1971年《蒙特利尔公约》规定的四种危害国际航空安全的犯罪的基础上,根据"9•11"事件以来出现的新的威胁,又增加了四种新的犯罪,包括利用使用中的航空器造成死亡、严重人身伤害,或对财产(或环境)造成严重破坏的行为;在使用中的航空器内使用或释放任何生物武器、化学武器和核武器等造成严重后果的攻击性行为;对使用中的航空器使用任何生物武器、化学武器和核武器等造成严重后果的攻击性行为;为不法目的,在航空器上运输、便利运输,或导致在航空器上运输相关危险物品的行为。

②明确了某些专用术语的具体内容。

2010年《北京公约》不仅对公约新增犯罪的类型中所涉及的一些概念做出了详尽的解释,保证公约所规定的犯罪在适用时的统一性,还对《蒙特利尔公约》中部分概念做了新的解释。例如,对于1971年《蒙特利尔公约》第一条第一款规定的"破坏航行设备危及飞行安全罪",《蒙特利尔公约》并没有对何谓"航行设备"做出具体解释,对此,2010年《北京公约》第二条(c)将"空中航行设备"解释为包括航空器航行所必需的信号、数据、信息或系统,使公约的表述更加精准。

③修改了引渡条款。

1971年《蒙特利尔公约》和1970年《海牙公约》规定了"或引渡或起诉"原则，规定危害国际民用航空安全的犯罪行为和危害国际民用航空机场安全的犯罪行为均是可引渡的罪行，为缔约国间引渡国际航空犯罪嫌疑人提供了便利。然而，1971年《蒙特利尔公约》和1970年《海牙公约》并没有明确阻止当事国以政治犯为借口拒绝引渡这类犯罪嫌疑人。与现行公约相比，《北京公约》第十二条第二款规定，如果某一当事国规定只有在订有引渡条约的条件下才可以引渡，而当该当事国接到没有与其订有引渡条约的另一当事国的引渡要求时，可以自行决定认为本公约就是对公约所确定的犯罪进行引渡的法律根据。这就意味着被请求引渡的国家可以将2010年《北京公约》视为与请求国之间达成的一项引渡国际航空的条约，从而满足请求国的引渡请求。

5.《北京议定书》的概述

（1）《北京议定书》的立法目的

制定《北京议定书》的目的是为了修订1970年《海牙公约》。通过对1970年《海牙公约》有关犯罪定义的修改，《北京议定书》试图在时间、空间以及犯罪行为的实质内容等方面扩展公约的适用范围，以便更为有效地维护民航安全。

（2）《北京议定书》的主要内容

①增加劫持航空器犯罪涵盖的行为类型。

《北京议定书》规定，当情况显示做出的威胁可信时，任何人如果做出以下行为，则亦构成犯罪：威胁实施本条第1款中所列的罪行，或非法、故意地使任何人受到这种威胁。《北京议定书》新增的这种"威胁劫持航空器"将威胁行为也纳入公约的打击范围。

②将"飞行中"修订为"使用中"。

《北京议定书》将1970年《海牙公约》中劫持航空器犯罪的适用范围从"飞行中的航空器"扩大到"使用中的航空器"。

③增加了"任何技术手段"这一行为方式。

《北京议定书》规定：行为人没有采取身体暴力或没有采取利用枪支等的暴力方法实施劫持或控制航空器的行为，也可以构成公约中的劫持航空器罪。例如，通过干扰飞行仪表和数据传输系统来控制航空器的情况，就符合公约规定的以任何技术手段实施劫持航空器罪的犯罪行为。

6.1963年《东京公约》的修订

（1）修订的历史背景

1963年《东京公约》是国际社会第一部专门规定航空违法犯罪的公约。该公约虽然对航空器飞行中所发生的违反刑法的行为和危害航空器上良好秩序与纪律的行为有所规范，但是此类行为并没有因此受到遏制，反而日益严重。此外，未达到刑事犯罪程度的滋扰性行为也成为民用航空运输中的严重问题。因此，2014年3月26日—4月4日，国际民航组织在总部蒙特利尔举行国际航空法会议，审议和修订1963年《东京公约》，形成了《关于修订

《关于在航空器内的犯罪和其他某些行为的公约〉的议定书》。新的议定书对管辖权、机上安保人员、不循规行为等方面进行了规定。2014年《蒙特利尔议定书》于2020年1月1日正式生效。

（2）修订的主要内容

①增加了机上安保人员条款。

该议定书第六条增加了对机上安保人员的一些规定，目的在于明确机上安保人员可协助机长和机组成员遏止与排除航空器上的不循规行为，并可对紧急事件做出更为有效的响应：

a. 机上安保人员的设置，由缔约国之间的双边或多边条约或协定规定。

b. 机上安保人员有正当理由认为其应该采取行动以保护航空器或机上人员免受非法干扰行为侵害时，或符合双边或多边协定规定的要件时，可以在未经航空器机长授权的情形下，采取合理预防措施。

c. 任何规定均不得被视作缔约国有义务制定飞行安保人员方案，也不得被视作缔约国达成了授权外国飞行安保人员在其领土内行动的双边（或多边）协议或其他安排。

②重新规定了"飞行中"的统一含义。

该议定书第二条重新规定了"飞行中"的含义："航空器在完成登机活动后所有外部舱门均已关闭时起，直至其任一此种舱门为离机目的开启时止，其间的任一时刻"，且"在航空器迫降情形下，直至适格主管部门接管对该航空器及机上人员和财产的职责时止，该航空器应被视作仍在飞行中。"将《东京公约》的适用范围整体延伸，以更全面地规制机上发生的罪行与行为。

③明确了不循规行为。

该议定书第十五条明确了涉及机组的不循规行为，保证机组更好地履行职责，进而确保航空器及所载人员与财产的安全：

a. 对机组人员实施人身攻击或威胁实施此种攻击。

b. 拒绝遵守机长（或以机长名义的其他人）为保护航空器、机上人员或财产安全而发出的合法指令。

④增设了新的管辖权原则。

在1963年《东京公约》确立的航空器登记国管辖权原则的基础上，该议定书第四条增设了两个管辖权，解决了管辖空缺问题，更大程度地保护了旅客和航空器运营人的权益。

a. 降落地国管辖权：若某项罪行或行为是在一缔约国领土内降落的航空器上所为，且嫌犯仍在机上时，该国作为航空器降落地国也有权对此航空器上发生的罪行与行为行使管辖权。

b. 航空器经营人所在国管辖权：缔约国作为航空器经营人所在国，也有权对相关航空器上发生的罪行与行为行使管辖权。

三、国际民航损害赔偿法律规范

1. 1929年《华沙公约》概述

（1）历史背景

第一次世界大战以后，国际航空运输发展很快，但是缺少一个统一的国际航空运输法律制度来确保旅客或货主在国际航空运输中的权利,并规定航空运输承运人的相应责任。因此,国际航空法会议的第二次会议于1929年10月在波兰华沙举行。会议制定了《关于统一国际航空运输某些规则的公约》(即1929年《华沙公约》),该公约于1929年10月12日由23个国家代表签署。该公约于1975年11月18日在中国生效。

（2）主要内容

①定义了国际航空运输。

根据有关各方所订的契约,不论在运输中是否有间断或转运,其出发地和目的地是在两个缔约国的领土内,或在一个缔约国的领土内,而在另一个缔约国(或非缔约国)的主权、宗主权、委任统治权或权力管辖下的领土内有一个约定的经停地点的任何运输。

②建立了统一的票证制度。

对国际航空运输中的客票、行李票和货运单均做了比较详细的规定,指出客票、行李票和货运单是运输合同签订和运输合同条件的初步证据。

③引进了过失责任制。

一旦发生损害,就假定承运人是有过失的,除非承运人证明自己已经采取措施或不可能采取一切必要的措施,否则其就应当对运输事故承担责任。

④规定了责任限额。

运送旅客时,承运人对每一旅客的责任以12.5万法郎为限(约为1万美元)。但是旅客可以根据其与承运人签订的特别协议,规定一个较高的责任限额。在运输已登记的行李和货物时,承运人对行李或货物的责任以每千克250法郎为限(约为每千克20美元)。

案例2-5　英国"格雷因诉帝国航空公司"一案

1937年,格雷因购买了一张帝国航空公司从英国伦敦到比利时安特卫普的往返程机票(伦敦—安特卫普—伦敦),该机票分为甲乙两联,甲联用于伦敦到安特卫普,注明给"出发地机场",乙联用于安特卫普到伦敦,注明给"目的地机场"。结果飞机快到安特卫普时失事,格雷因身亡。初审的英国高等法院认为由于此次运输的目的地点是比利时的安特卫普,而比利时不属于1929年《华沙公约》的缔约国,因而不符合1929年《华沙公约》第一条中"国际航空运输"的规定,不能适用1929年《华沙公约》。帝国航空公司上诉。承接上诉的法院认为,1929年《华沙公约》第一条的规定是说在判断按照某一合同所进行的运输是否为国际航空运输时,应当主要考察该合同是否是一个整体,即是否为一个单一的运输,此运输合同是"一个前往安特卫普并返回的合同"。安特卫普只不过是约定的经停地点。因而,按照1929年《华沙公约》第一条的规定,此项运输属于该公约所称的"国际航空运输",此案适用1929年《华沙公约》。

2. 1999年《蒙特利尔公约》概述

（1）历史背景

1929年《华沙公约》是国际航空运输领域中最重要的一项多边国际条约,对平衡承运人和旅客、托运人的利益,规范国际航空运输规则,起到了根本性的作用。1955年以后,国际民航组织对1929年《华沙公约》进行了一系列的修改和补充,主要是修改和提高了赔偿责任限额,形成各种不同的责任制度并存的局面。国际民航组织于1999年5月28日在蒙特利尔签订了《统一国际航空运输某些规则的公约》(即1999年《蒙特利尔公约》),该公约于2003年11月4日正式生效。该公约取代了已适用70多年的1929年《华沙公约》及修正其的系列公约、议定书,从而使规范国际航空运输的法律制度走向完整、统一,展现了一个全新的法律框架。该公约已于2005年7月31日在我国生效。

(2)主要内容

①由过错责任制走向严格责任制。

公约对客、货运均采取客观责任制。在旅客伤亡方面,公约规定,对于因旅客死亡或者身体伤害而产生的损失,只要造成死亡或者身体伤害的事故是在航空器上或者在上、下航空器的任何操作过程中发生的,承运人就应当承担责任。在货物运输方面,公约规定,对于因货物毁灭、遗失或者损坏而产生的损失,只要造成损失的事件是在航空运输期间发生的,承运人就应当承担责任。

②提高对旅客的赔偿责任限额。

在客运责任制度层面上,公约引进了一种全新的"双梯度"责任制度。

在第一梯度中,不论承运人是否有过错,都应当承担限额为12.88万特别提款权的严格责任制。在第二梯度中,如果索赔人提出的索赔额超出12.88万特别提款权,承运人承担的是无限额的过错责任制。特别提款权(Special Drawing Right,SDR),是国际货币基金组织(International Monetary Fund,IMF)于1969年创设的一种补充性储备资产,与黄金、外汇等其他储备资产一起构成国际储备。SDR也被IMF和一些国际机构用作记账单位。

③恢复了运输凭证的正常功能。

运输凭证的本来功能是作为运输合同的证据,判断是否构成"国际航空运输",从而适用1929年《华沙公约》规则的根据。但是原凭证规则却把遵守凭证规则与否,作为是否有权援用责任限制的前提条件。1999年《蒙特利尔公约》恢复了运输凭证的正常功能,同时,确立了电子凭证的合法有效性。

④规定了延误赔偿的限额。

只要承运人证明其为避免损失的发生,已经采取一切合理的措施或者不可能采取此种措施的,承运人不承担责任。否则,承运人应当承担责任,对旅客的延误赔偿以每名旅客4150特别提款权为限。

1999年《蒙特利尔公约》第一案
——首起依国际公约起诉人身损害赔偿案被受理

2008年3月11日,马老太一家五口坐上了泰国航空公司飞往曼谷的航班。然而,在平稳飞行了4个小时后,意外发生了:马老太带着外孙女前往洗手间时,飞机在没有任何预警的情况下突然开始颠簸,而马老太一个踉跄就摔在了飞机的过道上。在泰国住院期间,马老太被确诊为右脚踝严重骨折,并接受了钢板、钢钉加固手术。

老人出事后，泰国航空公司负担了其医疗费、机票费等费用，共计人民币6万余元，不过对于其二次手术费等后续费用，泰国航空公司则一律拒绝承担。据此，马老太依据2005年7月31日在我国生效的1999年《蒙特利尔公约》，向泰国航空公司提出了54万元人民币的赔偿要求。

法条点击 2-5

有关国际民航人身损害赔偿的法律规定

1999年《蒙特利尔公约》第十七条第一款 对于因旅客死亡或者身体伤害而产生的损失，只要造成死亡或者身体伤害的事故是在航空器上或者在上、下航空器的任何操作过程中发生的，承运人就应当承担责任。

《民航法》第一百二十四条 因发生在民用航空器上或者在旅客上、下民用航空器过程中的事件，造成旅客人身伤亡的，承运人应当承担责任；但是，旅客的人身伤亡完全是由于旅客本人的健康状况造成的，承运人不承担责任。

1929年《华沙公约》第十七条 对于旅客因死亡、受伤或其他身体损害而产生的损失，如果造成这种损失的事故是发生在航空器上或者上、下航空器过程中的，承运人应当承担责任。

第三节 国内民用航空法律规范

目前，我国已建立起比较完备的民航法律法规体系，共包括1部民航法，30部行政法规和法规性文件，以及129部部门规章。此外，还有近800部与规章配套的规范性文件。

一、法律

法律包括《民航法》以及内容涉及民用航空活动的其他法律，本节主要介绍《民航法》。

1.《民航法》的立法宗旨

《民航法》的合法宗旨为维护国家的领空主权和民用航空权利，保障民用航空活动安全、有秩序地进行，保护民用航空活动当事人各方的合法权益，促进民用航空事业的发展。

2.《民航法》的修订

《民航法》由全国人民代表大会常务委员会于1995年10月30日审议通过，自1996年3月1日起施行，目前经过了五次修正，如图2-19所示。

第一次修正
- 2009年8月27日，第十一届全国人民代表大会常务委员会第十次会议《关于修改部分法律的决定》做出第一次修正

第二次修正
- 2015年4月24日，第十二届全国人民代表大会常务委员会第十四次会议《关于修改〈中华人民共和国计量法〉等五部法律的决定》做出第二次修正

第三次修正
- 2016年11月7日，第十二届全国人民代表大会常务委员会第二十四次会议《关于修改〈中华人民共和国对外贸易法〉等十二部法律的决定》做出第三次修正

第四次修正
- 2017年11月4日，第十二届全国人民代表大会常务委员会第三十次会议《关于修改〈中华人民共和国会计法〉等十一部法律的决定》做出第四次修正

第五次修正
- 2018年12月29日，第十三届全国人民代表大会常务委员会第七次会议做出第五次修正

图 2-19 《民航法》的修正

3.《民航法》的主要内容

《民航法》对民用航空管理活动中涉及的法律关系做了具体规范，全文共16章，214条，内容包括：总则、民用航空器国籍、民用航空器权利、民用航空器适航管理、航空人员、民用机场、空中航行、公共航空运输企业、公共航空运输、通用航空、搜寻援救和事故调查、对地面第三人损害的赔偿责任、对外国民用航空器的特别规定、涉外关系的法律适用、法律责任和附则。

二、民航行政法规

民航行政法规是指国务院发布的关于民用航空的行政法规。如：《民用航空安全保卫条例》《中华人民共和国飞行基本规则》（简称《飞行基本规则》）等。

三、民航规章

中国民航规章的缩写是 CCAR（China Civil Aviation Regulations），是指国务院民用航空主管部门，依据《民航法》和《国际民用航空公约》，并根据法律和国务院的行政法规、决定和命令，在本部门的权限范围内制定、发布的，或者与国务院有关部门在各自权限范围内联合制定、发布的关于民用航空活动的专业性规范文件和具有法律效力的行政管理法规。在中国境内从事民用航空活动的任何个人或单位都必须遵守其各项规定。为了与国际上的民航相关规定协调，我国民航规章按国际通行的编号分为许多部。例如，有关运输飞机的适航标准规定为中国民用航空规章第25部，写作 CCAR-25。

民航规章体系见表2-2。

我国民航规章体系　　　　　表 2-2

序号	名称	序号	名称
1	行政程序规则（1～20 部）	9	航空保险（190～199 部）
2	航空器（20～59 部）	10	综合调控规则（201～250 部）
3	航空人员（60～70 部）	11	航空基金（251～270 部）
4	空域、导航设施、空中交通规则和一般运行规则（71～120 部）	12	航空运输规则（271～325 部）
5	民用航空企业合格审定及运输（121～139 部）	13	航空保安（326～355 部）
6	学校、非航空人员及其他单位的合格审定及运行（140～149 部）	14	科技和计量标准（356～390 部）
7	民用机场建设和管理（150～179 部）	15	航空器搜寻援救和事故调查（391～400 部）
8	委任代表规则（180～189 部）		

四、民航规范性文件

民航规范性文件是指中国民航局机关各职能厅、室、司、局，为了落实法律、法规、民航规章和政策的有关规定，在其职责范围内制定，经民航局局长授权，由职能部门主任、司长、局长签署下发的有关民用航空管理方面的文件。我国民航规范性文件包括管理程序（AP）、咨询通告（AC）、管理文件（MD）、工作手册（WM）、信息通告（IB）。

（1）管理程序（Aviation Procedure，简称 AP）是民航局各职能部门下发的有关民用航空规章的实施办法或具体管理程序，是民航行政机关工作人员从事管理工作和法人、其他经济组织或者个人从事民用航空活动应当遵守的行为规则。例如：《民用航空飞行检查委任代表管理程序》（AP-183-FS-2010-01R2），《大型飞机公共航空运输承运人延长驾驶员飞行年限管理程序》（AP-121-FS-2008-03）。

（2）咨询通告（Advisory Circular，简称 AC）是民航局各职能部门下发的对民用航空规章条文所做的具体阐述。例如：客舱运行管理（AC-121-FS-2019-131），客舱乘务员的资格和训练（AC-121-FS-2019-27R2）。

（3）管理文件（Management Document，简称 MD）是民航局各职能部门下发的就民用航空管理工作的重要事项做出的通知、决定或政策说明。例如：《飞行学生飞行驾驶训练前体检鉴定和颁发"体检合格证"管理规定》（MD-FS-2008-09）。

（4）工作手册（Working Manual，简称 WM）是民航局各职能部门下发的规范和指导民航行政机关工作人员具体行为的文件。例如：《空中交通管制岗位培训大纲——区域管制》（WM-TM-2006-001），《民用航空气象人员培训大纲》（WM-TM-2007-001）。

（5）信息通告（Information Bulletin，简称 IB）是民航局各职能部门下发的反映民用航空活动中出现的新情况、通报国内外有关民航技术上存在的问题的文件。例如：《要求授权的 RNP 仪表进近程序设计准则》（IB-TM-2007-001），《民航空管运行质量管理体系建设技术指南》（IB-TM-2009-005）。

各种规范性文件按照统一的版式印刷，用不同颜色的封面字体加以区别，AP 为绿色字、AC 为蓝色字、MD 为紫色字、WM 为橘黄色字、IB 为墨绿色字。

本章知识地图

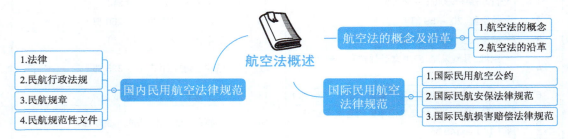

思考与练习

一、填空题

1. 航空法的调整对象主要是_____所产生的各种社会关系。
2. _____是一个根本性的法律原则,是航空法的基础。
3. 国际航空法发展史的萌芽时期是指_____。
4. 航空法发展的活跃时期开始于_____。
5. 1929 年《华沙公约》缔结于_____。
6. 1970 年《海牙公约》的全称是_____。
7. 航空法的四大特点包括_____。
8. 航空法不能约束_____的民用航空活动。
9. _____在我国航空法规系列中居于核心地位。
10. 1963 年《东京条约》确立的管辖权原则是_____。

二、判断题

1. 1963 年《东京公约》的全名是《关于制止非法劫持航空器的公约》。（   ）
2. 航空器必须具有国籍,但一架航空器可以有多个国籍。（   ）
3. 1970 年《海牙公约》正式提出了对于劫机犯罪的"或引渡或起诉"的原则。（   ）
4. 1963 年《东京公约》中赋予的航空器登记国的管辖权本质上是一种域外管辖权。（   ）
5. 在反劫机成功后,机组成员可以向新闻媒体介绍劫机与反劫机的情况。（   ）
6. 1963 年《东京公约》排定了"第一降落地国—飞经国—飞机登记国"的优先管辖顺序,成功解决了航空刑事案件的并行管辖冲突。（   ）
7. 1999 年《蒙特利尔公约》的全称是《统一国际航空运输某些规则的公约》。（   ）
8. 《民航法》由全国人民代表大会常务委员会于 1995 年 10 月 30 日审议通过,自 1996 年 3 月 1 日起实施,目前经过了五次修正。（   ）
9. 咨询通告（Aviation Procedure,简称 AP）是民航局各职能部门下发的对民用航空规章条文所做的具体阐述。（   ）

10. 航空法属于公法性质不包括私法性质。　　　　　　　　　　　(　　)

三、思考题

1. 航空法的定义是什么？
2. 怎样理解"或引渡或起诉"原则？
3. 1963年《东京公约》对机长的权力是如何规定的？

空中航行法律制度

☑ 通过本章的学习,你应该能够:
- 掌握空气空间的概念;
- 了解空气空间的垂直和水平范围;
- 掌握领空主权的概念及内容;
- 理解国际航空运输中空中自由(航权)的概念、种类及获得方式;
- 熟悉国际空中航行规则;
- 明确空域的概念;
- 了解我国民航空域的分类。

> **引例**
>
> 1912年,法国著名法学家福希尔认为,由于空气的性质,谁都无法将空气据为己有,国家也无法控制它,因此空气空间应当是自由的。
>
> 19世纪中叶,英国法院曾多次讨论过这样一个有趣的题目:一颗子弹穿过土地所有人的土地上空,是否构成侵权行为?许多法官引用一句拉丁格言——谁占有土地,就占有土地上空,认为这属于侵权行为。当时人们根据自己的科学知识和认识水平,认为土地所有权效力所及范围是"上达天空,下达地心"。英国的国际法学家认为,一个国家对其领土上方的空气空间享有国家主权,外国航空器未经允许不能飞入或飞越。
>
> 在现代国际社会,一个国家的航空器未经允许可以飞入或飞越另一个国家领土上方的空气空间吗?在一国国内,人们可以禁止飞机飞越自己土地上方的空气空间吗?

第一节 空气空间的概述

一、空气空间的概念

空气空间(Airspace),是环绕地球的大气层空间,是运输航空和通用航空活动中航空器航行的物理空间。国际法意义上空气空间和国内法意义上空气空间的划分如图3-1所示。

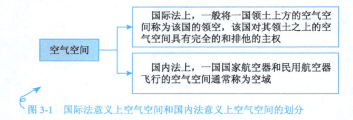

图3-1　国际法意义上空气空间和国内法意义上空气空间的划分

规范航空器在空气空间航行活动的法律制度,称为空中航行法律制度。

二、空气空间的法律地位

1912年,法国著名法学家福希尔提出空气空间自由说,主张在空气空间的活动应当是自由的。因为空气空间的性质导致谁都无法完全占有空气,也不能排除他人对空气的利用,既然无法占有空气,国家就无法管制它。因此,空气空间中的活动应当自由,不受管制。

英国的学者和法院提出空气空间国家主权说,主张国家对其领土上方的空气空间享有主权。

法律显示了国家几个世纪以来发展的故事,它不能被视为仅仅是数学课本中的定律及推算方式。——[美]奥利弗·温德尔·霍姆斯(Oliver Wendell Holmes)

第一次世界大战证明了空气空间的领空主权说的合理性,因为任何一个国家都不能允许别的国家的飞机飞入或飞越其领土之上的空气空间。

第一次世界大战之后,国家对其领土之上的空气空间享有完全排他的领空主权成为一项普遍承认的国际法规则。1944年,国际民航组织的宪法性文件——《国际民用航空公约》第一条即规定:"缔约各国承认每一国家对其领土之上的空气空间具有完全的和排他的主权。"

空气空间立体示意如图3-2所示。

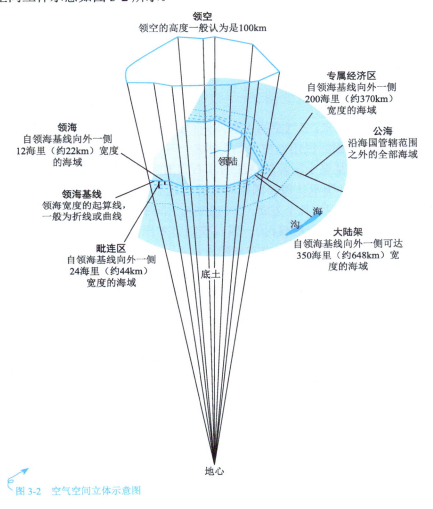

图3-2 空气空间立体示意图

三、领空主权权利的内容

领空主权权利包括自保权、管辖权、管理权和支配权。

1. 自保权

一国领空不受他国侵犯。未经一国允许,他国的航空器不得进入该国领空,任何国家都有保卫领空不受侵犯的权利。

2. 管辖权

一国领空是其领土不可分割的组成部分,任何一个国家对其领空享有管辖权,在其领空飞行的航空器要受本国法律的管辖。

3. 管理权

任何一个国家有权利自行决定本国必要的维护空中航行安全与秩序的法律和规章,不受他国非法干预。

4. 支配权

空气空间是航空器活动的物理场所,国家对其主权下的空气空间享有支配权。

四、完全和排他的空气空间主权与民航客机安全

自第一次世界大战以来,空气空间主权原则(领空主权)成为一项习惯国际法,1919年《巴黎公约》和1944年《国际民用航空公约》对这一习惯国际法进行了宣示(以成文法的形式),空气空间主权原则是整个国际航空法的基石。《国际民用航空公约》第一条即规定了空气空间主权原则:"缔约各国承认每一国家对其领土之上的空气空间具有完全的和排他的主权。"空气空间主权原则体现为几个方面:①一国空气空间不受侵犯,未经允许,不得飞入;②一国对其所有的空气空间享有管辖权;③一国有权制定本国的规章制度来保证飞行秩序和飞行安全;④一国对其所有的空气空间享有支配权。

空气空间主权原则的"完全"和"排他",是否意味着缔约国对飞入、飞越和使用本国空气空间的航空器享有单方面任意处理的权利?此"完全"和"排他"不能绝对化和简单化地理解,空气空间主权原则这一习惯国际法应受到一定的限制。举例来讲,1963年《东京公约》规定,一国对本国登记的航空器上的犯罪行为享有刑事管辖权,即使该航空器在他国领空飞行。此外,一国是否可以根据空气空间主权原则,将未经事先允许而飞入本国空气空间的民用航空器任意击落?这样的行为,将受到各国政府、国际法学者和国际舆论的强烈谴责,因为他们认为这违反了保护人类生命安全的国际标准。1984年,国际民航组织对1944年《国际民用航空公约》的第三条进行修改,在第三条中增加第三分条,对空气空间主权原则进行限制,以保护国际民用航空运输安全和旅客生命安全。

案例 3-1 苏联击落偏航进入其领空的韩国 KE007 号航班

1983年9月1日,一架从美国阿拉斯加起飞的大韩航空 KE007 号航班,在飞往汉城(今"首尔")途中偏离航道飞向了堪察加半岛南部以及萨哈林岛,碰巧途经苏联北方舰队核动力战略导弹核潜艇基地的上方。最终这架偏离正常航线的韩国民航客机被苏联奉命起飞的苏-15战斗机击落。根据报道,飞机上269名乘客(含机组成员17名)全部罹难。这次事件在国际社会引起公愤,谴责苏联使用武器击落外国民航客机是违反"普遍国际法"。需要说明的是,击落外国民航客机并不只这一起事件,历史上已发生了多起。

1944年《国际民用航空公约》以"安全和有序的方式发展国际民用航空"为根本宗旨,但是其在制订时没有预见到后来会发生击落外国民航客机的事件,因此公约对这个问题并无规定。为防止再次发生类似的事件,国际民航组织决定修改《国际民用航空公约》,在第三条之后增加第三分条。

法条点击 3-1

《国际民用航空公约》第三条第三分条

一、缔约各国承认,每一国家必须避免对飞行中的民用航空器使用武器,如拦截,必须不危及航空器内人员的生命和航空器的安全。此一规定不应被解释为在任何方面修改了联合国宪章所规定的各国的权利和义务。

二、缔约各国承认,每一国家在行使其主权时,对未经允许而飞越其领土的民用航空器,或者有合理依据认为该航空器被用于与本公约宗旨不相符的目的,有权要求该航空器在指定的机场降落;该国也可以给该航空器任何其他指令,以终止此类侵犯。为此目的,缔约各国可采取符合国际法的有关规则,包括本公约的有关规定,特别是本条第一款规定的任何适当手段。每一缔约国同意公布其关于拦截民用航空器的现行规定。

三、任何民用航空器必须遵守根据本条第二款发出的命令。为此目的,每一缔约国应在本国法律或规章中做出一切必要的规定,以便在该国登记的,或者在该国有主营业所(或永久居所)的经营人所使用的任何航空器必须遵守上述命令。每一缔约国应使任何违反此类现行法律或规章的行为受到严厉惩罚,并根据本国法律将这一案件提交其主管当局。

四、每一缔约国应采取适当措施,禁止将在该国登记的,或者在该国有主营业所(或永久居所)的经营人所使用的任何民用航空器肆意用于与本公约宗旨不相符的目的。这一规定不应影响本条第一款,或者与本条第二款和第三款相抵触。

第二节
国际法意义上空气空间——领空主权的范围

领空是指在一个国家主权支配之下,在国家领土以内的陆地和水域之上的空气空间。在国家领土以外的陆地和水域上的空气空间为公空,例如公海上方的空气空间不属于任何一个国家领空。

一、领空的垂直范围

一国的领空主权的垂直边界向上延伸到什么高度?或者说空气空间与外层空间区

分的边界在那里?对此,国际上并无统一规定,学界也有多种观点。空气空间与外层空间的界限关系到国家领空的上部范围。一般认为,空气空间的高度为从地球表面向上100~110km,超出这一边界则属于外层空间,应适用外层空间的法律制度。根据外层空间法律的规定,外层空间对所有国家开放,任何国家不得提出主权要求,不得据为己有,这一点不同于空气空间。

二、领空的水平范围

1. 一国领海上方的空气空间

领海是距离一国海岸线一定宽度的海域,是该国领土的一部分,我国的领海宽度为12海里(约22km)。一国的领海属于一国主权范围,一国领海当中,根据习惯国际法,外国船舶有"无害通过权"。

但是领海上空的空气空间不适用"无害通过"。一国的飞机,不能飞入或飞越他国领海上空的空气空间,除非经过他国同意,否则构成对该国领空的侵犯,即使飞机的飞入或飞经是"无害的"。

2. 专属经济区上方的空气空间

专属经济区(图3-3)是领海以外并临接领海的一个区域,其宽度从测算领海宽度的基线量起,不应超过200海里(约370km)。根据《联合国海洋法公约》的规定,在这一海域中,其他国家航空器享有飞越的自由,不过这一飞越自由是有限制的。沿海国对专属经济区上方的空气空间不享有主权,但是可以对本国的专属经济区行使主权权利和专属管辖权,制定有关限制他国航空器飞越自由的法律或规章,以维护空中交通秩序,保障飞行安全,保护本国合法权益。

图3-3 专属经济区示意图

3. 公海上空的空气空间

1982年,《联合国海洋法公约》规定:公海对所有国家开放,不属于任何沿海国或内陆国,航空器在公海上空有飞越自由。因此,公海上方的空气空间不属于任何国家的领空,航空器飞越自由。

三、空气空间主权与防空识别区

防空识别区(Air Defense Identification Zone),指的是一国基于空防安全需要,单方面划定的空域。关于防空识别区和空气空间主权的关系,一国的防空识别区通常会延伸至领空水平范围以外的公海上空。建立防空识别区的目的是为了保障本国的国防安全,方便本国军队及早发现、定位、识别和实施空军拦截行动提供条件。

建立防空识别区不意味着本国的领空水平范围向外延伸,只是为了在敌方飞机进入本国领空之前有充分时间进行识别、研判,对国防安全和领空安全意义重大。美国、加拿大、澳大利亚、韩国、日本等多个国家和地区都已经建立了防空识别区,最大限度地降低了沿海国海防安全的潜在威胁,维护了沿海国的海洋权益和国防安全。

第三节 空中自由——航权

一、空中自由——航权的概念

空中自由,又称为航权,是指一个国家指定的航空公司,根据本国政府与外国政府签订的航空运输协定,在协议航线上经营航空运输业务,在外国取得的飞越、经停该国,或在该国上、下旅客、货物、邮件的权利。

狭义上的空中自由,即习惯上所称的航权,专指九种空中自由(Freedoms of the Air),即下文所述的第一到第九航权。

广义上的空中自由,包括硬权利(Hard Rights)和软权利(Soft Rights)。硬权利具体体现为航线、狭义的航权(第一到第九航权)、指定航空公司、运力、运价等基本的权利(Basic Rights);软权利即商务和相关活动的权利,例如航空公司在他国机场选择哪家地面服务公司、选择使用何种货币销售业务等。

> **知识窗3-1**
>
> **航权的价值**
>
> 民航运输业是一种典型的网络型产业。如果没有过境权利(如第一、第二航权),一些空域较大的国家,如加拿大、俄罗斯等,就会阻断国际直飞航班。如果没有经济权利(如第三、第四、第五航权),就无法构建国际民航运输网络,航空运输业需要全球化运作,各国之间的航权交换为这种国际航空运输网络的构建带来了可能。
>
> 因此,航权是组织国际航空运输活动的权利,各国均把进出本国的航空运输作为重要的经济资源加以经营。

二、狭义的空中自由——航权的种类

1. 第一种空中自由——飞越权

第一种空中自由,即第一航权也称为飞越权,是指飞越他国领土而不经停的权利。图中本国的飞机要飞到B国,必须飞越A国的领土,这要获得A国的授权许可,A国授予本国的飞机飞越自己领土的权利就是第一航权——飞越权,如图3-4所示。

例如：伯尔尼（瑞士）——上海（中国），若采取飞越俄罗斯领空的路线，航程最近，且最节约燃料，那就要和俄罗斯签订领空飞越权，获取第一航权，否则只能绕道飞行，增加燃料消耗和飞行时间。但现实是，俄罗斯授予飞越权收取的费用非常高，以至于瑞士的航空公司即使绕道飞行，在经济上也是合算的。

2. 第二种空中自由——技术经停权

第二种空中自由，即第二航权，也称为技术经停权，是指本国民用航空器可以因技术需要（如添加燃料、飞机故障或气象原因）在协议国（A国）降落、经停，但不得做任何业务性工作，如上、下旅客、货物、邮件。如图3-5所示。

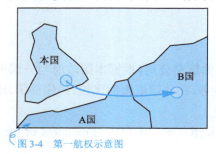

图3-4 第一航权示意图

图3-5 第二航权示意图

例如：北京—纽约，如果由于某飞机机型的原因，不能直接飞抵，中间需要在日本降落并加油，但不在日本机场上、下旅客和货物，此时就要和日本签订技术经停权协议。

3. 第三种空中自由——目的地下客货邮权

第三种空中自由，即第三航权，即本国民航飞机可以在授权国（A国）境内卸下旅客、货物或邮件的权利，如图3-6所示。例如：北京—东京，如获得第三航权，中国民航飞机承运的旅客、货物可在东京进港，卸下旅客和货物，但是不能上旅客、货物，只能空机返回。

4. 第四种空中自由——目的地上客货邮权

第四种空中自由，即第四航权，即本国民航飞机在授权国（A国）上旅客、货物或邮件并运回本国的权利，如图3-7所示。例如：北京—东京，如获得日本授予第四航权，则中国民航飞机能在日本上旅客、货物或邮件，并运回北京。

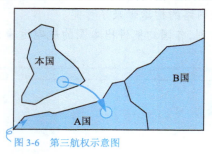

图3-6 第三航权示意图

图3-7 第四航权示意图

第三、第四航权是一对孪生兄弟。航空公司要飞国际航线，就是要进行国际旅客、货物运输，将本国的旅客、货物运到其他国家，将其他国家的旅客、货物运到本国，这种最基本的商业活动权利就是第三、第四航权。

5. 第五种空中自由——第三国运输权

第五种空中自由,即第五航权,指承运人飞机飞往获得授权的国家,并将从第三国载运的旅客和货物卸到该授权国,或者从该授权国载运旅客和货物飞往第三国。

第五航权的实质是运输授权国与第三国之间的旅客和货物,这不同于第三、第四航权运输民航飞机的母国与授权国之间的旅客和货物。从这一点上来讲,第五航权意味着母国侵占了本来属于授权国与第三国之间的第三、第四航权运输市场,因此其需要获得授权国和第三国的共同同意才可以进行。

图3-8中,A国是民航飞机的母国,B国是授权国,而第三国可能出现在A国的前点——E国,可能出现在A国与B国的中间点——C国,也可能出现在B国的远点——D国。

图3-8　第五航权示意图

6. 第六种空中自由

第六种空中自由,即第六航权,指本国民航飞机运输境外其他两个国家之间的旅客和货物,但不是在这两个国家之间直飞,而是将这两个国家的旅客、货物在本国中转进行运输。也有人称之为经过承运人本国进行前往或来自任何其他国家航空运输的权利。如图3-9所示。

例如:伦敦—北京—东京,中国国际航空公司将源自英国的旅客运经中国北京后再运到日本东京,或将源自日本的旅客运经中国北京后再转运到英国伦敦。中国国际航空公司通过伦敦—北京和北京—东京两个航班的中转衔接,可以运输往返于英国和日本之间的旅客,如图3-10所示。

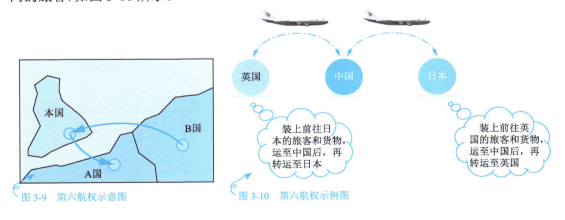

图3-9　第六航权示意图　　图3-10　第六航权示例图

7. 第七种空中自由——完全第三国运输权

第七种空中自由,即第七航权,指一国的民航飞机完全在其本国以外经营独立的航线,

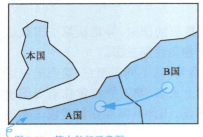

图3-11 第七航权示意图

在本国以外的其他两个国家之间运输客货的权利。如图3-11所示,例如:伦敦—巴黎,由德国的汉莎航空公司运输旅客。

第七航权往往用于国际航空货物运输。例如,根据中美两国2004年的航空议定书,从2007年开始,如果两个国家的航空公司在对方国家国内建立了航空货运枢纽机场,一国的航空公司有权在该航空货运枢纽机场与第三国国内某个地方的机场或数个地方的机场之间经营定期国际全货运航班,而无须从本国机场始飞。具体来讲,美国的一个航空公司可以将需运送到亚太地区各城市的货物先集中运到上海,将上海作为东北亚的一个转运中心。上海的地理位置非常有优势,距离东北亚城市的飞行距离都在4个小时内,上海作为航空货运枢纽机场可以把中国、日本、韩国连接起来,国际航空货运的航班可以从上海发出,而无须再从美国的机场始发。

8. 第八种空中自由——连续的国内载运权

第八种空中自由,即第八航权,指从本国飞入授权国领土,接着在该授权国领土内两点之间进行航空运输的权利,如图3-12所示。例如,英国的民航飞机从英国的希斯罗国际机场始飞,飞到中国的上海,接着该飞机进一步将旅客从上海运到广州。

9. 第九种空中自由——完全的国内载运权

第九种空中自由,即第九航权,指完全在授权国领土内进行航空运输的权利。如图3-13所示。这一权利一般不开放给外国航空公司,只开放给本国的航空公司。但也有例外,2001年,安捷航空公司停业造成澳大利亚航空运输运力不足,澳大利亚政府迫于无奈,临时性授予外国航空公司完全的国内载运权,中国国际航空公司在这一期间获得了墨尔本—悉尼的完全国内载运权。

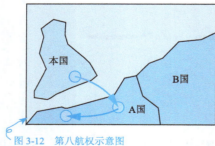

图3-12 第八航权示意图

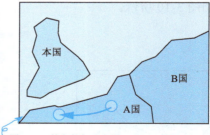

图3-13 第九航权示意图

法条点击 3-2

《国际民用航空公约》第七条 缔约各国有权拒绝批准其他缔约国的航空器为取得报酬或出租在其领土内载运旅客、邮件和货物前往其领土内另一点。缔约各国承诺不缔结任何协议在排他的基础上特许任何其他国家的空运企业享有任何此项特权,也不向任何其他国家取得任何此项排他的特权。

三、航权的获得方式

航权的获得方式主要有多边谈判和双边谈判两种方式。第二次世界大战后,国际社会曾经多次尝试多边谈判,想要达成一个空中自由(航权)的多边交换的统一公约,但至今还没有得到令人满意的结果。看来至少在定期国际航空运输方面,在今后相当长的时间里流行的将是双边主义,即国家之间两两达成的双边航空运输协定来交换航权,而不是多边主义。

1. 多边谈判

尽管空中自由的交换,其主流是双边主义,但是非商业性的空中自由——飞越权和技术经停权,在国际多边范围内达成了统一的《国际航班过境协定》,在多边范围内交换飞越权和技术经停权。

《国际航班过境协定》第一条规定:"每一缔约国给予其他缔约国以下列关于定期国际航班的空中自由:(一)不降停而飞越其领土的权利;(二)非运输业务性降停的权利……"

目前加入《国际航班过境协定》这一多边协定的国家有100多个。不过,对于一些领土面积非常大的国家而言,第一、第二航权具有更大的价值,他们往往选择不加入。例如俄罗斯,第一、第二航权对俄罗斯来讲是非常重要的资源,是其民航基础设施建设资金的重要来源,也是对外航权谈判重要的筹码。

2. 双边谈判

(1) 双边谈判概况

国际航空运输中空中自由交换的双边原则,已成为现历史阶段最符合实际的体制。据统计,据此而缔结的交换空中自由的双边航空运输协定已达4000多个。这个由双边协定织成的网络,形成了现阶段无法替代的国际航空运输管理体制。目前,我国已与100多个国家签署了双边民航运输协定,开展航权交换活动。

国际航空运输是一种商业与经济活动,必然涉及航线、运送旅客和货物的数量与价格等。空中自由的交换谈判只谈交换狭义的空中自由是没有意义的,因此空中自由的交换是从广义上的空中自由概念上来谈的。

(2) 双边航空运输协定的主要内容

以中国与荷兰的双边航空运输协定为例(图3-14),该协定主要包括以下条款。

①授予狭义的空中自由——航权,一般授予第一、第二、第三、第四航权。

②指定航空公司。中国和荷兰各自指定本国一家或数家航空公司来经营中国和荷兰之间的航线。

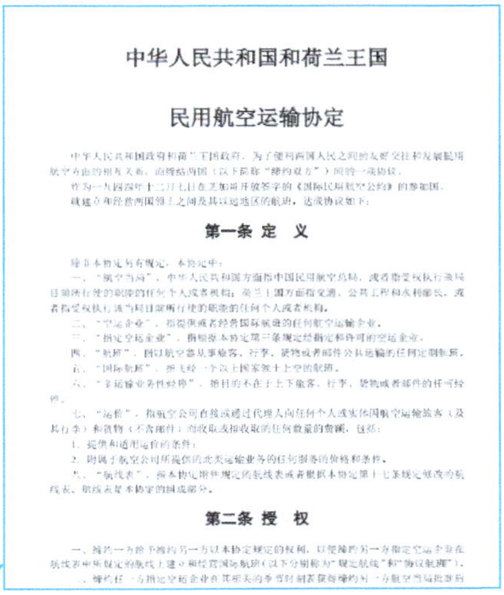

图3-14 中国与荷兰民用航空运输协定

③法律、规章和程序的适用。本国指定航空公司的飞机应遵守缔约对方国家的法律、规章和程序,主要是关于空中航行、海关、检验检疫方面的法律、规章和程序。

④公平均等的机会。两国指定的航空公司有公平均等的机会来享受中国和荷兰之间航线的市场利益,两国航空公司在两国航线市场的运力的分配上应当公平均等。

⑤运价。两国航空公司运输旅客和货物的价格如何确定,从两国的协定来看,由双方各自指定的航空公司协商确定运价,然后报两国政府相关部门批准。

⑥提供技术服务和费率。使用对方国家的机场和备用机场经营航班所需要的通信、导航、气象服务及其他附属服务,收费应当公平合理。

⑦关税。规定指定航空公司经营两国之间航线的航班,飞机上哪些物品征税,如何征税;哪些物品豁免征税。

⑧证件和执照的承认。两国互相承认对方国家颁发的适航证、合格证和执照。

⑨收入汇兑。规定在对方国家运营获取的收入,使用何种货币,如何将收入汇回本国。

⑩航空安保。规定双方在航空安保方面应遵守的法律、应尽的义务和应达到的标准。

⑪附件。附件中通常规定由城市机场连接起来的航线表。根据中国和荷兰双边航空运输双边协定的附件,两国双边航空协定中的航线如下所示。

中国指定空运企业经营协议航班的往返航线:中国境内地点—两个中间经停点—阿姆斯特丹。

荷兰指定空运企业经营协议航班的往返航线:荷兰境内地点—两个中间经停点—北京。

第四节 国际空中航行法律制度

一、国际空中航行的原则

国际空中航行,是指航空器经过一个或一个以上国家主权范围内的空气空间的飞行活动。

国际空中航行应遵守两条基本原则:①尊重他国领空主权的原则。外国航空器进入一国领空应经过该国许可,并应遵守该国的法律和规章;②在不属于任何国家主权范围内的空气空间内飞行,应遵守国际民航组织统一制定的空中航空航行规则,国际民航组织统一制定的规则具有强制执行力。

二、国际空中航行的一般规则

根据《国际民用航空公约》的规定,航空器从事国际航行,应遵守下列规则。

1. 展示航空器识别标志

《国际民用航空公约》第二十条规定:从事国际航行的每一航空器应载有适当的航空器

国籍标志和航空器登记标志。

2. 携带航空器应必备的文件

《国际民用航空公约》第二十九条规定,缔约国的每一航空器在从事国际航行时,应按照本公约规定的条件携带下列文件:

①航空器登记证。
②航空器适航证。
③每一机组成员的适当的执照。
④航空器航行记录簿。
⑤航空器无线电台许可证,如该航空器装有无线电设备。
⑥列有乘客姓名及其登机地与目的地的清单,如该航空器载有乘客。
⑦货物舱单及详细的申报单,如该航空器载有货物。

3. 遵守飞入国的法律和规章

①外国航空器应遵守飞入国关于禁区和限制区的规定。《国际民用航空公约》第九条规定:缔约各国由于军事需要或公共安全的理由,可以一律限制或禁止其他国家的航空器在其领土内的某些地区上空飞行。

②外国航空器应遵守飞入国关于航空器操作或航行的法律和规章。《国际民用航空公约》第十一条规定:缔约国关于从事国际航行的航空器进入或离开其领土或关于此种航空器在其领土内操作或航行的法律和规章,应不分国籍,适用于所有缔约国的航空器,此种航空器在进入或离开该国领土或在其领土内时,都应该遵守此项法律和规章。

③外国航空器应遵守飞入国当地关于航空器飞行和运转的法律和规章。《国际民用航空公约》第十二条规定:缔约各国承允采取措施以保证在其领土上空飞行或在其领土内运转的每一航空器及每一具有其国籍标志的航空器,不论在何地,应遵守当地关于航空器飞行和运转的现行规则和规章。缔约各国承允使这方面的本国规章,在最大可能范围内,与根据本公约随时制定的规章相一致。在公海上空,有效的规则应为根据本公约制定的规则。缔约各国承允对违反适用规章的一切人员起诉。

④外国航空器应遵守飞入国入境和放行的法律和规章。《国际民用航空公约》第十三条规定,缔约国关于航空器的乘客、机组或货物进入或离开其领土的法律和规章,如关于入境、放行、移民、护照、海关及检疫的规章,应由此种乘客、机组或货物在进入、离开或在该国领土内时遵照执行或由其代表遵照执行。

⑤外国航空器应遵守国际航行防止疾病传播的法律和规章。《国际民用航空公约》第十四条规定,缔约各国同意采取有效措施防止经由空中航行传播霍乱、斑疹伤寒(流行性)、天花、黄热病、鼠疫以及缔约各国随时确定的其他传染病。为此,缔约各国将与负责关于航空器卫生措施的国际规章的机构保持密切的磋商。此种磋商应不妨碍缔约各国所参加的有关此事的任何现行国际公约的适用。

4. 外国航空器在飞入国的设关机场降停、接受检查

《国际民用航空公约》第十条规定:除按照本公约的条款或经特许,航空器可以飞经一缔

约国领土而不降停外,每一航空器进入缔约国领土,如该国规章有规定时,应在该国指定的机场降停,以便进行海关和其他检查。当离开一缔约国领土时,此种航空器应从同样指定的设关机场离去。所有指定的设关机场的详细情形,应由该国公布,并送交根据本公约第二部分设立的国际民航组织,以便通知所有其他缔约国。

《国际民用航空公约》第十六条规定:缔约各国的有关当局有权对其他缔约国的航空器在降停或飞离时进行检查,并查验本公约规定的证件和其他文件,但应避免不合理的延误。

5. 外国航空器遵守飞入国货物限制的规定

《国际民用航空公约》第三十五条规定:一、从事国际航行的航空器,非经一国许可,在该国领土内或在该国领土上空时不得载运军火或作战物资,至于本条所指军火或作战物资的含意,各国应以规章自行确定,但为求得统一起见,应适当考虑国际民航组织随时所作的建议。二、缔约各国为了公共程序和安全,除第一款所列物品外,保留管制或禁止在其领土内或领土上空载运其他物品的权利。但在这方面,对从事国际航行的本国航空器和从事同样航行的其他国家的航空器,不得有所区别,也不得对在航空器上为航空器操作或航行所必要的或为机组成员或乘客的安全而必须携带和使用的器械加任何限制。

6. 不得滥用航空器,将民用航空器用于与公约的宗旨不相符合的任何目的

《国际民用航空公约》第四条规定:缔约各国同意不将民用航空用于和本公约的宗旨不相符的任何目的。

第五节 国内法意义上的空气空间——空域

> **知识窗3-2**
>
> **空域的产生**
>
> 早期,土地之上的空气空间属于土地权利人,土地权利人对其土地权利的效力范围向上直达天空,向下直达地心。后来,随着技术的发展,航空器的出现和不断活动,各国为了公共利益——航行自由,开始纷纷从立法上限制土地权利人对其土地权利向上的效力范围。

一、空域的概念

空域是指航空器飞行的空气空间,空域作为一个物理空间,应当在法律上明确其界限。从航空法的视角来看,如何确定空域的范围,应当将航空器理论上能够安全飞行的空气空间作为界限,而非将全部空气空间全部纳入空域范围。因此,作为空域的空气物理空间必须满足两方面的要求:①能够提供航空器飞行的足够场域;②飞行在空间上是安全的。

即使某空间属于空气空间,但是航空器无法飞行,则其不具有航空法意义上的空域功能。例如地下室、下水道、森林中树木之间的空间等。即使一定范围空气空间可以供航空器飞行,如果飞行不具有安全性,法律也将不允许其飞行,因此也不具有空域的法律意义。

综上,空域是指航空器能够依据法律法规和操作规程安全飞行的空气空间。

二、我国空域的管理机构和管理目的

我国《民航法》规定,国家对空域实行统一管理。空域管理的具体办法,由国务院、中央军事委员会制定。目前,我国空中交通管制实行统一管制、分别指挥的体制:在国务院、中央军事委员会的统一领导下,在空军统一管制下,军用航空器由空军和海军航空兵实施指挥,民用航空器和外国航空器由民航实施指挥。

空域管理的目的是维护国家的领空主权,合理利用空域资源,保证航空活动安全有序地进行。

三、我国空域的划分与分类

我国空域根据不同的标准可以进行不同的分类。

1. 民用航空空域的分类

民用航空的航路、航线地带和民用机场区域设置高空管制空域(A类空域)、中低空管制空域(B类空域)、终端(进近)管制空域(C类空域)和机场塔台管制空域(D类空域),如图3-15所示。这四类空域实行不同的飞行规则,例如目视飞行规则(Visual Flight Rules, VFR)或仪表飞行规则(Instrument Flight Rules, IFR)。民用航空空域分类见表3-1。

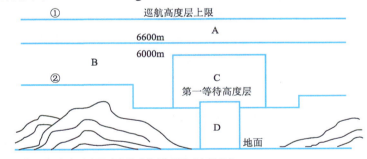

①-巡航高度层上限随着航路位置不同而有所变化;
②-管制空域的下限随着地域不同也会有所变化

图3-15 民用航空空域的分类

民用航空空域分类表　　　　　　　　　　表3-1

管制空域类别	下限	上限	允许的飞行种类	接受ATC[①]服务的航空器
A	6600m(含)	巡航高度层上限	IFR	所有
B	最低飞行高度层	6600m(不含)	IFR、VFR	所有
C	最低飞行高度层	6000m(含)	IFR、VFR	所有
D	地面	第一等待高底层(含)	IFR、VFR	所有

注:①空中交通管制(Air Traffic Control),简称ATC。

在我国境内标准大气压高度6000m以上的空间,可以划设高空管制空域。在我国境内标准大气压高度6000m（含）至其下某指定高度的空间，可以划设中低空管制空域。进近管制空域通常是指在一个或者几个机场附近的航路、航线汇合处划设的、便于进场和离场航空器飞行的管制空域。机场塔台管制空域通常包括起落航线和最后进近定位点之后的航段以及第一个等待高度层（含）以下至地球表面的空间和机场机动区分类。

2. 民用航空空域以外的空域分类

民用航空空域以外的空域归空军飞行管制部门管理。其中可以划设空中禁区、空中限制区、空中危险区。

国家重要的政治、经济、军事目标上空，可以划设空中禁区、临时空中禁区。未按照国家有关规定经特别批准，任何航空器不得飞入空中禁区和临时空中禁区。

位于航路、航线附近的军事要地、兵器试验场上空和航空兵部队、飞行院校等航空单位的机场飞行空域，可以划设空中限制区，在规定时限内，未经飞行管制部门许可的航空器，不得飞入空中限制区。

位于机场、航路、航线附近的对空射击场或者发射场等，根据其射向、射高、范围，可以在上空划设空中危险区或者临时空中危险区，在规定时限内，禁止无关航空器飞入空中危险区或者临时空中危险区。

四、我国空域内的空中航行规则

我国遵守《国际民用航空公约》所规定的统一空中航行的规则，在国内相关法律、行政法规和规章中也规定了我国境内空中航行的基本规则。

我国《民航法》规定：民用航空器在管制空域内飞行活动应当取得空中交通管制单位的许可；境内飞行的航空器，必须遵守统一的飞行规则；进行目视飞行的民用航空器，应当遵守目视飞行规则，并与其他航空器、地面障碍物体保持安全距离；进行仪表飞行的民用航空器，应当遵守仪表飞行规则；飞行规则由国务院、中央军事委员会制定。

我国国务院、中央军事委员会制定的《飞行基本规则》规定：我国境内所有飞行实行统一的飞行管制；所有飞行必须预先提出申请，经批准后方可实施；获准飞出或者飞入中华人民共和国领空的航空器，实施飞出或者飞入中华人民共和国领空的飞行和各飞行管制区间的飞行，必须经中国人民解放军空军批准；飞行管制区内飞行管制分区间的飞行，经负责该管制区飞行管制的部门批准；飞行管制分区内的飞行，经负责该分区飞行管制的部门批准；民用航空的班期飞行，按照规定的航路、航线和班期时刻表进行；民用航空的不定期运输飞行，由国务院民用航空主管部门批准，报中国人民解放军空军备案；涉及其他航空管理部门的，还应当报其他航空管理部门备案。

我国民航局制定的《一般运行和飞行规则》（CCAR-91-R3）对运输航空的飞行规则做了进一步详细的规定。

我国《通用航空飞行管制条例》规定：从事通用航空飞行活动，使用机场飞行空域、航路、航线，应当按照国家有关规定向飞行管制部门提出申请，经批准后方可实施；从事通用航空飞行活动需要划设临时飞行空域的，应当向有关飞行管制部门提出划设临时飞行空域的申请；从事通用航空飞行活动的单位、个人实施飞行前，应当向当地飞行管制部门提出飞行计划申请,经批准后方可实施;通用航空飞行活动应当制定安全保障措施,严格按照批准的飞行计划实施,并按照要求报告飞行动态;与飞行管制部门建立可靠的通信联络,在临时空域内飞行,应保持空地联络畅通;飞行管制部门应当为通用航空飞行活动提供空中交通管制服务。

本章知识地图

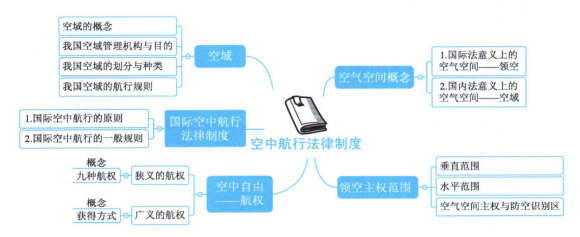

思考与练习

一、填空题

1. 每一国家对其领土之上的空气空间具有_____的主权。
2. 每一国家必须_____对飞行中的民用航空器使用武器,如拦截,必须不危及航空器内人员的生命和航空器的安全。
3. 领空是指在一个国家主权支配之下,在国家领土之内陆地和水域_____的空气空间。
4. 本国民航飞机可以在授权国境内_____的权利。
5. 第四种空中自由,是指本国民航飞机在授权国_____并运回母国的权利。
6. 从事国际航行的每一航空器应载有适当的航空器_____标志和航空器登记标志。
7. 缔约各国同意不将民用航空用于和本公约的宗旨_____的任何目的。
8. 国家对空域实行_____管理。空域管理的具体办法,由国务院、中央军事委员会制定。
9. 国家重要的政治、经济、军事目标上空,可以划设_____。未按照国家有关规定经特别批准,任何航空器不得飞入。
10. 位于航路、航线附近的军事要地、兵器试验场上空和航空兵部队、飞行院校等航空单位的机场飞行空域,可以划设_____,在规定时限内,未经飞行管制部门许可的航空器,不得飞入。

二、判断题
1. 空气空间和外层空间适用不同的法律。(　　)
2. 外国航空器在他国领海上方的空气空间享有无害通过权。(　　)
3. 《国际民用航空公约》宣示空气空间自由,任何一个国家对其领土上方的空气空间不享有主权。(　　)
4. 第三、第四和第五种空中自由(航权)主要通过统一的多边协定方式获得。(　　)
5. 国家的领空主权只能延伸到空气空间,不能延伸到外层空间。(　　)
6. 《国际民用航空公约》承认每一个国家对其领土上方的空气空间享有完全和排他的主权。(　　)
7. 第九种空中自由(国内载运权)一般不对外国航空公司开放。(　　)
8. 我国的空域统一归中国民用航空局管理。(　　)
9. 我国民航管理的空域分为高空管制空域(A类空域)、中低空管制空域(B类空域)、终端(进近)管制空域(C类空域)和机场塔台管制空域(D类空域)。(　　)
10. 地下室、下水道、森林中树木之间的空气空间也属于空域。(　　)

三、思考题
1. 什么是空域?
2. 简述我国空域的管理体制。
3. 我国民用航空空域如何分类?
4. 什么是空中危险区?

第四章

航空人员

☑ 通过本章的学习,你应该能够:
- 掌握航空人员的概念;
- 了解航空人员的执照管理制度;
- 熟悉航空人员的体检制度;
- 掌握机组工作时限的法律规定;
- 掌握机长的职责和权限;
- 掌握《大型飞机公共航空运输承运人运行合格审定规则》关于客舱乘务员资格与运行的规定;
- 熟悉《客舱乘务员的资格和训练》(AC-121-FS-2019-27R2);
- 熟悉《客舱运行管理》(AC-121-FS-2019-131);
- 明确航空安全员和空中警察的区别;
- 熟悉航空安全员的职责。

> **引例** 川航 3U8633 航班机组被授予"中国民航英雄机组"称号
>
> 2018年6月8日下午3点，中国民用航空局、四川省人民政府成功处置川航3U8633航班险情表彰大会在成都召开。为表彰先进、弘扬正气，中国民用航空局、四川省人民政府决定授予川航3U8633航班机组"中国民航英雄机组"称号；授予刘传健同志"中国民航英雄机长"称号并享受省级劳动模范待遇；给予机长、副驾驶员和乘务组适当奖励。
>
> 2018年5月14日，四川航空股份有限公司A319/B-6419号机执行3U8633重庆至拉萨航班，在成都管制区域巡航高度9800m时，驾驶舱右侧风挡玻璃爆裂脱落，导致座舱失压，机组成功处置，在成都双流机场安全备降，确保了机上119名旅客和9名机组人员的安全。
>
> 《中国民用航空局、四川省人民政府关于表彰成功处置险情的川航3U8633航班机组和个人的决定》中说，在这次重大突发事件中，机组临危不乱、果断应对、正确处置，避免了一场灾难的发生，反映出以刘传健同志为责任机长的机组高度的政治责任感、高超的技术水平、超强的应急反应能力和优良的职业素养，体现了忠诚担当的政治品格、严谨科学的专业精神、团结协作的工作作风、敬业奉献的职业操守。

第一节 航空人员概述

一、航空人员的定义和范围

1.《国际民用航空公约》关于航空人员的界定

关于"航空人员"，《国际民用航空公约》及其附件没有明确的定义。《国际民用航空公约》附件1"人员执照的颁发"列出了需要颁发执照的航空人员，范围包括飞行机组人员和其他人员，见表4-1。

《国际民用航空公约》附件1所列需要颁照的航空人员范围　　表4-1

飞行机组	驾驶员	私人（飞机、飞艇、直升机或动力升空器）驾驶员
		商用（飞机、飞艇、直升机或动力升空器）驾驶员
		多机组（飞机）驾驶员
		航线运输（飞机、直升机或动力升空器）驾驶员
		滑翔机驾驶员
		自由气球驾驶员
	飞行领航员	
	飞行机械员	
	飞行无线电报务员	

续上表

其他人员	航空器维修（技术员/工程师/机械员）
	空中交通管制员
	飞行运行员/飞行签派员
	航空电台报务员
	航空气象人员

《国际民用航空组织和世界气象组织的工作安排》（Doc 7475 号文件）规定所有航空气象人员的培训和资格要求是世界气象组织（World Meteorological Organization，WMO）的职责，因此，附件 1"人员执照的颁发"对航空气象人员的执照问题没有进行具体规定。

2. 我国立法关于航空人员的界定

我国《民航法》对航空人员进行了明确的定义：本法所称航空人员，是指从事民用航空活动的空勤人员和地面人员。空勤人员包括驾驶员、飞行机械人员、乘务员；地面人员包括民用航空器维修人员、空中交通管制员、飞行签派员、航空电台通信员。

从我国有关航空人员立法规定来看，在航空人员的范围上，为保持与《国际民用航空公约》附件 1 的一致性，相关立法在不断修订。例如，我国民用航空器领航员、飞行通信员、飞行机械员的合格审定始自 1996 年，但随着科技进步，现代民用航空器上都已装备较为先进的机载通信和导航设备，国际民航组织不再将飞行通信员列入必需项目。目前，3 人以上（含）的多人制机组的飞机近年也已完全退出现役，我国现役飞机均为 2 人制机组设计，不再需要配置领航员、飞行通信员和飞行机械员，仅少数几种直升机机型需要配备飞行机械员。因此，2012 年，我国取消了"民用航空器领航员、飞行机械员、飞行通信员教员合格证核发"❶。2014 年，"民用航空器外国驾驶员、领航员、飞行机械员、飞行通信员执照认可"被下放至民航地区管理局❷。2016 年修改的《民航法》将"领航员"和"飞行通信员"从空勤人员中删除，不再实行许可管理。第五次修订后的《大型飞机公共航空运输承运人运行合格审定规则》（CCAR-121-R5）也取消了有关领航员和通信员的相关要求。

3. 航空人员定义与范围的探讨

从《国际民用航空公约》和我国《民航法》的规定看，有关航空人员的定义和范围并不全面。例如，空中警察和航空安全员是否属于航空人员均并未明确，航空气象人员也未在我国《民航法》所列航空人员范围之内。从民用航空活动实践看，这三类人员都是从事民用航空活动的工作人员。

《民用航空人员体检合格证管理规则》（CCAR-67FS-R4）和《民用航空人员体检合格证申请、审核和颁发程序》（AP-67-FS-2018-001R1）都规定了空勤人员包括驾驶员、飞行机械员、客舱乘务员、航空安全员（含空中警察）。

可见，我国《民航法》列举的航空人员范围并非固定不变。可以将航空人员定义为：接受专门训练后取得国家民用航空主管部门颁发的执照，并在执照载明的范围内，从事民用航空活动的工作人员。

---

❶ 参见《国务院关于第六批取消和调整行政审批项目的决定》（国发〔2012〕52 号）。
❷ 参见《国务院关于取消和下放一批行政审批项目的决定》（国发〔2014〕5 号）。

结合相关规定,航空人员具有下列特点:
①航空人员是从事民用航空活动的人员。
②航空人员应当具有与其职务相适应的"胜任能力证书或执照",如驾驶员执照和客舱乘务员训练合格证。
③特定航空人员应持有与其执照相应的现行有效的体检合格证,否则不得行使其执照的权利。
④航空人员的执照和体检合格证书在执行任务时应当随身携带并接受检查。
⑤航空人员应接受定期或不定期的身体检查和训练考核,并需检查考核合格方能上岗。

二、航空人员管理法规体系的构成

1.《国际民用航空公约》有关航空人员管理的规定

《国际民用航空公约》及其附件1"人员执照的颁发"对航空人员管理的国家责任进行了规定。例如,在航空人员执照颁发方面,《国际民用航空公约》的各缔约国应履行特定的义务和责任,其主要责任源自公约第三十二条、第三十三条、第三十七条、第三十八条和第三十九条,概述如下。

①各缔约国有义务颁发或认可运行在本国登记的航空器的飞行机组执照(第三十二条)。

②各缔约国有义务在下列条件下承认其他缔约国颁发或认可的、在本国境内使用的执照:所颁发执照完全符合附件1的规定并且在颁照国或认可国登记的航空器上使用(第三十三条)❶。

③各缔约国承允在可行的范围内最大限度地遵守国际标准、建议措施和程序(第三十七条)。

④各缔约国有义务将其本国规章和措施与国际民航组织标准之间存在的任何差异通知国际民航组织(第三十八条)。

⑤各缔约国有义务在不完全符合国际民航组织适用标准的任何执照上进行签注,列出其不符合相关条件的详情(第三十九条)。

附件1"人员执照的颁发"详细规定了"定义和关于执照的一般规则、飞行机组成员及其以外其他人员的执照和等级、人员执照的规格、颁发执照的体检规定"等方面的内容。

2. 我国航空人员管理法规体系框架

按照不同效力等级,我国航空人员管理法规体系框架由法律、行政法规、民航规章和民航规范性文件构成,主要涉及对航空人员的执照、体检和执勤相关环节的管理。如图4-1所示。

---

❶ 就在本国领土上空飞行而言,各缔约国对其任何国民持有的由另一缔约国颁发的合格证书和执照,保留拒绝承认的权利(第三十二条第二款)。

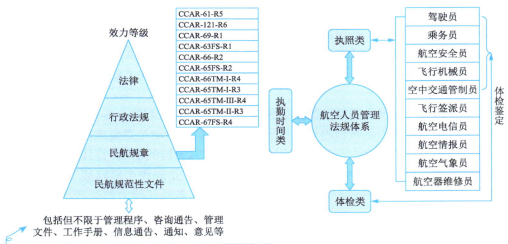

图 4-1　我国航空人员管理法规效力等级和管理范围框架图

①法律层面主要有《民航法》《中华人民共和国劳动合同法》《治安管理处罚法》等。

②行政法规层面主要有《飞行基本规则》。

③民航规章层面主要涉及的是航空人员的合格审定和相关执照管理的规章,主要有《民用航空器驾驶员合格审定规则》(CCAR-61-R5)、《大型飞机公共航空运输承运人运行合格审定规则》(CCAR-121-R7)、《航空安全员合格审定规则》(CCAR-69-R1)、《民用航空器飞行机械员合格审定规则》(CCAR-63FS-R1)、《民用航空器维修人员执照管理规则》(CCAR-66-R2)、《民用航空飞行签派员执照管理规则》(CCAR-65FS-R2)、《民用航空空中交通管制员执照管理规则》(CCAR-66TM-I-R4)、《民用航空电信人员执照管理规则》(CCAR-65TM-I-R3)、《民用航空情报员执照管理规则》(CCAR-65TM-III-R4)、《民用航空气象人员执照管理规则》(CCAR-65TM-II-R3)、《民用航空人员体检合格证管理规则》(CCAR-67FS-R4)等。民航规章是航空人员管理法规体系的重要组成部分,在体系中居于核心地位。

④民航规范性文件主要涉及的是行政相对人权利和义务,具有普遍约束力且可以反复适用,包括但不限于有关航空人员的管理程序、咨询通告、管理文件、工作手册、信息通告、通知、意见等形式。

第二节　航空人员的执照制度

一、航空人员执照管理相关国际公约

航空人员执照颁发是一项复杂的工作,其中包含技术、经济以及行业等方面的问题。第一本驾驶员执照颁发于1909年1月,第一部国际颁照标准发布于1919年。目前,航空人员执照颁发的基础是《国际民用航空公约》规定的原则和《国际民用航空公约》附件1所载的国际标准和建议措施。

附件 1"人员执照的颁发"是国际民航组织向特定航空人员颁发执照的最低要求的标准和建议措施。同时，国际民航组织还编制了《建立与管理国家人员执照颁发系统的程序手册》(Doc 9379 号文件)，为成员国就如何建立并运行一套符合附件 1 要求的人员执照颁发系统提供了进一步指导。

国际民航组织关于人员执照颁发的定义强调，执照应该涵盖对安全非常关键的职能，并且应该提供胜任能力证明。这两项内容是用于评估特定航空活动是否要求由持照人员完成的基本标准。如果某一人员参与一项对民用航空安全非常关键的活动，并且需要以执照的形式证明其具备胜任能力，则需要获得相关执照。执照颁发是颁照当局向某一人员授予其从事航空特定活动的许可权的过程。执照提供了持照人具备胜任能力的证据，证明其具备了必要的技能、知识和态度。

人员执照只涉及对航空安全至关紧要的活动，《国际民用航空公约》没有对地面人员持有执照提出要求，但为确保在关于航空器、人员、航路及各种辅助服务的规章、标准、程序及组织方面采用统一办法，从而能便利、改进空中航行事项，并尽力求得可行的最高程度的一致，附件 1"人员执照的颁发"根据《国际民用航空公约》第三十七条，规定了飞行机组成员执照和地面人员执照颁发的最低要求，见表 4-2。

附件 1 不要求地面人员执照的条件列表　　　　　　　　　　　表 4-2

执　　照	条　　件
空中交通管制员	国家工作人员不需要执照(附件 1 的 4.4.1)
航空器维修(技术员/工程师/机械员)	在经批准的维修机构内工作的人员不要求持有执照(附件 1 的 4.2.2.4)
飞行运行人员/飞行签派员	如果经国家批准的签派系统不要求使用特许飞行签派员，则不要求持有执照(附件 6 第 I 部分的 10.2 或第 II 部分第 3 篇的 8.2)
航空电台通信员	国家可授权个人在无照的情况下从事航空电台通信员的工作(附件 1 的 4.7.1.1)

值得注意的是，《国际民用航空公约》及附件 1 的要求并未涵盖所有活动，且只适用于国际运行。为涵盖国际民航组织未涉及的活动，各国可以决定设置本国的执照，有时被称为"非国际民航组织执照"。一个国家关于一项特定活动是否需要执照的决定在很大程度上取决于该国在文化、行业与社会方面的特有考虑因素。实际上，各国之间在"非国际民航组织执照"的数量和范围上存在很大差别。有些国家只颁发国际民航组织执照，而有些国家则会为附件 1 未涵盖的许多类别的人员颁发执照。

二、航空人员执照管理相关国内法律规范

我国作为国际民航组织成员国，不仅建立并运行有基本符合附件 1 要求的航空人员执照颁发系统的规章体系和组织，并建构了各类航空人员执照和等级的颁发程序以及对培训机构或培训方案的批准与监督程序。

例如，我国《民航法》规定：航空人员应当接受专门训练，经考核合格，取得国务院民用

法律就是秩序，有好的法律才有好的秩序。——[古希腊]亚里士多德(Aristotle)

航空主管部门颁发的执照，方可担任其执照载明的工作。我国民航规章体系和规范性文件体系详细规定了从事民用航空活动的空勤人员和地面人员执照的申请、颁发和管理。有关航空人员执照类型与《国际民用航空公约》附件1虽然尽力保持一致，但相关表述还是存在些许不同。详见表4-3。

我国民航规章所载颁发执照类型与《国际民用航空公约》附件1所载颁发执照类型比较　表4-3

公约/规章	执照类型			依据
《国际民用航空公约》附件1	飞行机组成员执照	1. 驾驶员	（1）商用驾驶员执照（飞机、飞艇、直升机和动力升空器类别）； （2）航线运输驾驶员执照（飞机、直升机和动力升空器类别）； （3）与飞机类别相对应的多机组驾驶员执照； （4）私用驾驶员执照（飞机、飞艇、直升机和动力升空器类别）； （5）滑翔机驾驶员执照； （6）自由气球驾驶员执照	—
		2. 飞行领航员		—
		3. 飞行通信员执照		—
	飞行机组成员以外的其他人员的执照	1. 航空器维修执照（技术员/工程师/机械员）		—
		2. 空中交通管制员执照		—
		3. 飞行运行人员/飞行签派员执照		—
		4. 航空电台通信员执照		—
我国民航规章	空勤人员执照	1. 驾驶员	（1）商用驾驶员执照； （2）航线运输驾驶员执照； （3）多人制机组驾驶员执照； （4）学生驾驶员执照； （5）运动类驾驶员执照； （6）私人驾驶员执照	CCA-R 61-R5；CCAR-121-R5
		2. 飞行机械员执照		CCAR-63FS-R1
		3. 航空安全员执照		CCAR-69-R1
	地面人员执照	1. 飞行签派员执照		CCAR-65FS-R2
		2. 空中交通管制员执照		CCAR-66TM-I-R4
		3. 民用航空电信人员执照		CCAR-65TM-I-R3
		4. 民用航空情报员执照		CCAR-65TM-III-R4
		5. 民用航空器维修人员执照		CCAR-66-R2
		6. 民用航空气象人员执照		CCAR-65TM-II-R3

注：表中各部民航规章号对应的规章参见本书第75页。

需要注意的是，我国直接颁发的航空人员执照，无法从《国际民用航空公约》给予的国际认可中受益，只在中国空域内有效，持有此类执照的国际航班只能在得到其所使用空域的国家许可的情况下才能进行飞行。

三、驾驶员执照

1. 驾驶员的定义

根据《民用航空器驾驶员合格审定规则》(CCAR-61-R5)第61.7条定义,民用航空器驾驶员包括机长和副驾驶,其中,机长是指在飞行时间内负责航空器的运行和安全的驾驶员;副驾驶是指在飞行时间内除机长以外的、在驾驶岗位执勤的、持有执照的驾驶员,但不包括在航空器上仅接受飞行训练的驾驶员。

2. 驾驶员执照管理依据

目前,我国对航空器驾驶员执照颁发的行政许可依据,是2019年1月1日起施行的《民用航空器驾驶员合格审定规则》(CCAR-61-R5)。有关民用航空驾驶员执照管理民航规章与规范性文件见表4-4。

有关民用航空驾驶员执照管理民航规章与规范性文件列表　　　表4-4

序号	部号/编号	规章/规范性文件名称	施行日期
1	CCAR-61-R5	《民用航空器驾驶员合格审定规则》	2019年1月1日
2	AP-61-FS-2015-01	《民用航空器驾驶员执照颁发管理程序》	2015年9月11日
3	MD-FS-2015-13	《民用航空器驾驶员执照档案管理程序》	2015年12月2日
4	AC-61-FS-2014-03R5	《关于飞行人员执照有关问题的说明》	2014年8月13日
5	AC-121-FS-2014-48	《运输飞行员注册、记录和运行管理》	2014年1月20日
6	AC-61-FS-2015-21	《运动驾驶员执照有关问题的说明》	2015年5月5日
7	AC-61-FS-2012-13R1	《多人制机组驾驶员执照训练和管理办法》	2012年7月13日
8	AC-61-FS-2018-22R1	《航线运输驾驶员执照课程》	2018年4月13日
9	AC-61-FS-2015-10R4	《驾驶员实践考试标准》	2015年10月22日
10	MD-FS-2015-07	《民用航空器驾驶员执照理论和语言等级考试专家组管理办法》	2015年6月8日
11	AC-61-FS-2016-1R6	《国际民航组织缔约国航空器驾驶员执照转换或认可说明》	2016年3月10日
12	AC-61-FS-2014-02R2	《对具有国家航空器驾驶员经历的人员办理民用航空器驾驶员执照有关问题的说明》	2014年8月15日
13	MD-FS-2015-04	《具有国家航空器驾驶员经历人员申请民用航空人员体检合格证的规定》	2015年4月28日
14	民航发〔2018〕16号	《关于实施运动驾驶员执照和私用驾驶员执照训练管理和执照管理试点工作的通知》	2018年1月29日
15	民航发〔2012〕60号	《关于外籍民用航空器驾驶员参加我国飞行运行的意见》	2012年6月5日
16	AC-61-FS-2018-20R2	《民用无人机驾驶员管理规定》	2018年8月31日
17	AC-61-FS-2013-20	《民用无人驾驶航空器系统驾驶员管理暂行规定》	2013年11月18日
18	AC-61-FS-2019-008R5	《通用航空飞行人员执照和训练的管理》	2019年5月6日
19	AP-121-FS-2018-03R1	《大型飞机公共航空运输承运人延长驾驶员飞行年限管理程序》	2018年5月7日

3. 驾驶员执照申请的条件和资格要求

持有Ⅰ级体验合格证的驾驶员执照申请资格对照见表4-5。

持有Ⅰ级体检合格证的驾驶员执照申请资格对照表   表 4-5

执照类型	申请依据	申请资格
商用驾驶员执照	CCAR-61-R5 第 61.153 条	(1)年满18周岁； (2)无犯罪记录； (3)能正确读听说写汉语，无影响双向无线电对话的口音和口吃； (4)具有高中或者高中以上文化程度； (5)持有有效Ⅰ级体检合格证； (6)完成航空知识训练，通过理论考试； (7)完成飞行技能训练； (8)通过飞行技能的实践考试
航线运输驾驶员执照	CCAR-61-R5 第 61.183 条	(1)年满21周岁； (2)有良好的道德品质； (3)能正确读听说写汉语，无影响双向无线电对话的口音和口吃； (4)具有高中或者高中以上文化程度； (5)持有有效Ⅰ级体检合格证； (6)持有按规则颁发的商用驾驶员执照和仪表等级或持有按规则颁发的多人制机组驾驶员执照； (7)满足飞行经历要求； (8)通过航空知识理论考试； (9)通过飞行技能的实践考试
飞机类别多人制机组驾驶员执照	CCAR-61-R5 第 61.175 条	(1)年满18周岁； (2)无犯罪记录； (3)能正确读、听、说、写汉语，无影响双向无线电对话的口音和口吃； (4)具有大学本科或大学本科以上文化程度； (5)持有有效Ⅰ级体检合格证； (6)持有私用驾驶员执照； (7)满足飞行经历要求； (8)通过国际民航组织英语无线电通信3级或3级以上等级考试； (9)达到航空理论知识的要求和通过考试； (10)通过飞行技能的实践考试
私用驾驶员执照	CCAR-61-R5 第 61.123 条	(1)年满17周岁； (2)5年内无犯罪记录； (3)能正确读、听、说、写汉语，无影响双向无线电通话的口音和口吃，申请人因某种原因不能满足部分要求的，民航局应当在其执照上签注必要的运行限制； (4)具有初中或者初中以上文化程度； (5)持有民航局颁发的现行有效Ⅱ级或者Ⅰ级体检合格证； (6)完成了航空知识训练和理论考试； (7)通过航空知识的理论考试； (8)完成了飞行技能训练； (9)满足飞行经历要求； (10)通过飞行技能的实践考试等要求
学生驾驶员执照	CCAR-61-R5 第 61.103 条	(1)年满16周岁； (2)5年内无犯罪记录； (3)能正确读、听、说、写汉语，无影响双向无线电通话的口音和口吃．申请人因某种原因不能满足部分要求的，民航局应当在其执照上签注必要的运行限制； (4)持有民航局颁发的现行有效Ⅱ级或者Ⅰ级体检合格证

续上表

执照类型	申请依据	申请资格
运动驾驶员	CCAR-61-R5 第61.113条	（1）年满17周岁，但仅申请操作滑翔机或自由气球的为年满16周岁； （2）5年内无犯罪记录； （3）能正确读、听、说、写汉语，无影响双向无线电通话的口音和口吃，申请人因某种原因不能满足部分要求的，民航局应当在其执照上签注必要的运行限制； （4）具有初中或初中以上文化程度； （5）持有民航局颁发的现行有效体检合格证； （6）完成要求的航空知识训练、或飞行技能训练和理论考试或实践考试； （7）飞行经历要求等

知识窗4-1

军民航飞行员的融合

为加强军航、民航飞行员队伍建设，深入促进军民融合发展，民航局分别会同中国人民解放军空军、陆军和海军政治部，下发了关于民航系统接收录用军队退役停飞飞行员有关问题的通知，明确了退役停飞飞行员进入民航系统的具体标准、程序和要求，有效建立并畅通了军队退役航空专业人才进入民航系统的有效渠道。

4. 驾驶员执照申请、审批与颁发流程

驾驶员执照和等级申请、受理、审查、批准流程，如图4-2所示。

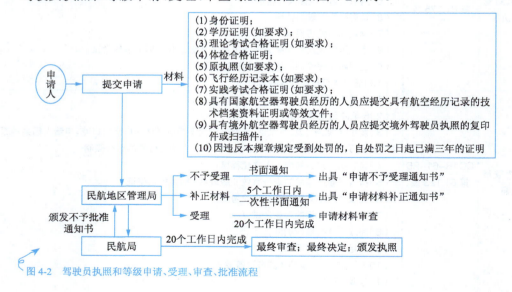

图4-2 驾驶员执照和等级申请、受理、审查、批准流程

5. 驾驶员执照有效期和签注内容

驾驶员执照类型及其签注内容和有效期比较见表4-6。

驾驶员执照类型及其签注内容和有效期比较　　　　　表 4-6

驾驶员执照类型	签注内容	有 效 期
学生驾驶员执照	—	24 个日历月
运动驾驶员执照	航空器类别、级别等级;教员等级	6 年
私用驾驶员执照	航空器类别、级别、型别等级;仪表等级	6 年
商用驾驶员执照	航空器类别、级别、型别等级;仪表等级;教员等级	6 年
多人制机组驾驶员执照	航空器类别、级别等级;航空器型别等级(仅限副驾驶)	6 年
航线运输驾驶员执照	航空器类别、级别、型别等级;教员等级	6 年
临时执照	已经审定合格的执照申请人,在等待颁发执照期间;在执照上更改姓名的申请人,在等待更改执照期间;因执照遗失或损坏而申请补发执照的申请人,在等待补发执照期间	120 天

四、客舱乘务员训练合格证

航空人员执照只是证明持照人具备胜任能力的一种方式,而胜任能力本身是培训的结果,因此,某些类型的航空人员即使不要求其取得执照,也必须达到一定的培训标准。客舱乘务员即为典型例子。《国际民用航空公约》对客舱乘务员的安全职能在附件 6 列出了相关的培训和胜任能力要求,但不存在任何颁照要求。但是,在不要求持有执照的情况下,行使执照权利的个人必须符合与持有执照的人员相同的要求,这与国际民航组织的基本颁照理念是一致的。

根据《大型飞机公共航空运输承运人运行合格审定规则》第七次修订文件,人员资质管理一直是安全管理的重点。我国 2021 年 3 月 15 日起施行的《大型飞机公共航空运输承运人运行合格审定规则》(CCAR-121-R7)对飞行机组和乘务员的资格和训练管理进行了较大篇幅的修订。针对客舱乘务员,调整了客舱乘务员训练大纲和合格要求,增加了乘务员初始训练和复训的时间以及近期经历的要求等。客舱乘务员的合格要求标准详见本章第五节。

法条点击 4-1

《国际民用航空公约》附件 6 "航空器的运行"第Ⅱ部分 9.1.1 条　　机长必须保证每个飞行组成员都有登记国颁发或认可有效的执照,且这些执照都注明了适当等级并现时有效,同时必须对飞行组成员已保持胜任能力确信无疑。

五、航空安全员执照

航空安全员是空中安全保卫工作的重要力量,因此,我国对航空安全员的资格严控严管,实行执照管理制度。未持有有效执照的人员,不得担任航空安全员。航空安全员在履行岗位职责时,应当随身携带有效执照及有效的体检合格证。

1. 航空安全员执照的申请条件

航空安全员执照的申请条件见表 4-7。

航空安全员执照的申请条件 表4-7

申请依据	申请条件
《航空安全员合格审定规则》（CCAR-69-R1）第七条	年满18周岁的中国公民
	身体健康
	男性身高1.70~1.85m，女性身高1.60~1.75m
	具有高中毕业以上文化程度
	具有良好的政治、业务素质和品行
	自愿从事航空安全员工作
	完成相应的训练并通过考试考核
	民航行业信用信息记录中没有严重失信行为记录

2. 航空安全员执照申请、审批与颁发流程

根据《航空安全员合格审定规则》（CCAR-69-R1），航空安全员执照的申请办理程序和审定颁发主体明确为民航地区管理局，中国民航局仅负责全国航空安全员合格审定工作的监督管理。规则取消了航空安全员临时执照换发长期执照的办理形式，压缩了部分行政许可决定时限，为企业和个人提供了更优质的公共服务。执照申请颁发流程图如图4-3所示。

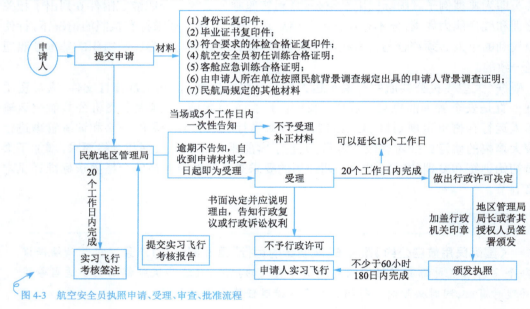

图4-3 航空安全员执照申请、受理、审查、批准流程

六、飞行机械员执照

1. 飞行机械员的定义

飞行机械员是指在航空器型号合格审定（或者运行规章确定需要飞行机械员）的航空器上，操纵和监视航空动力装置和各个系统在飞行中工作状态的人员。

2. 飞行机械员执照颁发管理依据

我国有关飞行机械员执照管理的主要规范文件见表4-8。

第四章 航空人员

我国有关飞行机械员执照管理的主要规范文件 表4-8

序号	部号/编号	规章/规范性文件名称	施行日期
1	CCAR-63FS-R1	《民用航空器飞行机械员合格审定规则》	2019年1月1日
2	AP-63-FS-2019-1	《民用航空器飞行机械员执照颁发管理程序》	2019年5月5日
3	AC-63FS-2010-01	《直升机飞行机械员执照训练和考试要求》	2010年5月6日

3. 飞行机械员执照申请的资格要求

飞行机械员执照申请人的范围为：

（1）至少持有按照《民用航空器驾驶员合格审定规则》（CCAR-61-R5）颁发的带有该航空器型别等级的商用驾驶员执照，对于飞机还应当持有飞机仪表等级。

（2）具有国家航空器飞行机械员飞行经历的人员。

飞行机械员执照的申请条件见表4-9。

飞行机械员执照的申请条件 表4-9

申请依据	申请条件
《民用航空器飞行机械员合格审定规则》（CCAR-63FS-R1）第63.31条	年满18周岁
	5年内无犯罪记录
	无严重失信行为记录
	能正确读、听、说、写汉语或者英语，无影响双向无线电对话、机组交流的口音和口吃。申请人因某种原因不能满足部分要求的，民航局应当在其执照上签注必要的运行限制
	持有民航局颁发的现行有效Ⅱ级体检合格证
	具有高中或者高中以上文化程度
	满足本规则第63.37条所规定的飞行经历要求
	通过了本规则第63.39条所要求飞行技能的实践考试

4. 飞行机械员执照的申请、审批与颁发流程

飞行机械员执照和认可函的申请、审批与颁发流程如图4-4所示。

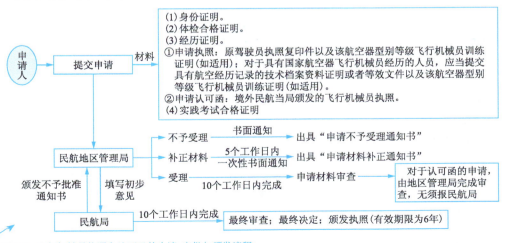

图4-4 飞行机械员执照和认可函的申请、审批与颁发流程

七、飞行签派员执照

1. 飞行签派员的定义

飞行签派员是航空公司运行控制指挥的关键核心人员,其在飞行运行中承担组织协调、指挥决策的重要职责,与机长共同对每次飞行的签派放行、安全和效益负责。我国自1987年起设立飞行签派员岗位。

2. 飞行签派员执照管理依据

有关飞行签派员执照的管理规章和规范性文件见表4-10。

有关飞行签派员执照的管理规章和规范性文件　　表4-10

序号	部号/编号	规章/规范性文件名称	施行日期
1	CCAR-65FS-R2	《民用航空飞行签派员执照管理规则》	2016年4月17日
2	AP-65-FS-2008-01	《飞行签派员执照管理程序》	2008年10月30日
3	AC-121-FS-2016-043-R1	《航空承运人飞行签派员资质管理标准》	2016年10月10日
4	AC-121-FS-2017-129	《航空承运人飞行签派员资格检查指南》	2017年7月31日
5	AC-121-FS-2014-121	《航空承运人飞行签派员人力资源评估指南》	2014年8月6日
6	AC-121-FS-2011-004R1	《航空承运人运行中心(AOC)政策与标准》	2011年5月3日
7	AP-65-FS-2013-02	《飞行签派员执照理论考试命题管理程序》	2013年9月3日
8	AC-121-FS-2011-39	《飞行签派员训练机构合格审定程序》	2011年1月5日
9	MD-FS-2009-09	《飞行签派员执照理论考试点管理规定》	2009年11月2日
10	AC-121-FS-2009-30	《飞行签派员执勤时间指南》	2009年5月15日

3. 飞行签派员执照的申请条件

飞行签派员执照的申请条件见表4-11。

飞行签派员执照的申请条件　　表4-11

申请依据	申请条件
《民用航空飞行签派员执照管理规则》(CCAR-65FS-R2)第65.11条	年满21周岁,身体健康
	具有大学专科(含)以上学历
	能够读、说、写并且理解汉语
	通过本规则第65.13条规定的理论考试
	满足本规则第65.15条规定的经历和训练要求
	通过本规则第65.17条规定的实践考试
	根据本规则第65.49条(b)款规定颁发的书面毕业证明的颁发日期距申请之日不超过24个日历月;如若逾期,申请人需重新参加200学时的课程训练

4. 飞行签派员执照申请、审批与颁发流程

飞行签派员执照申请、受理、审查、批准、颁发流程如图4-5所示。

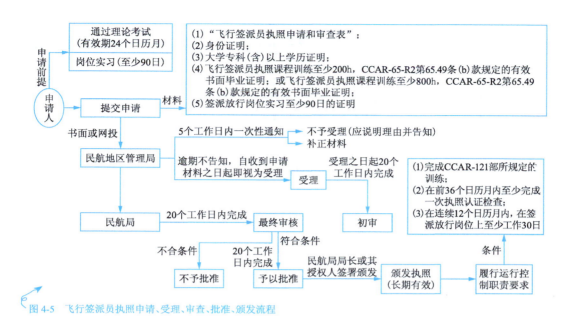

图 4-5 飞行签派员执照申请、受理、审查、批准、颁发流程

八、空中交通管制员执照

1. 空中交通管制员的定义

空中交通管制员,是指持有执照、独立从事执照载明的空中交通服务工作的特定人员。

2. 空中交通管制员执照管理依据(表 4-12)

《飞行基本规则》第四十二条规定,空中交通管制员、飞行指挥员(含飞行管制员)应当按照国家有关规定,经过专门培训、考核,取得执照、证书后,方可上岗工作。

空中交通管制员执照管理的主要规章与规范性文件　　　　表 4-12

序 号	部号/编号	规章/规范性文件名称	施行日期
1	CCAR-66TM-I-R4	《民用航空空中交通管制员执照管理规则》	2016 年 4 月 7 日
2	CCAR-70TM-R1	《民用航空空中交通管制培训管理规则》	2016 年 4 月 21 日
3	WM-TM-2014-001	《民用航空空中交通管制员执照理论考试大纲》	2014 年 10 月 9 日
4	AP-66I-TM-2010-01	《民用航空空中交通管制员执照管理办法》	2010 年 10 月 22 日

3. 空中交通管制员执照的申请条件

空中交通管制员执照的申请条件见表 4-13。

空中交通管制员执照的申请条件　　　　表 4-13

申请依据	申请条件
《民用航空空中交通管制员执照管理规则》(CCAR-66TM-I-R4)第二十条	具有中华人民共和国国籍
	热爱民航事业,具有良好的品行
	年满 21 周岁

续上表

申请依据	申请条件
《民用航空空中交通管制员执照管理规则》(CCAR-66TM-I-R4)第二十条	具有大学专科(含)以上文化程度
	能正确读、听、说、写汉语,口齿清楚,无影响双向无线电通话的口吃和口音
	通过规定的体检,取得有效的体检合格证
	完成规定的专业培训,取得有效的培训合格证
	通过理论考试,取得有效的理论考试合格证
	通过技能考核,取得有效的技能考核合格证
	符合规定的管制员执照申请人经历要求

4. 空中交通管制员执照申请、审批与颁发流程

空中交通管制员执照申请、受理、审查、批准、颁发和注册办理流程如图4-6所示。

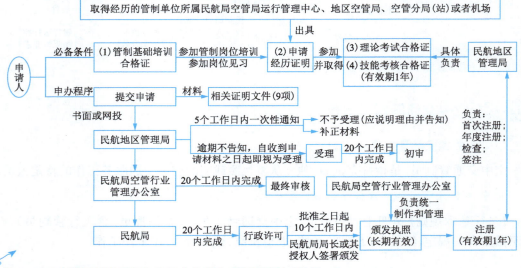

图4-6 空中交通管制员执照申请、受理、审查、批准、颁发和注册办理流程

九、民用航空电信人员执照

1. 民用航空电信人员的定义

民用航空电信人员,是指从事民用航空通信导航监视服务保障工作的技术人员。

2. 民用航空电信人员执照管理依据

民用航空电信人员执照管理的主要规章与规范性文件见表4-14。

民用航空电信人员执照管理的主要规章与规范性文件　　表4-14

序号	部号/编号	规章/规范性文件名称	施行日期
1	CCAR-115TM-R1	《民用航空通信导航监视工作规则》	2016年3月28日
2	CCAR-65TM-I-R3	《民用航空电信人员执照管理规则》	2016年4月17日
3	AP-65I-TM-2015-01-R1	《民用航空电信人员执照管理办法》	2015年2月15日

续上表

序号	部号/编号	规章/规范性文件名称	施行日期
4	AP-115-TM-2019-02	《民用航空电信人员岗位培训机构管理办法》	2019年1月22日
5	2018年第25号	《交通运输部关于修改〈民用航空通信导航监视工作规则〉的决定》	2018年10月22日
6	AP-65I-TM-2015-02-R1	《民用航空电信人员岗位培训管理办法(征求意见稿)》	2019年5月23日

3. 民用航空电信人员执照申请条件与流程

电信人员执照申请人当具备下列条件:①具有大学专科(含)以上文化程度;②通过理论考试,取得有效的理论考试合格证(有效期为3年);③通过技能考核,取得有效的技能考核合格证(有效期为2年);④符合《民用航空电信人员执照管理规则》(CCAR-65TM-I-R3)规定的申请人培训和经历要求;⑤符合通信导航监视服务保障工作岗位应当具备的身体条件。

申请人应当符合下列申请经历要求:①申请人在持相应有效执照岗位签注的电信人员带领下,参加不少于4个月的专业实习;②对于同时申请电信人员执照同一专业类别多个岗位的申请人,其专业实习时间可以合并,但其总实习时间不得少于5个月;③对于同时申请电信人员执照不同专业类别多个岗位的申请人,其专业实习时间可以合并,但其总实习时间不得少于6个月。

民用航空电信人员执照申请、受理、审查、批准、颁发和注册办理流程如图4-7所示。

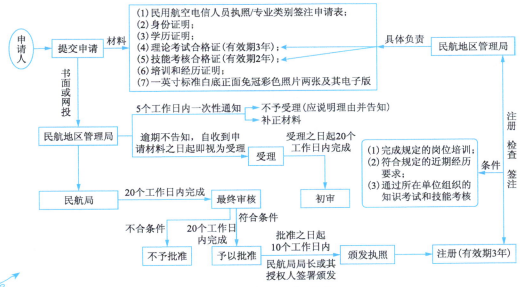

图4-7 民用航空电信人员执照申请、受理、审查、批准、颁发和注册办理流程

十、航空情报员执照

1. 民用航空情报员的定义

民用航空情报员,是指从事收集、整理、编辑民用航空资料,设计、制作、发布航空情报产品,提供及时、准确、完整的民用航空活动所需的航空情报服务工作的人员。

2. 民用航空情报员执照管理依据

航空情报员执照管理的主要民航规章和规范性文件见表4-15。

航空情报员执照管理的主要民航规章和规范性文件　　　　表4-15

序号	部号/编号	规章/规范性文件名称	施行日期
1	CCAR-65TM-Ⅲ-R4	《民用航空情报员执照管理规则》	2016年4月17日
2	AP-65Ⅲ-TM-2010-01	《民用航空情报员执照管理办法》	2010年10月28日

3. 民用航空情报员执照的申请条件

民用航空情报员执照的申请条件见表4-16。

民用航空情报员执照的申请条件　　　　表4-16

申请依据	申请条件
《民用航空情报员执照管理规则》（CCAR-65TM-Ⅲ-R4）第十八条	具有中华人民共和国国籍
	热爱民航事业，具有良好的品行
	具有大学专科（含）以上文化程度
	口齿清楚，无色盲等缺陷
	完成规定的专业培训，取得有效的执照培训合格证
	通过理论考试，取得有效的理论考试合格证
	通过技能考核，取得有效的技能考核合格证
	符合本规则规定的申请人经历要求

4. 民用航空情报员执照申请、审批与颁发流程

民用航空情报员执照申请、受理、审查、批准、颁发和注册办理流程如图4-8所示。

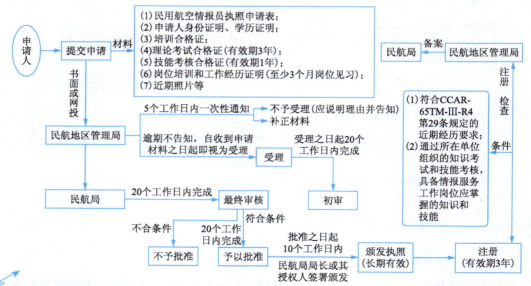

图4-8　民用航空情报员执照申请、受理、审查、批准、颁发和注册办理流程

十一、民用航空器维修人员执照

1. 民用航空器维修人员的定义

航空器维修人员,是指在航空器或航空器部件经过批准的修理、改装或安装发动机、附件、仪表和/或设备项目后,确定这些航空器或航空器部件是否适航,并在检查、维修和/或例行养护后签发维修放行单的地勤人员。

2. 民用航空器维修人员执照的类型

民用航空器维修人员执照的类型如图 4-9 所示。

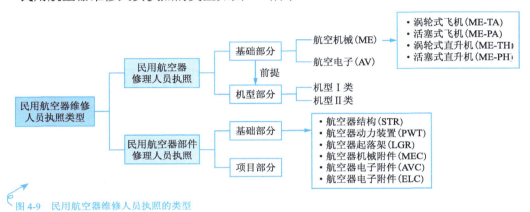

图 4-9 民用航空器维修人员执照的类型

3. 民用航空器维修人员执照管理依据与申请条件

有关民用航空器维修人员执照管理的规章和规范性文件见表 4-17。

表 4-17 有关民用航空器维修人员执照管理的规章和规范性文件

序 号	部号/编号	规章/规范性文件名称	施行日期
1	CCAR-66-R2	《民用航空器维修人员执照管理规则》	2016 年 4 月 17 日
2	AC-66-01-FS-2017-001-R3	《民用航空器维修人员执照申请指南》	2017 年 9 月 11 日
3	AC-66-06	《外国民用航空器维修人员执照的临时批准和短期认可指南》	2014 年 6 月 30 日

民用航空器维修人员执照申请条件如图 4-10 所示。

 十二、民用航空气象人员执照

1. 民用航空气象人员的定义

民用航空气象人员,是指从事民用航空气象观测、气象预报、气象设备保障的人员。

2. 民用航空气象人员执照管理依据与申请条件

民用航空气象人员执照管理依据有《民用航空气象人员执照管理规则》(CCAR-65TM-II-R3)和《民用航空气象人员执照管理办法》(AP-65II-TM-2010-01R1)。

气象人员执照申请人应当具备下列条件：①通过理论考试，取得有效的理论考试合格证；②通过技能考核，取得有效的技能考核合格证；③完成规定的培训并符合实习经历的要求；④气象观测执照申请人应当具有气象专业大专（含）以上文化程度；气象预报执照申请人应当具有气象专业本科（含）以上文化程度；气象设备保障执照申请人应当具有相关专业本科（含）以上文化程度。

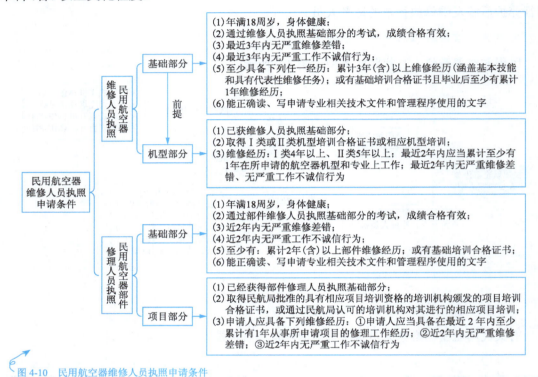

图4-10　民用航空器维修人员执照申请条件

第三节 航空人员的体检制度

航空人员体检鉴定和体检合格证管理制度是保障飞行安全的重要内容，根据《国际民用航空公约》附件1"人员执照颁发"的规定，为满足签发各类执照对于体检合格的颁照要求，申请人必须符合体检鉴定的某些相关体检要求。

颁照当局将为提供必要证据证明其满足体检合格证要求的空勤人员、空中交通管制员执照持有人颁发相应的体检合格证，这些人员在履行职责时，应当持有有效体检合格证或体检合格证认可证书，满足体检合格证或认可证书上载明的限制要求。

"体检合格证"一词是颁照当局颁发的关于执照持有人符合体检合格特定要求的证明。

体检合格证可采用几种方式进行，如颁发有相应名称的单独证书，在执照上加注，或颁布一项国家规章，规定体检合格证是执照的必要组成部分。

一、航空人员体检制度依据和标准

有关航空人员体检鉴定和体检合格证的管理规范见表4-18。

有关航空人员体检鉴定和体检合格证的管理规范　　　　表4-18

编　号	规范名称	施行日期
CCAR-67FS-R4	《民用航空人员体检合格证管理规则》（含附件A"空勤人员和空中交通管制员体检合格证医学标准"）	2019年1月1日
AP-67FS-002	《空勤人员和空中交通管制员体检鉴定》	2012年7月2日
AC-67FS-001	《空勤人员和空中交通管制员体检鉴定医学标准》	2017年9月19日
AC-67-FS-2018-002R1	《Ⅱ级体检合格证申请人体检鉴定医学标准》	2018年9月4日
AP-67-FS-2018-001R1	《民用航空人员体检合格证申请、审核和颁发程序》	2018年11月8日
—	《关于开展私用驾驶员体检鉴定工作调整试点促进通航发展的通知》	2019年7月3日

二、航空人员体检合格证的类别

为保证从事民用航空活动的空勤人员和空中交通管制员身体状况符合履行职责和飞行安全的要求，根据《民航法》和《民用航空人员体检合格证管理规则》（CCAR-67FS-R4），对空勤人员和空中交通管制员实行体检合格审定制度，具体程序依据《民用航空人员体检合格证申请、审核和颁发程序》（AP-67-FS-2018-001R1）。

我国CCAR-67FS-R4与《国际民用航空公约》附件1"人员执照颁发"对航空人员体检合格证均做了类型划分，分别适用不同航空人员执照，见表4-19。

我国CCAR-67FS-R4与《国际民用航空公约》附件1的体检合格证适用人员比较　　表4-19

体检合格证类别	CCAR-67FS-R4	公约附件1"人员执照颁发"
Ⅰ级体检合格证	（1）航线运输驾驶员执照； （2）多人制机组驾驶员执照； （3）商用驾驶员执照（飞机、直升机或倾转旋翼机航空器类别等级）	（1）商用（飞机、飞艇、直升机和动力升空器）驾驶员执照； （2）多机组（飞机）驾驶员执照； （3）航线运输（飞机、飞艇、直升机和动力升空器）驾驶员执照
Ⅱ级体检合格证	除前款之外的其他航空器驾驶员执照、飞行机械员执照	（1）飞行领航员执照； （2）飞行机械员执照； （3）私用（飞机、飞艇、直升机和动力升空器）驾驶员执照以及单独飞行的学生驾驶员执照； （4）滑翔机驾驶员执照； （5）自由气球驾驶员执照

续上表

体检合格证类别	CCAR-67FS-R4	公约附件1"人员执照颁发"
Ⅲa级体检合格证	机场管制员、进近管制员、区域管制员、进近雷达管制员、精密进近雷达管制员、区域雷达管制员	（1）空中交通管制员执照； （2）空中交通管制学员执照
Ⅲb级体检合格证	飞行服务管制员、运行监控管制员	
Ⅳa级体检合格证	客舱乘务员	
Ⅳb级体检合格证	航空安全员（含空中警察）	

为促进各类通航活动快速发展，修订后的《民用航空器驾驶员合格审定规则》（CCAR-61-R5），在体检方面通过认可机动车驾驶证体检合格要求等规定降低了获取运动驾驶员执照的体检合格要求。

三、体检合格证的申请、审核和颁发程序

根据规定，我国对空勤人员和空中交通管制员申请民用航空人员体检合格证实行行政审批。受理机构是民航各地区管理局民用航空卫生处，决定机构是民航各地区管理局民用航空卫生处。

行政许可的具体依据是《民航法》《中华人民共和国行政许可法》《民用航空人员体检合格证管理规则》（CCAR-67FS-R4）。

体检合格证办理基本流程是：申请→审查→许可决定→颁发。其中体检合格证申请人在申请前，应当符合《空勤人员和空中交通管制员体检合格证医学标准》的规定，取得体检鉴定合格结论。受理机关接收申请后，主要审查的内容有：①申请人的基本信息；②体检文书和医学资料；③体检项目和辅助检查项目的符合性；④体检鉴定结论的符合性；⑤其他必要的内容。

民用航空人员体检合格证申请、审核和颁发流程如图4-11所示。体检合格证样式如图4-12所示。

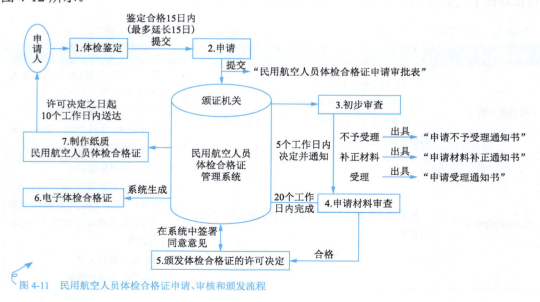

图4-11 民用航空人员体检合格证申请、审核和颁发流程

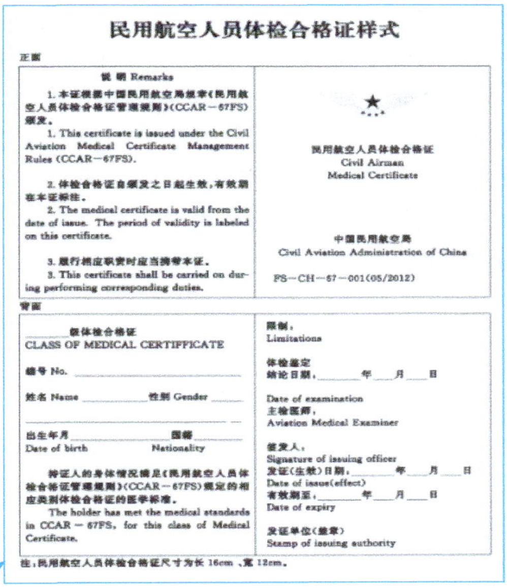

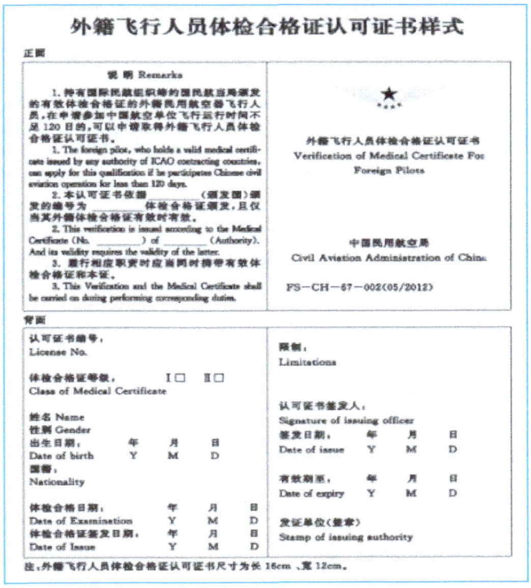

第四章　航空人员

图 4-12　体检合格证样式

四、体检合格证的有效期

根据《民用航空人员体检合格证管理规则》(CCAR-67FS-R4)第 67.33 条规定,体检合格证自颁发之日起生效,但不同类别体检合格证存在不同有效期,见表 4-20。

不同类别体检合格证有效期比较　　　　　　　　　表 4-20

体检合格证类别	有　效　期
Ⅰ级体检合格证	12 个月,年龄满 60 周岁以上者为 6 个月。其中参加《大型飞机公共航空运输承运人运行合格审定规则》(CCAR-121-R5)规定运行的驾驶员年龄满 40 周岁以上者为 6 个月
Ⅱ级体检合格证	60 个月,其中年龄满 40 周岁以上者为 24 个月
Ⅲa 级体检合格证	24 个月,其中年龄满 40 周岁以上者为 12 个月
Ⅲb 级体检合格证	24 个月
Ⅳa 级体检合格证	12 个月
Ⅳb 级体检合格证	

体检合格证持有人可以在体检合格证有效期届满 30 日前,按照《民用航空人员体检合格证管理规则》(CCAR-67FS-R4)的规定,申请更新体检合格证。体检合格证持有人有特殊原因且理由正当,不能在体检合格证有效期期满前进行体检鉴定、更新体检合格证,又必须履行职责时,应当在体检合格证有效期届满前向原体检合格证颁证机关申请延长体检合格证的有效期。

五、体检合格证申请人和持有人的法律责任

体检合格证申请人违反《民用航空人员体检合格证管理规则》(CCAR-67FS-R4)规定,有下列行为之一的,地区管理局依据情节,对当事人处以警告或者 500 元以上 1000 元以下

罚款；涉嫌构成犯罪的，依法移送司法机关处理；体检合格证申请人隐瞒（或者伪造）病史、病情，或者冒名顶替，或者提供虚假申请材料；涂改或者伪造、变造、倒卖、出售体检文书及医学资料。

体检合格证持有人违反《民用航空人员体检合格证管理规则》（CCAR-67FS-R4）规定，有下列行为之一的，地区管理局应当责令当事人停止履行职责，并对其处以警告或者 500 元以上 1000 元以下罚款：从事相应民用航空活动时未携带有效体检合格证，或者使用的体检合格证等级与所履行职责不相符；发现身体状况发生变化，可能不符合所持体检合格证的相应医学标准时，应按照程序报告；履行职责时应遵守体检合格证上载明的限制条件。

第四节 机长

一、机组与机长的定义

机组是指受航空公司委派，在飞行期间在飞机上执行任务的空勤人员所组成的团体。依据我国《民航法》的规定，民用航空器机组由机长和其他空勤人员组成。机组分类见表 4-21。

机组分类表　　　　　　　　　　　　　　　　表 4-21

分　类	定　义
飞行机组	飞行期间在飞机驾驶舱内执行任务的驾驶员和飞行机械员
客舱乘务组	出于对旅客安全的考虑，受合格证持有人指派的、在客舱执行值勤任务的人员

机长是机组关键成员，根据《大型飞机公共航空运输承运人运行合格审定规则》（CCAR-121-R5），机长是指经合格证持有人（民用航空器运营人）指定，在飞行时间内对飞机的运行和安全负最终责任的驾驶员。机长应当由具有独立驾驶该型号民用航空器的技术和经验的驾驶员担任。

二、机长职责与权限的国内法规定

1. 机长的职责

（1）《民航法》的规定

机长对飞行期间飞行的运行和安全负最终责任，我国《民航法》对机长职责进行了详细规定，包括：

①民用航空器的操作由机长负责，机长应当严格履行职责，保护民用航空器及其所载人员和财产的安全。（《民航法》第四十四条第一款）

机长负责民用航空器的操作，并谨慎驾驶。这是机长应严格履行的职责。

举例：1993 年俄罗斯空客 A300 在西伯利亚坠毁，机上人员全部罹难，原因是机长将飞机交给其 12 岁儿子操纵所致。

②飞行前,机长应当对民用航空器实施必要的检查;未经检查的,不得起飞。(《民航法》第四十五条第一款)

③民用航空器遇险时,机长有权采取一切必要的措施,并指挥机组成员和航空器上其他人员采取抢救措施。在必须撤离遇险民用航空器的紧急情况下,机长必须采取措施,首先组织旅客安全离开民用航空器;未经机长允许,机组成员不得擅自离开民用航空器;机长应当最后离开民用航空器。(《民航法》第四十八条)

④民用航空器发生事故,机长应当直接或者通过空中交通管制单位,如实将事故情况及时报告国务院民用航空主管部门。(《民航法》第四十九条)

⑤机长收到船舶或者其他航空器的遇险信号,或者发现遇险的船舶、航空器及其人员,应当将遇险情况及时报告就近的空中交通管制单位并给予可能的合理的援助。(《民航法》第五十条)

(2)《一般运行和飞行规则》(CCAR-91-R3)的规定

①民用航空器的机长对民用航空器的运行直接负责,并具有最终的决定权。

对于飞机上的机长:机长在舱门关闭后必须对机上所有机组成员、旅客和货物的安全负责。机长还必须从飞机为起飞目的准备移动时起到飞行结束最终停止移动和作为主要推进部件的发动机停车时止的时间内,对飞机的运行和安全负责,并具有最终决定权。

对于旋翼机上的机长:从发动机起动时起,直至旋翼机结束类型最终停止移动并且发动机关闭、旋翼叶片停止转动时为止,机长必须对旋翼机运行和安全及机上所有机组成员、乘客和货物的安全负责。

②飞机中遇有紧急情况时,机长必须保证在飞行中遇有紧急情况时,指示所有机上人员采取适合当时情况的应急措施。

在飞机中遇到需要立即处置的紧急情况时,机长可以在保证航空器和人员安全所需要的范围内偏离本规则的任何规定。

③依据《一般运行和飞行规则》(CCAR-91-R3)做出偏离行为的机长,在民航局要求时,应当向民航局递交书面报告。

④如果在危及航空器或人员安全的紧急情况下必须采取违反当地规章或程序的措施,机长必须毫无迟疑地通知有关地方当局。如果事故征候发生地所在国提出要求,机长必须向登记国提交这一报告的副本。此类报告必须尽早提交,通常应在 10 日以内。

⑤机长必须负责以可用的、最迅速的方法将导致人员严重受伤或死亡、航空器或财产重大损坏的任何航空器事故通知最近的有关当局。(第 91.5 条)

规章还在民用航空器的适航性等条款中规定了机长的职责,如机长必须保证每个飞行机组成员持有登记国颁发或认可的、具有适当等级并且现行有效的执照,并且机长必须对飞行机组成员保持其胜任能力表示满意。机长必须负责确保:如果飞行机组任何成员因受伤、患病、疲劳、酒精或药物的影响而无法履行其职责时,不得开始飞行;当飞行机组成员由于疲劳、患病、缺氧等原因造成的功能性损害导致执行任务的能力显著降低时,不得越过最近的合适机场继续飞行。航空器的机长负责确认航空器是否处于可实施安全飞行的状态。当航空器的机械、电子或结构出现不适航状态时,机长应当中断该次飞行。机长不得允许从飞行中的航空器上投放任何可能对人员或财产造成危害的物品。在开始飞行之前,机长应当熟悉本次飞行的所有有关资料等。

此外,机长可持官方文件,运带其航空器登记国的外交信袋;机长应记录执飞航班上出生或死亡的法律事实。

2. 机长的权力

有权必有责,职责的履行也应有相应的权力去保障。

在执行飞行任务期间,机长负责领导机组的一切活动,保证其航空器遵守关于航空器飞行和运转的现行规则和规章,并对航空器及航空器上的人员和财产的安全负责。由于机长责任重大,必须赋予机长相应的权力。机长具有高度权威,才能使航空器内全体人员服从机长命令,听从机长指挥,维持航空器内的纪律和正常秩序,以保障机长履行职责,果断采取一切必要的合理措施,正确处置意外事故和突发事件,全面完成所肩负的任务。

对机长权力进行规定,是机长履行职责,维护航空器内的正常秩序和良好纪律,保证航空及其所载人员和财产安全必不可少的法律保障。在一国领空内飞行,机长的权力由该国的国内法赋予。

《民航法》《民用航空安全保卫条例》《公共航空旅客运输飞行中安全保卫工作规则》(CCAR-332-R1)关于机长权力的规定见表 4-22 ~ 表 4-24。

《民航法》关于机长权力的规定　　　　　　　　　　　　　　表 4-22

条　款	内　容
第四十四条第二款	机长在其职权范围内发布的命令,民用航空器所载人员都应当执行
第四十五条第二款	飞行前,机长发现民用航空器、机场、气象条件等不符合规定,不能保证飞行安全的,有权拒绝起飞
第四十六条第一款	飞行中,对于任何破坏民用航空器、扰乱民用航空器内秩序、危害民用航空所载人员或者财产安全以及其他危及飞行安全的行为,在保证安全的前提下,机长有权采取必要的适当措施
第四十六条第二款	飞行中,遇到特殊情况时,为保证民用航空器及其所载人员的安全,机长有权对民用航空器做出处置
第四十七条	机长发现机组人员不适宜执行执行飞行任务的,为保证飞行安全,有权提出调整
第四十八条	民用航空器遇险时,机长有权采取一切必要措施,并指挥机组人员和航空器上其他人员采取抢救措施

《民用航空安全保卫条例》关于机长权力的规定　　　　　　　表 4-23

条　款	内　容
第二十三条	在航空器起飞前,发现有关方面对航空器未采取本条例规定的安全措施的,拒绝起飞
	在航空器飞行中,对扰乱航空器内秩序,干扰机组成员正常工作而不听劝阻的人,采取必要的管束措施
	在航空器飞行中,对劫持、破坏航空器或者其他危及安全的行为,采取必要的措施
	在航空器飞行中遇到特殊情况时,对航空器的处置做最后决定

《公共航空旅客运输飞行中安全保卫工作规则》（CCAR-332-R1）
关于机长权力的规定   表4-24

条　款	内　容
第十条	在航空器起飞前，发现未依法对航空器采取安全保卫措施的，有权拒绝起飞
	对扰乱航空器内秩序，妨碍机组成员履行责任，不听劝阻的，可以要求机组成员对行为人采取必要的管束措施，或在起飞前、降落后要求其离机
	对航空器上的非法干扰行为等严重危害飞行安全的行为，可以要求机组成员启动相应处置程序，采取必要的制止、制服措施
	处置航空器上的扰乱行为或者非法干扰行为，必要时请求旅客协助
	在航空器上出现扰乱行为或者非法干扰行为等严重危害飞行安全行为时，根据需要改变原定飞行计划或对航空器做出适当处置

案例4-1

民航局对返航事件做出的调查结论及处罚决定
——机长的权力及禁止权力滥用

权力是为了保障职责的履行，飞行员有掌控航空器，维护机上秩序和飞行安全的权力，但是权力不能滥用，要遵守职业道德和职业法律规范。

2008年3月31日，东方航空公司云南分公司飞云南省内的21个航班飞抵目的地后不降落又折返回来，导致航班大面积延误，千余名旅客滞留机场。起初东方航空公司主张是天气原因导致的返航，而旅客比较其他航空公司同样航线的航班起落情况后，对此原因不予认可。在各媒体的关注下，背后的原因逐步浮出水面。之后相关的处罚也陆续出台。

2008年4月17日，中国民航局调查组公布了此次事件调查结论：在东方航空公司云南分公司客机3月31日和4月1日返航的21个航班中，因飞机故障原因返航的1班，因天气原因返航的2班，非技术原因故意返航的4班，听到前期返航后处置不当、盲目返航的5班，因译码设备工作不正常、飞行数据快速存取记录器无数据等无法从技术上判断返航原因的9班。民航局决定对东方航空公司做出两项处罚：一是停止东方航空公司云南地区部分航线经营权，部分航线交由其他航空公司经营；二是对东方航空公司处以150万罚款上缴国库，责令东方航空公司3个月内完成相关设备改装升级，恢复飞行数据快速存取记录器译码设备的正常工作。

2008年7月3日，东方航空公司对所认定的11次人为返航的13名飞行人员进行了严肃处理。对在返航事件中情节较重的1名机长停飞，给予开除党籍处分；3名飞行教员分别停飞1~2年，给予留党察看处分；对于另外2名飞行教员和2名机长，分别取消教员资格，取消机长资格、降为副驾驶，并给予党内严重警告或警告处分；其他5名参与返航、情节较轻的飞行人员也已暂停飞行，经教育整顿和严格检查后重新认定从业任职资格。针对此次事件暴露出的管理问题，东方航空公司严肃追究了8名相关领导人员的责任。对云南分公司总经理、党委书记和分管副总经理给予党内警告处分，2名主要领导免去原任职务；对云南分公司飞行部、相关飞行分部5名领导人员分别给予党内严重警告或警告处分，其中4人免去职务。

（资料来源：http://news.carnoc.com/list/101/101762.html）

三、飞行员工作时间的法律规定

飞行员是飞机的操控者,执行飞行任务时需要高度集中注意力、有效分配驾驶舱资源,运用专业技术,严格按照法律规范、标准要求操作,同时,还面对着可能的特情处理。飞行员的疲劳状况会影响到飞行的安全。为此,我国民航规章对机组(主要是飞行员和乘务员)的飞行值勤时间、休息时间做出了规定,以确保机组成员得到足够的休息,以良好的身体、精神状态执行飞行任务。

2017年8月29日,《大型飞机公共航空运输承运人运行合格审定规则》(CCAR-121-R5)修订的重点就是进一步重视了机组(包括乘务组)的疲劳管理,科学细化了机组(包括乘务组)的飞行值勤/休息规定,合理优化飞行机组值勤期、飞行时间和休息期,减少了飞行机组的工作强度,缓解飞行机组的疲劳程度,这有利于维持并提升我国民航的安全水平。

依据该规则的规定,飞行员受规章约束的时间可以划分为飞行时间、值勤时间和休息时间,主要规定在规章的第121.481条"概则",第121.483条"飞行机组的飞行时间限制",第121.485条"飞行机组的飞行值勤期限制"和第121.487条"飞行机组的累积飞行时间、值勤时间限制"中。

关于机组成员的休息时间要求,详见本章第五节。

1. 第121.481条"概则"

合格证持有人在实施本规则运行中,应当建立机组成员疲劳风险管理和定期疗养的制度,保证其机组成员符合本规则适用的值勤期限制、飞行时间限制和休息要求。任何违反本规则规定的人员不得担任机组必需成员。

关于机组成员值勤期限制、飞行时间限制和休息要求的用语定义,详见本章第五节。

2. 第121.483条"飞行机组的飞行时间限制"

(a)在一个值勤期内,合格证持有人不得为飞行机组成员安排、飞行机组成员也不得接受超出以下规定限制的飞行时间。

- 非扩编飞行机组执行任务时,其飞行时间限制见表4-25;

非扩编飞行机组运行最大飞行时间限制　　　　　　　　　　　表4-25

报到时间	最大飞行时间(h)
00:00—04:59	8
05:00—19:59	9
20:00—23:59	8

- 配备3名驾驶员的扩编飞行机组执行任务时,总飞行时间13h;
- 配备4名驾驶员的扩编飞行机组执行任务时,总飞行时间17h。

(b)如果在飞机起飞后发生超出合格证持有人控制的意外情况,为将飞机安全降落在下一个目的地机场或备降机场,飞行机组成员的飞行时间可以超出本条(a)款所规定的最大飞行时间限制以及第121.487条(b)款规定的累积飞行时间限制。

(c)合格证持有人必须在10日内将任何超过本条所允许的最大飞行时间限制的情况报告民航局,报告应包括以下内容:

- 对于延长飞行时间限制及本次延长情况必要的说明；
- 合格证持有人为将此类延长控制在最小范围内而采取的修正措施，如适用。

（d）合格证持有人应在延长飞行时间限制事发当天起 30 日内实施本条（c）款第 2 项所规定的修正措施。

3. 第 121.485 条"飞行机组的飞行值勤期限制"

（a）对于非扩编机组的运行，合格证持有人不得为飞行机组成员安排、飞行机组成员也不得接受超出表 4-26 规定限制的飞行值勤期；航段限制数不包括因备降所产生的航段。

非扩编飞行机组运行最大飞行值勤期限制　　　　　表 4-26

报到时间	根据航段数量确定的飞行机组成员最大飞行值勤期(h)			
	1～4 个航段	5 个航段	6 个航段	7 个航段或以上
00:00—04:59	12	11	10	9
5:00—11:59	14	13	12	11
12:00—23:59	13	12	11	10

（b）扩编飞行机组的运行。
- 对于扩编机组的运行，合格证持有人不得为飞行机组成员安排、飞行机组成员也不得接受超出表 4-27 规定限制的飞行值勤期；

扩编飞行机组运行最大飞行值勤期限制　　　　　表 4-27

报到时间	根据休息设施和飞行员数量确定的最大飞行值勤期(h)					
	1 级休息设施		2 级休息设施		3 级休息设施	
	3 名飞行员	4 名飞行员	3 名飞行员	4 名飞行员	3 名飞行员	4 名飞行员
0:00—23:59	18	20	17	19	16	18

- 在所有飞行时间内，至少有 1 名机长或符合本规则第 121.451 条（a）款要求的巡航机长在驾驶舱内操纵飞机；
- 在着陆阶段执行操纵飞机任务的飞行机组成员，应在飞行值勤期的后半段获得至少连续 2h 的休息时间．对于航段时间不足 2h 的应保证执行操纵飞机任务的飞行机组成员在着陆前得到足够的休息。

4. 第 121.487 条"飞行机组的累积飞行时间、值勤时间限制"

（a）本条所规定的限制包括飞行机组成员在一段时期内代表合格证持有人所执行的所有飞行时间，含按照本规则实施的运行和本规则之外的运行，如训练、调机和作业飞行等。

（b）合格证持有人不得为飞行机组成员安排、飞行机组成员也不得接受超出以下规定限制的飞行时间：
- 任一日历月，100h 的飞行时间；
- 任一日历年，900h 的飞行时间。

（c）合格证持有人不得为飞行机组成员安排、飞行机组成员也不得接受超出以下规定限制的飞行值勤期：
- 任何连续 7 个日历日，60h 的飞行值勤期；
- 任一日历月，210h 的飞行值勤期。

第五节 客舱乘务员

一、我国民航乘务员发展概况

2018年,首份《中国民航乘务员发展统计报告》(以下简称《报告》)发布。《报告》根据民航飞行标准监督管理系统(FSOP)乘务员体检系统记录,统计了目前正在运营的航空公司中持有体检合格证的乘务员情况,是国内首份关于乘务员发展的全景式报告。

目前该《报告》已经更新至2021年。根据最新统计数据显示,截至2021年6月30日,共有100823名乘务员在各航空公司以及民航单位持证上岗。其中,100697名乘务员就职于运输航空公司,126名乘务员就职于以通用航空公司为主的非运输航空公司或单位。受疫情影响,2021年乘务员数量较2020年减少了1491人。

自疫情防控常态化以来,部分航空公司乘务员人数出现小幅度增加,航空公司规模分布整体未有太大变化。三大航(中国国际航空公司、东方航空公司、南方航空公司)依旧稳居空乘队伍规模第一梯队,空乘人数之和占整个运输航空乘务员总数的46.3%,较去年占比下降1%。其中南方航空公司乘务员17374人,占比为17.3%;中国国际航空公司乘务员14756人,占比为14.7%;东方航空公司乘务员14425人,占比为14.3%。海南航空公司、深圳航空公司、厦门航空公司和四川航空公司四家航空公司空乘队伍占据第二梯队,队伍规模均在4500人以上,第一、第二梯队共约占据运输航空公司乘务员总数的67.5%。

从性别看,目前我国从事运输航空乘务员的男女比例为26∶74,女性在从业人数上依然占据压倒性优势。从年龄结构看,男/女乘务员的从业年龄高峰期均为24岁且年龄分布均呈现明显的正偏态分布。需要注意的是,我国年长且经验丰富的乘务员比例相对较低,和欧美航空发达国家相比差异较大。

近年来,随着民航业的快速发展,我国民航的飞机上也不再仅仅局限于中国籍的乘务员,外籍乘务员的身影也频频出现在旅客的身边。数据显示,尽管中国籍乘务员占我国航空公司乘务员总数的98.82%,但外籍乘务员人数与日俱增,其中,人员数量占据前三位的分别为韩国、日本和泰国,分别占外籍乘务员总数的46%、18%和9%。

知识窗4-2

客舱乘务员发展简史

1949年11月2日,中国民用航空局成立,揭开了我国民航事业发展的新篇章。11月9日,"两航"起义使我国有了建设民航事业的最初基础。我国民航从无到有、从小到大、从弱到强,经历了不平凡的发展历程。

1955年,周恩来总理对中国民航做了重要批示,新中国成立后第一次正式的民航空中乘务员招聘工作拉开了序幕。此次招聘,首先要求应聘人员政治条件突出,其次要求其品学兼优、吃苦耐劳,最后才考虑外貌条件。选拔方式是通过组织考察的方式秘密进行。最终,选拔出18人,她们也成为中国民航史上的"十八姐妹"。

知识窗4-3

1956年,民航局正式对她们进行集训,培训内容包括英语、俄语、机上服务、机场、飞行、机械、调度、气象、礼仪以及各国风土人情、宗教信仰、我国对外政策等多方面。"十八姐妹"曾经被毛主席乘机时亲切地称为"红色空中小姐",她们是新中国民航自己培养的第一代空中乘务员,也是新中国民航客舱乘务事业的开拓者和奠基者。

自1970年开始,归空军建制的中国民航行业人员都着绿色军装,这时候的乘务员也要着军装、穿军鞋,接受军事化的管理。

改革开放以后,我国的民航事业快速发展,空中乘务工作也获得了很好的发展机会,其地位也越来越重要。规章标准不断完善,培训渠道不断拓展。

中国民航事业的发展,倾注了一代又一代客舱乘务员的激情和爱心。我们相信,新一代的客舱乘务员将继承老一辈的优良传统,奉献蓝天,为民航事业做出更大的贡献。

二、关于客舱乘务员资格与运行的民航规章

纵观中国民航客舱乘务员的发展史,经历了从无到有、从不断总结到规范完善的过程,而在如此飞速发展的进程中,我国民航依旧能够保持较好的安全运行水平,超越全球同等水平的其他许多国家,主要依托于我国民航规章体系的不断完善。其中,规范客舱乘务员安全运行和资格管理最重要的一部规章就是《大型飞机公共航空运输承运人运行合格审定规则》,即CCAR-121部。该部规章于1999年5月5日发布,2021年3月15日发布了第七次修订(交通运输部2021年第5号令)版本,以下简称CCAR-121-R7,如图4-13所示。

CCAR-121-R7共有25个章节,8个附件,对大型飞机公共航空运输承运人(航空企业)的运行合格审定和持续安全运行进行了全面、详细的规范(图4-14)。国内的运输航空公司在使用大型飞机进行公共航空运输前,必须通过该规章所要求的审定,由其主运营基地所在的民航地区管理局颁发运行合格证及运行规范,才可以实施运行,我们称之为合格证持有人。

图4-13 《大型飞机公共航空运输承运人运行合格审定规则》(CCAR-121-R7)

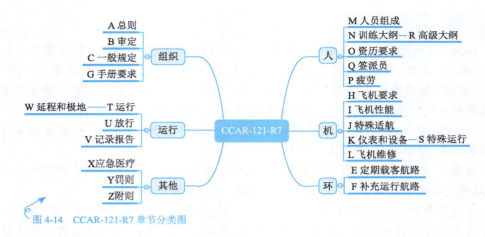

图4-14 CCAR-121-R7 章节分类图

其中,客舱类的内容分类如图4-15所示。

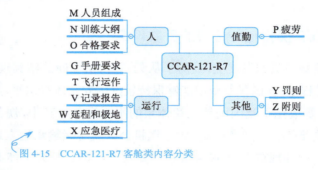

图4-15 CCAR-121-R7 客舱类内容分类

1. 客舱乘务员的定义

CCAR-121-R7 附件 A 规定,客舱乘务员是指出于对旅客安全的考虑,受合格证持有人指派在客舱执行值勤任务的机组成员。

2. 客舱乘务员的合格要求

要成为一名有"资格"的客舱乘务员,必须经过各种类型面试和选拔→项目繁多的体检→严苛的政审→航空公司提供的各项训练、带飞和检查,才能够取得所有的资质。这些资质最终简洁明了地体现为大家所说的"三证":客舱乘务员训练合格证、体检合格证和空勤登机证。

根据第121.381条"航空人员的条件及限制"要求(图4-16),在运行中,每一名客舱乘务员都必须持有现行有效的客舱乘务员训练合格证、体检合格证和空勤登机证等其他必需的证件,并且,应当在民航局检查时及时出示证件。

图4-16 航空人员的条件及限制要求

关于客舱乘务员资格和配备的具体要求,在本节后面《客舱乘务员的资格和训练》(AC-121-FS-2019-27R2)以及《客舱运行管理》(AC-121-FS-2019-131)两个咨询通告里有详细介绍。

知识窗 4-4

"AC"代表什么?一长串的编号为何意?看懂了本知识窗,从此就能够一眼看懂各类咨询通告的信息。

AC: Advisory Circular(咨询通告)
121: CCAR-121规章之下
FS: Department of Flight Standard(飞行标准司)
2019: 2019年颁布
27: 第27号
R2: 第二次修订。

(1)客舱乘务员训练的合格要求

所有资质能够合格的源头,都在于一本"宝典"——客舱乘务员训练大纲。CCAR-121-R6 中的 N 章"训练大纲"和 O 章"机组成员的合格要求",对训练大纲的具体内容、管理程序、设施设备、人员组成等都做了要求。针对具体内容,又对训练类别、训练提纲、课程设置、课时数等做了非常细致的要求。

客舱乘务员按照规章要求取得资质并合格后,在运行中还需满足更加细致的要求,以保证运行的安全。

知识窗 4-5

应急生存训练

在客舱乘务员的训练大纲中,应急生存训练一般作为一个训练提纲的形式出现在部分训练类别中。规章中对其要求为,每 24 个日历月覆盖所有训练科目。

所谓日历月,是指按照世界协调时间或者当地时间划分,从本月 1 日零点到下个月 1 日零点之间的时间段。

CCAR-121-R5 中所指的训练和检查,在训练基准月(图 4-17)的前一个日历月或者后一个日历月内完成,均视为有效。

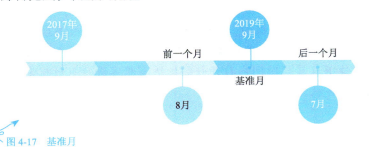

图 4-17 基准月

知识窗 4-5

应急生存训练的内容如图 4-18 所示。

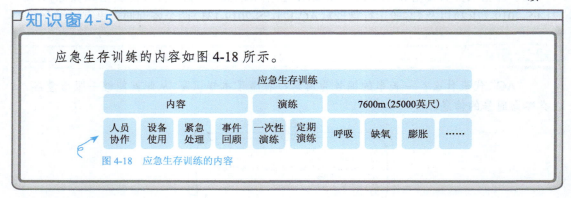

图 4-18　应急生存训练的内容

（2）客舱乘务员配备的合格要求

每一种机型中客舱乘务员的配备人数都是经审批合格的。

根据第 121.391 条"客舱乘务员"的要求，客舱乘务员配备最基本的原则是以旅客座位数来进行总体分配。由于在不同航线的运行中、应急撤离情况下以及机型存在差异时，客舱乘务员的配备数可能直接影响到运行安全，CCAR-121-R5 中增加了出口数量、出口类型和撤离手段、出口的位置、客舱乘务员座位位置、水上迫降时客舱乘务员要求的程序、负责成对出口的客舱乘务员额外程序要求、航线类型等具体的限制要求，如图 4-19 所示。

图 4-19　客舱乘务员配备的合格要求

第 121.391 条所指的配备人数为最低配备数，即机组必需成员配置要求。

根据附件 A 的定义，机组必需成员是指为完成按本规则运行符合最低配置要求的机组成员。

案例 4-2

某航空公司的空客 A320 机型，旅客座位数为 150 个，地板高度出口数量 4 个（2 对）。虽然按照旅客座位数量，可以只配备 3 名乘务员，但无法保证在紧急情况下 4 个地板高度出口能够在最短时间内打开并组织所有旅客进行有效撤离，最终经审批，客舱乘务员最低配备数为 4 名。

（3）客舱乘务员搭配的合格要求

除了保证客舱乘务员的数量，在航班中，人员搭配也必须合理。客舱乘务员的搭配及合格要求如图 4-20 所示。

图 4-20 客舱乘务员搭配的合格要求

根据第 121.393 条"在经停站旅客不下飞机时对机组成员的要求",在飞行中,在中途过站停留时,如果旅客仍停留在飞机上,机上乘务员的人数和位置分布也有具体限制。

法条点击 4-2

第 121.393 条 在经停站旅客不下飞机时对机组成员的要求

在中途过站停留时,如果乘坐该机的旅客仍停留在飞机上,合格证持有人应当遵守下列规定。

(a)如果保留在飞机上的客舱乘务员数量少于本规则第 121.391 条(a)款要求的数量,则合格证持有人应当采取下列措施:

- 保证飞机发动机关车并且至少保持打开一个地板高度出口,供旅客下飞机;
- 保留在飞机上的客舱乘务员数量应当至少是本规则第 121.391 条(a)款要求数量的一半,有小数时,舍去小数,但至少为 1 人;
- 可以用其他人员代替要求的客舱乘务员,代替客舱乘务员的人员应当是符合第 121.419 条应急撤离训练要求的合格人员且应当能够为旅客所识别。

(b)如果在过站时该飞机上只保留 1 名客舱乘务员或者其他合格人员,则该客舱乘务员或者其他合格人员所在的位置应当符合经民航局批准的该合格证持有人运行程序的规定。如果在飞机上保留 1 名以上客舱乘务员或者其他合格人员,这些客舱乘务员或者其他合格人员应当均匀分布在飞机客舱内,以便在紧急情况下最有效地帮助旅客撤离。

案例 4-3

某航空公司空客 A320 机型,最低配备 4 名乘务员,在经停站旅客不下机的情况下,必须保留至少 2 名乘务员在机上,并在飞机前后出口处均匀分布,以保证在地面停留期间出现紧急情况时,能及时有效地组织旅客撤离飞机。

3. 客舱乘务员运行的管理要求

在运行中,针对飞行中的每一个阶段和环节,CCAR-121-R5 都做了明确的要求。

(1)运行基本要求

飞行中,所有的客舱乘务员都必须携带本规则 G 章所要求的纸质版或者电子版的客舱乘务员手册，以在运行中对安全工作进行指导。该手册的制订、保存和总体要求都在 G 章中做了要求。同时，客舱乘务员还需要携带"三证"和第 121.549 条飞行装具所要求的必要飞行装具。比如，体检合格证中注明需要戴镜飞行的人员，需要在飞行箱中带一副备份眼镜，以备不时之需；又如，客舱乘务员需要按照公司要求携带一个手电筒。

（2）飞行运作要求

CCAR-121-R5 中 T 章"飞行运作"，覆盖面广，内容详尽。具体内容如图 4-21 所示。

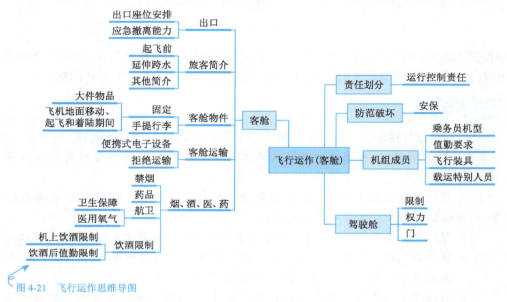

图 4-21　飞行运作思维导图

①机组成员的职责。

根据第 121.531、121.532 条的要求，在飞行期间，机长负责飞机和指挥机组，并负责旅客、机组成员、货物和飞机的安全，机长对于飞机的运行拥有完全的控制权和管理权。客舱乘务员必须听从机长的安排。

根据客舱乘务员的定义，其主要职责为安全职责，当安全和服务发生冲突时，必须以安全为重。

第 121.539 条"机组成员的值勤要求"也明确要求航空公司的服务程序不得影响客舱乘务员履行安全职责，特别是在飞行关键阶段，不可以做与安全无关的工作。

> **知识窗4-6**
>
> **飞行关键阶段**
>
> 飞机关键阶段指滑行、起飞、着陆和除巡航飞行以外在 3000m（10000 英尺）以下的飞行阶段。

关于客舱乘务员、乘务长、乘务教员和乘务检查员的具体职责在《客舱乘务员的资格和训练》(AC-121-FS-27-R2) 中有更加详细的要求。以客舱乘务员为例，其职责如图 4-22 所示。

第四章 航空人员

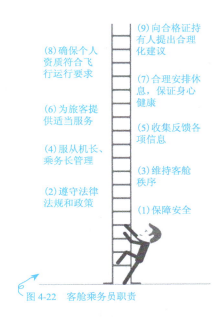

图 4-22 客舱乘务员职责

(9) 向合格证持有人提出合理化建议
(8) 确保个人资质符合飞行运行要求
(7) 合理安排休息，保证身心健康
(6) 为旅客提供适当服务
(5) 收集反馈各项信息
(4) 服从机长、乘务长管理
(3) 维持客舱秩序
(2) 遵守法律法规和政策
(1) 保障安全

案例 4-4

春季是空中颠簸的多发季节。某航空公司无视客舱安全的重要性，设置了繁重的服务程序，客舱乘务员无法在平飞过程中完成，直到下降时还在客舱进行服务。此时飞机高度低于 3000m，正是颠簸多发阶段。突然，飞机遭遇了强烈的颠簸，瞬间后，客舱内一片狼藉（图 4-23）。还在过道进行服务工作的客舱乘务员被甩到了客舱顶部，1 名乘务员脊椎受重伤，2 名乘务员受到了不同程度的撞伤和擦伤，个别没有系好安全带的旅客，被抛出了座位，受到了轻度撞伤，餐车上的饮料洒得到处都是，没有被收起来的旅客餐食也洒满了地板、舱壁和天花板。颠簸在飞行中造成的后果可能会是很严重的，特别是在飞行关键阶段，应对颠簸尤其重要。如果这个时候，已经完成了安全检查工作，所有的旅客都已经系好安全带，浮动物品已经归位并固定，乘务员已经坐回座位并系好安全带，相信一定不会有以上的情景出现。由此，足见在飞行关键阶段做好客舱安全工作的重要性。

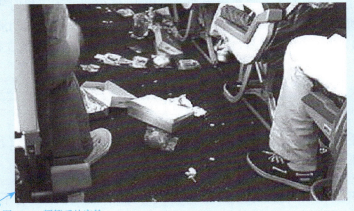

图 4-23 颠簸后的客舱

107

②驾驶舱。

根据第121.545条"进入驾驶舱的人员的限制"、第121.547条"民航局监察员进入驾驶舱的权力"和第121.605条"驾驶舱门的关闭与锁定"的有关规定，在飞行中对驾驶舱的保护对于客舱乘务员来说是一项非常重要的工作。自美国"9·11"空难事件之后，我国对于进入驾驶舱的人员限制和驾驶舱门的管理更为严苛。

根据相关规定，下列人员可以进入驾驶舱：

a. 机组成员；

b. 正在执行任务的民航局监察员或者民航局委任代表；

c. 得到机长允许并且其进入驾驶舱对于安全运行时必需或者有益的人员；

d. 经机长同意，并经合格证持有人特别批准的其他人员。

虽然以上四种人可以进入驾驶舱，但为了安全，机长有权要求其离开。

③旅客安全乘机知识简介。

根据第121.569条"起飞前对旅客的简介"和第121.571条"延伸跨水运行中对旅客的简介"要求，各航空公司采用了多种措施来进行旅客简介，内容丰富，形式多样。例如，在值机柜台的醒目位置张贴安全乘机的宣传画报；在机上每个旅客座位的口袋里放置该机型的"安全须知卡"；在应急出口座位处，放置"出口座位旅客须知卡"；飞机起飞前，在机上播放安全须知录像片，或者由客舱乘务员为旅客做安全演示；机上还会根据情况进行安全广播；甚至在行李架外侧或者舱壁上，会贴有应急设备的特殊标签，乘务员也会告知旅客此处不可以放置行李物品；在旅客座位周围还有安全带指示灯、禁烟指示灯、出口指示灯等。以上所有措施都为帮助旅客安全乘机提供了必要的指导，以保证在紧急情况下更加有效地组织撤离，最大限度地保证旅客安全。

④出口。

这里所说的出口，是指飞机上供旅客和机组正常和非正常情况下使用的所有出口，包括地板高度出口和非地板高度出口。以 A320 机型为例，客舱内共有 4 个 I 型的地板高度出口，即旅客/机组舱门，位于飞机前后两边，每侧 2 个；4 个Ⅲ型的非地板高度出口，即翼上出口，每侧 2 个。

根据第121.567条"飞机应急撤离的能力"要求，飞机在地面时，应至少有 1 个地板高度的出口供旅客使用。这项要求在飞机地面加油过程中、经停旅客不下机时等情况时显得尤为重要。一旦飞机准备在地面移动，或者在起飞、着陆过程中，舱门的自动展开应急撤离辅助设备（应急滑梯）应做好撤离准备，也就是我们通常所说的"应急滑梯放在待命状态"。

知识窗4-7

出口座位

出口座位是指旅客从该座位可以不绕过障碍物直接到达出口的座位和旅客到达出口必经的成排座位中从出口到最近过道的每个座位。

飞机上出口座位是比较特殊的座位，除了间距较大，出口前的座椅靠背不能倾斜外，其最重要的特征是：不需要绕过障碍物可以直接到达出口处。在应急撤离过程中，坐在这里的旅客是可以最快撤离的旅客。然而,坐在这里的旅客还有一重特殊身份,即在紧急情况下,可以是作为协助客舱乘务员组织撤离的"援助者",也可以是打开应急出口自行撤离的重要角色。如此重要的位置,其旅客的责任和义务也是对等的。第 121.593 条"出口座位安排"对出口座位旅客应当具备的能力、履行的职责、座位的调整以及航空公司的运输政策等内容都做了详细的规定。咨询通告《客舱运行管理》(AC-121-FS-131)也对其做了进一步的细化规定。

案例 4-5 某航空公司 A320 机型,执行西安—北京的航班,在旅客登机过程中,客舱乘务员对应急出口位置的旅客进行正常的出口评估工作,向其介绍"出口座位旅客须知卡",并讲解出口座位旅客相关职责和注意事项。该名旅客第一次坐在此位置,由于对出口座位了解不够充分,缺乏乘机常识,当即明确表示拒绝执行相关职责,并执意将自己的随身书包放在身前,坚决不肯放在行李架上。客舱乘务员提出为其更换更适合他的座位,依然被拒绝。多次沟通无效后,乘务长将此情况报告机长,机长决定让该名旅客下机,终止其航程。

⑤客舱物件。

这里的物件,小到旅客的食品饮料,客舱的小桌板、电视屏幕,厨房的服务用具;大到旅客的手提行李、折叠婴儿车,客舱的行李架,厨房的服务车等。根据第 121.581 条"客舱和驾驶舱内大件物品的固定"、第 121.583 条"飞机地面移动、起飞和着陆期间食品、饮料和旅客服务设施的固定"和第 121.607 条"手提行李"的相关要求,除了要满足尺寸和重量的要求外,还需要在飞机滑行、起飞或者着陆期间做好固定。严禁物品移动造成意外的砸伤、撞伤或者烫伤等情况。

案例 4-6 某航空公司 A319 机型,在执行西宁—北京航班过程中,由于地面部分人员没有对手提行李进行核查和限制,导致旅客登机时,许多人携带了大件超规行李进入客舱,行李架被塞得满满当当的。40 排 ABC 侧行李架里,有 2 件超大行李、4 个背包和 1 个电脑包。起飞过程中,由于滑跑中的震动和飞机姿态的改变,该行李架门被弹开,电脑包直接落下,砸在了 40C 座的旅客头上。旅客当时就感觉到一阵眩晕,邻座旅客见状,立即按呼唤铃呼叫乘务员。乘务员通知机长,机长决定返航。该名旅客后来被诊断为颈椎受伤,伤情达到了轻伤标准。该事件构成了一起不安全事件。

⑥客舱运输。

过去,国内各航空公司的航班上是全程均不允许使用手机的,更没有机上使用网络的情况。而今,随着时代的进步和发展,广大旅客的需求和呼吁,飞机设施设备的不断完善和更新,民航局根据第 121.573 条"便携式电子设备的禁用和限制"的要求,细化并出台了咨询通告《机上便携式电子设备(PED)使用评估指南》(AC-121-FS-2018-129),开放了便携式电子设备(Portable Electronic Devices,PED)的使用。并且,很多航空公司的航班上都提供免费 Wifi 的服务。从此,乘客旅途时可以不再寂寞,网络办公也可以不用因为坐飞机而被迫中断了。

⑦烟、酒、药、医。

烟、酒、药、医的相关条款如图 4-24 所示。

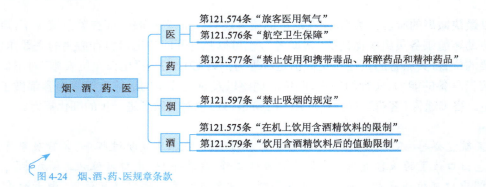

图 4-24　烟、酒、药、医规章条款

根据第 121.577 条"禁止使用和携带毒品、麻醉药品和精神药品"和第 121.597 条"禁止吸烟的规定",在运行过程中,禁烟和禁毒、麻,一直以来都是不可逾越的红线。

任何人不得在按照 CCAR-121-R5 运行的飞机上吸烟。这里的烟不仅包括一般意义上的香烟,也包括雾化电子烟等同类产品。

案例 4-7　某航空公司在执行上海—乌鲁木齐航班过程中,供餐结束后,后舱洗手间外琥珀色灯闪亮,并传来了"咚咚咚"的声音。该洗手间的烟雾探测器被触发。客舱乘务员立即组织展开机上灭火程序,并第一时间报告了机长。就在客舱乘务员敲门询问洗手间是否有人时,一名旅客打开了洗手间门,神色慌张。乘务员看到洗手间并无明火和烟雾,立即询问该旅客是否在洗手间内抽烟。该旅客否认,并要转身离开。此时,安全员制止其回座位,并进一步询问情况。客舱乘务员随即慢慢打开洗手间的垃圾箱,发现了还未完全灭掉的半支烟。客舱乘务员立即倒水将其浇灭。再次确认后得知,因航班时间长,该名旅客餐后无法忍耐烟瘾,在洗手间偷偷抽烟,不料出发了烟雾警报,慌忙将烟扔进了垃圾箱内。幸运的是,烟头并没有引燃垃圾箱内的废纸。由于处置及时,避免了更加严重的后果。落地后,机组联系当地机场公安部门,移交该名旅客。

第 121.575 条"在机上饮用含酒精饮料的限制"和第 121.579 条"饮用含酒精饮料后的值勤限制",对旅客和机组在饮酒方面也都有明确的限制。在飞机上,旅客只能喝机上提供的酒精饮料,自己带的是不可以的。例如,国际航班上,旅客将自己在免税店买的酒带上飞机,此类酒是不允许喝的。另外,如果旅客已经表现出醉酒状态,或者按照安保要求执行护送任务、持有致命性或者危险性武器的旅客,是不可以喝酒的。如果一旦发生了因醉酒造成的机上骚扰事件,必须当场制止,并上报民航局。

为了保证运行安全,机组成员在值勤前至少 8h 也不可以饮酒。按照规章要求,每名机组成员在飞行前都要通过酒精测试,酒精浓度不得超过 0.04g/210L。

案例 4-8　某航空公司某分公司一机组成员计划执行 10 时起飞的航班,在航前准备时使用酒精测试仪进行酒精测试,结果测试设备报警,设备显示酒精浓度超过 0.04g/210L;同时,航空卫生相关部门、航空公司总部值班室的酒精测试监控设备报警。调查发现,该机组成员在前一天晚上参加同学聚会,一直喝酒至凌晨两点。因饮酒过量,酒精无法代谢,导致航前准备时仍处于醉酒状态。最后,航空公司将该名机组成员停飞并开除。

第 121.576 条规定了航空卫生保障的相关要求，内容包括机组成员良好的身心状况、用餐标准、健康与用药要求，以及公共卫生事件的处理要求。在驾驶舱机组成员用餐要求中，特别强调了“同时不同餐，同餐间隔 1h”，即机长和副驾驶如果需要同时用餐，必须保证餐食完全不同；如果只有同一种餐食，无法选择，必须间隔至少 1h。

(3)记录和报告要求

V 章中，第 121.691 条“机组成员和飞行签派员记录”、第 121.697 条“装载舱单”和第 121.705 条“飞行中紧急医学事件报告”，主要对航空公司的记录和报告制度进行了规范，对技术档案、体检档案和日常运行的各项记录，以及对不正常事件和紧急医学事件的报告等内容都做了具体要求。

(4)延程运行与极地运行要求

W 章中，第 121.716 条“手册内容”和第 121.720 条“机组成员与签派人员培训要求”主要规范了两种特殊运行所必须具备的资质批准、手册内容、设施设备、保障方案以及人员培训等（图 4-25）。

以某航空公司手册中的旅客航程恢复计划为例，如图 4-26 所示。

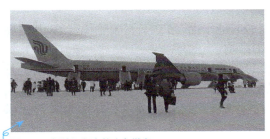

图 4-25 极地运行中的应急撤离

6.9.1 **旅客航程恢复计划**

6.9.1.1 总则

（1） 极地运行的紧急事件的应急处置主要参照公司的“紧急反应手册”开展实施。由于在极地运行阶段地处北极圈附近，环境条件极其恶劣，不利于伤员救治、幸存人员生活和事件处置。因此，当极地运行阶段发生紧急事件后，除了常规的应急救援及处置以外，还必须在 48h 内将旅客和机组从备降机场安全撤离，通常是撤离到公司派出的救援飞机上。

（2） 由于极地运行航路备降机场没有到撤离目的地的直达航班，因此公司原则上采用临时调机措施撤离相关人员并运送所需救援物资。

（3） 本救援程序主要规定在实施极地运行过程中航班紧急备降或迫降在极地运行的航路备降机场及其附近时，在安排临时调机和准备救援物资过程中，公司各部门的职责及工作程序，本程序适用于极地运行的旅客救援。

（4） 此旅客航程恢复计划适用于运行规范中列出的每一极地运行改航机场。有限旅客服务设施设备的极地区域改航机场见本手册 6.7.1.4。

图 4-26 旅客航程恢复计划样例

(5)应急医疗设备的训练要求

X 章关于应急医疗设备和训练的相关内容，在 V 章已做了详细的讲解，这里不多做赘述。

客舱乘务员在急救方面的训练内容非常多。在航班运行中，保护机上成员的生命安全是客舱乘务员的使命，突发急救事件时，在专业的医护人员到来之前，维持受伤旅客的生命是客舱乘务员的义务和责任。

案例 4-9

某航空公司执行上海—洛杉矶的航班上，一名旅客突发心脏病，客舱乘务员立即分工合作：报告机长突发事件，并在对全客舱广播找医生的同时，3 名客舱乘务员对该乘客实施急救。客舱乘务员就地将旅客放置在过道坚硬的地板上，避免随意搬动，喂服随身携带的心脏病药物，并用机上氧气瓶为其吸氧。幸运的是，机上旅客中有一名专业医生，其和客舱乘务员一起，挽回了一个生命。随后，为了避免长途飞行带来更多的隐患，机长决定就近备降，将该名旅客送至当地机场急救中心进行进一步的救治。

4. 客舱乘务员值勤期限制、飞行时间限制和休息要求

随着全球航空业的飞速发展和对航空事故调查的深入，为了更大限度地降低人为因素影响，全球各航空组织对机组成员疲劳的管理越来越重视。美国联邦航空管理局（Federal Aviation Administration，FAA）根据2009年一起事故调查的结果开始启动对机组疲劳管理的规章修订，并于2012年形成了最终稿。欧洲航空安全局（European Union Aviation Safety Agency，EASA）几乎在同时也开始了对相关规章条款的修订，并于2013年发布实施。中国民航局在CCAR-121部的第五次修订中对P章"机组成员值勤期限制、飞行时间限制和休息要求"进行了重点修订，该章修订的条款最多，新增定义最多，内容改变最大，几乎相当于重写。修订后，P章突出了飞行疲劳与报到时间和值勤时间直接相关等概念，降低了飞行机组和客舱乘务员的月、年总飞行时间上限。

第121.481条"概则"、第121.491条"客舱乘务员的飞行值勤期限制"、第121.493条"客舱乘务员的累积飞行时间、值勤时间限制"和第121.495条"机组成员休息时间的附加要求"，在值勤期、飞行值勤期、休息期和飞行时间方面都有了全新的变化，并要求航空公司建立用于机组成员疲劳风险管理和定期疗养的制度和程序，以保证运行人员符合规章要求。

（1）与客舱运行相关的重要定义

①机上休息设施：指安装在飞机内，可以为机组成员提供休息机会的铺位或座位，如图4-27所示。其分为以下三类。

a. 1级休息设施：指休息用的铺位或可以平躺的其他平面，独立于驾驶舱和客舱，其温度和光线可由机组成员进行控制，不受打扰和噪声的影响。

b. 2级休息设施：指飞机客舱内的座位，至少可以利用隔帘与乘客分隔，避免被乘客打扰，可以平躺或接近平躺，能够遮挡光线、降低噪音。

c. 3级休息设施：指飞机客舱内或驾驶舱内的座位，应可倾斜40°，并可为脚部提供支撑；或经民航局批准的其他方式。

②置位：指机组成员根据合格证持有人的要求，为完成指派的飞行任务，作为乘员乘坐飞机或地面交通工具，但不包括其往返当地适宜的住宿场所的交通。

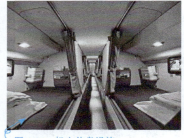

图4-27 机上休息设施

a. 置位属于值勤。

b. 置位时间不能作为休息时间。

③适宜的住宿场所：指可以控制温度、降低噪声、条件良好的场所，该场所能够控制光线亮度，使机组成员可以在床位或椅子上以平躺或接近平躺姿势睡觉或休息。适宜的住宿场

所只适用于地面设施,不适用于机上休息设施。

案例4-10 某航空公司西北分公司的基地在西安。由于航线结构的需要,该公司在银川基地放了一架飞机,让其运行从银川始发的航班。航班计划是:乘务组A执行西安—银川航班后,过夜休息;第二天执行银川始发航班;第三天执行银川—西安航班,后由新的乘务组B接飞机继续执飞银川。一天,乘务组A中一名乘务员生病,无法执行银川始发航班,为了保证航班人员配置符合规章要求,该公司派小明坐飞机从西安前往银川,替换生病的乘务员执行航班。小明从西安前往银川即为置位,属于值勤,这段时间属于值勤时间,不是休息时间。

④值勤:指机组成员按照合格证持有人的要求执行的所有任务,包括但不限于飞行值勤、置位、备份(包括主备份和其他备份)和培训等。

⑤飞行值勤期:指机组成员接受合格证持有人安排的飞行任务后(包括飞行、调机或转场等),从为完成该次任务而到指定地点报到时刻的开始,到飞机在最后一次飞行后发动机关车且机组成员没有再次移动飞机的意向为止的时间段(图4-28)。

图4-28 飞行值勤期

一个飞行值勤期还可能包括机组成员在某一航段前或航段之间代表合格证持有人执行的其他任务,但没有必要休息期的情况(如置位、主备份、飞机或模拟机培训发生在某一航段前或航段之间,但没有安排必要的休息期)。在一个值勤期内,如机组成员能在适宜的住宿场所得到休息,则该休息时间可以不计入该飞行值勤期的值勤时间。

知识窗4-8

值勤期和飞行值勤期的关系如图4-29所示。

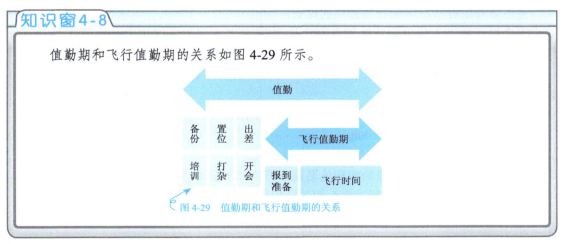

图4-29 值勤期和飞行值勤期的关系

⑥主备份:指机组成员根据合格证持有人的要求,在机场或合格证持有人指定的特定地点随时等待可能的任务。

⑦日历日:指按照世界协调时间或当地时间划分的时间段,从当日 00:00 至 23:59 的 24h(图 4-30)。

图 4-30　日历日

⑧休息期:指从机组成员到达适宜的住宿场所起,到为执行下一次任务离开适宜的住宿场所为止的连续时间段。在该段时间内,合格证持有人不得为该机组成员安排任何工作和给予任何打扰。值勤和为完成指派的飞行任务使用交通工具往来于适宜的住宿场所和值勤地点的时间不得计入休息期,如图 4-31 所示。

图 4-31　休息期

(2)值勤期限制(图 4-32)

图 4-32　值勤期限制与乘务员配置要求

发生意外运行情况下飞行值勤期的延长:

①合格证持有人可以将值勤期限制延长 2h 或延长至可以将飞机安全地降落在下一个目的地机场或备降机场。

②将规定值勤期限延长 30min 以上的情况只可在获得 CCAR-121-R6 第 121.495 条(b)款规定的休息期之前发生一次。

关于客舱乘务员的累积飞行时间应符合以下要求:

①任一日历月,不得超过 100h。

②任一日历年,不得超过 1100h。

关于客舱乘务员的飞行值勤期和值勤期应符合以下要求:

①连续 7 个日历日,不得超过 70h 的飞行值勤期。

②任一日历月,不得超过 230h 的飞行值勤期。

(3)休息的要求

a. 合格证持有人不得在机组成员规定的休息期内为其安排任何工作,该机组成员也不得接受合格证持有人的任何工作。

b. 任一机组成员在实施按 CCAR-121-R6 运行的飞行任务或者主备份前的 144 小时内,合格证持有人应当为其安排一个至少连续 48 小时的休息期。对于飞行值勤期的终止地点所在时区与机组成员的基地所在时区之间时差少于 6 个小时的,除仅实施全货物运输飞行的合格证持有人外,如机组成员飞行值勤期和主备份已达到 4 个连续日历日,不得安排机组成员在第 5 个日历日执行任何飞行任务,但是前续航班导致的备降情况除外。本条款所述基地是指合格证持有人确定的机组成员驻地并接受排班的地方。

c. 如果飞行值勤期的终止地点所在时区与机组成员的基地所在时区之间有 6 个或者 6 个小时以上的时差,则当机组成员回到基地以后,合格证持有人必须为其安排一个至少连续 48 个小时的休息期。这一休息期应当在机组成员进入下一值勤期之前安排。

d. 除非机组成员在前一个飞行值勤期结束后至下一个飞行值勤期开始前,获得了至少连续 10 个小时的休息期,任何合格证持有人不得安排,且任何机组成员也不得接受任何飞行值勤任务。

e. 当合格证持有人为机组成员安排了其他值勤任务时,该任务时间可以计入飞行值勤期。当不计入飞行值勤期时,在飞行值勤期开始前应当为其安排至少 10 个小时的休息期。

三、关于客舱运行管理的民航规范性文件

近 20 年来,中国民航局飞行标准司出台了很多部咨询通告,为提升客舱安全运行和训练工作,起到了非常重要的作用。这里,重点介绍其中 8 部客舱类咨询通告,为大家进一步深入学习客舱类规章条款提供帮助。

1.《客舱乘务员的资格和训练》(AC-121-FS-2019-27R2)

这部咨询通告的前身为《关于规范客舱乘务员、客舱乘务教员、客舱乘务检查员资格管理的咨询通告》,颁布于 2008 年,先后经历了两次修订。目前,最新一版的咨询通告融合了资格、训练、训练机构、训练合格证和合格证持有人的责任等内容,将客舱乘务员资格和训练的各项规定全面梳理、汇总并细化,同时废止了 3 部咨询通告和规范性文件,旨在为各航空公司的客舱乘务员资格和训练管理工作提供指导,如图 4-33 所示。

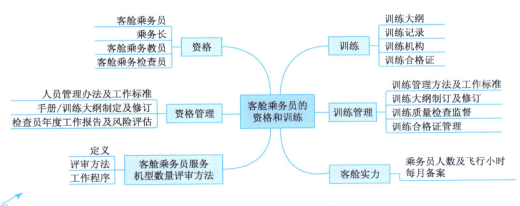

图 4-33 客舱乘务员的资格和训练

（1）客舱乘务员资格

咨询通告中，按照客舱乘务员的等级规范了乘务员、乘务长、乘务教员和乘务检查员的资格、职责和近期经历要求。以乘务员级别为例，其资格如图4-34所示。

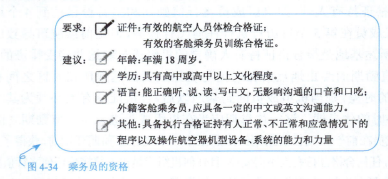

图4-34　乘务员的资格

前12个日历月之内，在可服务的同一种机型上至少飞行2个航段，方能继续在此机型上担任乘务员。如果没有完成，就说明失去了该机型的资格，需要重新建立经历。客舱乘务员近期经历的保持如图4-35所示。

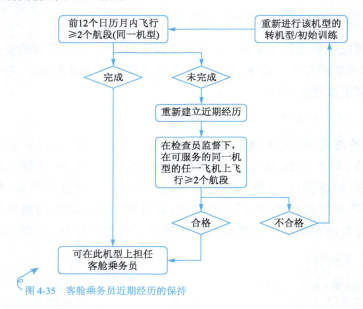

图4-35　客舱乘务员近期经历的保持

各级别客舱乘务员资格要求见表4-28。

表4-28　各级别客舱乘务员资格要求

客舱乘务员资格	乘务员	乘务长	乘务教员	乘务检查员
年龄学历（建议）	≥18周岁；≥高中文化			
证件要求	体检合格和训练合格证 （对于不需要作为合格乘务员就可担任教学任务的课程，教员可不具备客舱乘务员经历和资格）			
工作经历（建议）	—	≥3年乘务员； ≥2500飞行小时	≥2年乘务长； ≥3500飞行小时	≥4年乘务长； ≥5000飞行小时

人为差错（建议）	—	近3年内无事故征候以上不安全事件	近4年内无事故征候以上不安全事件	近5年内无事故征候以上不安全事件
训练要求	完成相应训练和检查			
近期经历要求	前12个日历月之内,可服务的同一种机型上飞行≥2个航段			

知识窗4-9

规章和咨询通告的要求为客舱乘务员设定了培养和成长的道路。如图4-36所示。

图4-36 乘务员业务等级

然而,每一步的升级都需要飞行小时的累积、安全运行经验等资历的提升。

客舱乘务教员的职责主要是通过理论和带飞的方式对乘务员进行教学和指导,并对教学质量负有责任。对于不需要为合格乘务员就可以担任教学任务的课程,教员可以不具备客舱乘务员经历和资格。

客舱乘务检查员不仅对客舱乘务员训练有评估和检查的职责,还有在训练记录上进行签注的职责,对于整体训练大纲和训练工作的管理也同样负有责任。可见,客舱乘务员的成长经历是一个漫长而严谨的过程,始终将客舱安全放在首位,就一定会在成长道路上越走越远。

知识窗4-10

客舱乘务员职称等级

客舱乘务员技能鉴定是按照国家规定的职业标准,通过政府批准的考核鉴定机构,对客舱乘务员的职业技能水平进行科学规范、客观公正的认证。职业资格等级如图4-37所示。

等级	级别	技能
国家职业资格一级	1	高级技师
国家职业资格二级	2	技师
国家职业资格三级	3	高级技能
国家职业资格四级	4	中级技能
国家职业资格五级	5	初级技能

图4-37 职业资格等级

客舱乘务员的职称等级由低到高可以分为初级乘务员、中级乘务员、高级乘务员、技师和高级技师，分别对应国家职业资格的五级到一级。

客舱乘务员技能鉴定是由国家认可的职业资格，但有别于CCAR-121-R5规定的客舱乘务员运行资格。

(2) 客舱乘务员训练大纲

客舱乘务员训练大纲，是指导乘务员获得相应资质的指导性手册，是保证安全运行的前提和基础。客舱乘务员要取得资质、晋升业务等级，甚至在哪里训练，都必须遵守训练大纲的要求。一本训练大纲的出台，需要经过层层审批、反复修改。其审批过程如图4-38所示。

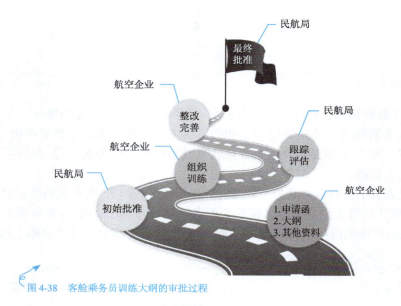

图4-38　客舱乘务员训练大纲的审批过程

训练大纲包含九大基本内容：客舱乘务教员、客舱乘务检查员、训练提纲、课程、教材、教学方法、设备设施、记录保存和训练质量保障体系。其中，训练提纲包含了九大训练类别（图4-39），是一名客舱乘务员在成长当中的必经之路。

图4-39　客舱乘务员训练类别

要成为一名客舱乘务员，首先要通过新雇员训练。所谓新雇员训练，是航空企业新雇佣的人员，或者已经雇佣但没有在客舱乘务员工作岗位上工作过的人员，在进入客舱乘务员工作岗位之前需要进行的训练。新雇员训练包括基础理论教育（地面训练）和针对特定机型和岗位的训练。

而后的众多训练类别中，以转机型训练为例，需要通过如图4-40所示的训练内容。

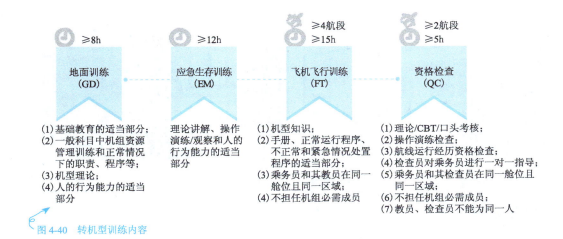

图 4-40 转机型训练内容

训练结束后,所有的训练记录都必须进行合理存档,电子档案系统还要同时满足《航空公司基于计算机的记录系统的申请和批准》(AC-121-47)的要求(图 4-41)。

图 4-41 电子档案系统要求

（3）客舱训练机构

我国民航发展初期,只有骨干航空公司(如中国国航、东方航空、南方航空等)拥有自己专属的客舱培训机构。随着我国民航的快速发展,各地航空企业兴起,对训练机构的需求大量增加,涌现出不少航空公司所属的或是独立的训练机构,提供客舱乘务员各种资质类的训练。

作为训练机构:一是要有相应的组织管理,必须要满足规章和所服务的航空公司训练大纲的要求,能够进行训练质量管控,能够按照规定实施训练并保存训练记录,并且还要有训练时间的保障;二是要满足人员要求(图 4-42);三是必须满足客舱训练设施设备(图 4-43)的要求;四是具备完善的基础设施设备(图 4-44)。

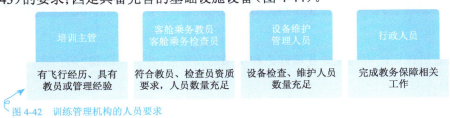

图 4-42 训练管理机构的人员要求

图 4-43　客舱训练设施设备

图 4-44　客舱训练基础设施设备

客舱乘务员在训练机构完成各项理论和实操的训练后，才可以取得"敲门砖"。

(4) 训练合格证

训练合格证是客舱乘务员资格和训练有效性的一种文件体现，记录着客舱乘务员个人和所属单位基本信息、经训练检查合格的可飞机型以及年度复训有效期。各航空企业负责训练合格证的制作、管理和颁发。按照CCAR-121-R5第121.477条的规定，客舱乘务员在参加航班运行时应当持有现行有效的合格证持有人颁发的训练合格证。训练合格证的获取如图4-45所示。

各航空公司制作的训练合格证，可以是纸质证书、卡片，也可以是由电子系统管理并通过电子形式来颁发的电子训练合格证。其样例如图4-46所示。

图4-45 训练合格证的获取

图4-46 训练合格证样例

知识窗4-11

随着我国航空业的飞速发展，各航空公司机队构成日益庞大，客舱乘务员需要学习的机型知识越来越多。然而，在实际运行中，每一名客舱乘务员所飞机型不得超过3种。为了进一步细化规章条款，民航局飞行标准司出台了咨询通告《客舱乘务员服务机型数量评审指南》（AC-121-FS-38），对机型的差异标准、评审管理、资格审查等内容进行了规范。

法条点击4-3

CCAR-121-R5 第121.538条　客舱乘务员机型数量的限制

客舱乘务员所服务的机型数量应当不超过三种，如果合格证持有人所运行的机型中有两种机型在安全设备和操作程序上相类似，经民航局批准可增加至四种。如果一个机型的改型或衍生型的应急出口操作、应急设备安放位置、应急设备型号以及应急操作程序方面差异较大，民航局也可将其视为客舱乘务员所服务的另一种机型。

（5）合格证持有人的责任

作为合格证持有人，航空公司应建立完整的客舱乘务员资格管理体系和训练管理体系。其责任如图4-47所示。

图4-47 合格证持有人的责任

2.《客舱运行管理》（AC 121 FS 2019 131）

为了适应客舱安全形势发展的需要，提升客舱运行安全水平，并为合格证持有人提供客舱运行管理方面的指导，民航局飞行标准司综合了运行管理、合格审定和运行安全方面的各项规定，充分参考和借鉴美国联邦航空管理局和国际民航组织的相关规定，出台了这部咨询通告（图4-48）。

图4-48 《客舱运行管理》内容概括

（1）合格证持有人的客舱运行管理

该咨询通告对客舱乘务员的工作职责进行了恰当定位，强调客舱运行安全管理是安全管理体系（SMS）不可分割的一部分，并对客舱运行管理人员和机构进行了全面规范。其对运行中客舱乘务员的配备、搭配以及外籍客舱乘务员的要求都进行了细化。本咨询通告建议的客舱乘务员运行标准配备见表4-29。

客舱乘务员运行标准配备　　　　　　　　　　　　　　表 4-29

最长航段	特定风险	机型		
		E-190	B-738	A-332
90min	最低配备数	2	4	8
	航段 > 4 段	+1	+1	
	涉及 0—6 点时段	+1	+1	+1
	有餐食/售卖服务	+1	+1	+1
270min	最低配备数	2	4	8
	涉及 0—6 点时段	+1	+1	+1
	有餐食/售卖服务	+1	+1	+1
	分航服务		+1	+1
	延伸跨水飞行		+1	+1
480min	最低配备数		4	8
	无专用休息区		+2	+3
	涉及 0—6 点时段		+1	+1
	延伸跨水飞行		+1	+1
远程	最低配备数			8
	无专用休息区			+5
	有三级休息区			+4
	有二级休息区			+3

注：累计计算时，客舱乘务员总数不超过最大乘务员座位数。

（2）飞行各阶段

简单来说，一个航班的执行过程可以分为三个阶段：飞行前准备阶段，飞行运行阶段，航后、短停和驻站阶段。

①飞行前准备阶段：包括预先准备阶段和直接准备阶段，至少需要完成如图 4-49 所示的工作。

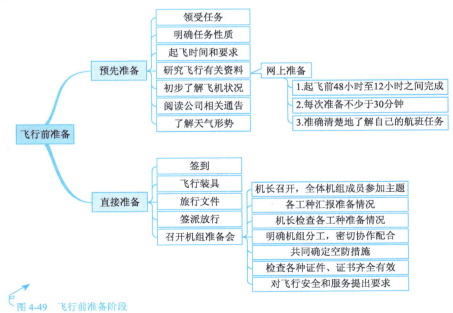

图 4-49　飞行前准备阶段

其中，直接准备阶段一部分工作需要在机组准备室完成，另一部分工作需要在旅客登机前在客舱完成。直接准备阶段的机上工作有：

a. 确认防护式呼吸装置（Protective Breathing Equipment，PBE）在位。

b. 确认应急和漂浮设备在位。

c. 确认客舱乘务员手册现行有效。

d. 了解合格证持有人的应急程序。

e. 检查外来人员证照。

f. 清点机供品总量不超过合格证持有人的规定；避免隐载。

②飞行运行阶段。除了要在飞行关键阶段满足规章要求之外，还要在所有阶段要完成各种工作，如图4-50所示。

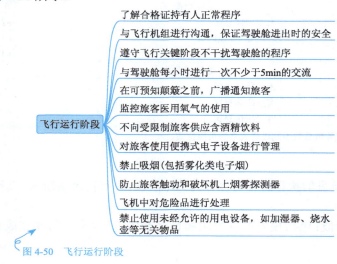

图4-50　飞行运行阶段

③航后、短停和驻站阶段。

航后阶段，要完成讲评、记录和报告工作。

短停阶段，要禁止未经批准的人员进入驾驶舱，同时保留在飞机上的客舱乘务员人数应符合规章要求。

驻站阶段，必须服从管理并完成分配的工作，驻外期间听从机长管理。驻站阶段的要求有：遵守饮酒规定；严格遵守作息时间，妥善安排休息，保证恢复体力和精力；保持健康、稳定的心理状态和情绪，严禁"黄、赌、毒"；严格遵守各国海关、边防、检疫的规定；严格遵守当地的法律法规，尊重当地的风俗习惯及宗教信仰；服从公司安排，遵守住宿纪律，遵守公共秩序和酒店管理要求，发生不安全事件时及时按规定报告；严格遵守请、销假制度，注意人身安全，应着装整齐，注意文明礼貌，严守外事纪律。

（3）旅客安全

航空公司以"把旅客安全送达"为目标，全力保障着运行安全。旅客安全简介、旅客安全须知卡、出口座位安排、防冲击姿势说明、防冲击指令和撤离指令以及在撤离过程中的手提行李和其他考虑事项等，都属于旅客安全的范畴。

（4）应急撤离演示验证

应急撤离演示验证是合格证持有人取得运行合格证的关键一步，其目的是为了验证飞机或者机组成员在紧急情况下是否有能力在有限时间内组织机上所有成员安全撤离飞机。其流程如图 4-51 所示。

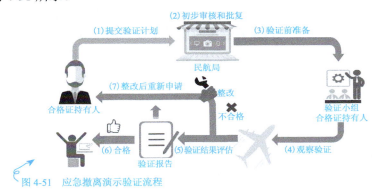

图 4-51 应急撤离演示验证流程

3.《关于旅客手提行李程序的咨询通告》(AC-121-FS-2006-20)

为防止超规行李进入客舱，造成客舱内无法妥善处置或者堵塞出口，在遇到意外后者紧急情况时给旅客迅速撤离形成阻碍，威胁安全运行，民航局制定了这部咨询通告，为合格证持有人制定手提行李程序提供了具体的指导。

4.《航空承运人高原机场运行管理规定》(AC-121-FS-2007-21)

这部咨询通告对 CCAR-121 部中有关高原机场运行的各项要求进一步细化，为航空公司申请进入高原机场运行及对在高原机场运行实施安全管理提供指导，同时还对必需的训练进行了规范。

5.《关于规范航空承运人飞行前准备的咨询通告》(AC-121-FS-2007-23)

这部咨询通告对飞行前准备阶段进行了定义，即为飞行预先准备和直接准备阶段。并对飞行前准备的时间、地点、内容、流程等内容进行了规范。

6.《客舱训练设备和设施标准》(AC-121-FS-2009-34)

这部咨询通告是对客舱训练设施设备的全面规范。在训练中，客舱训练设备和设施直接影响到客舱乘务员的训练质量，也会影响到客舱乘务员在应急情况下安全职责的履行。为了保证训练设施设备能够满足客舱乘务员训练大纲的要求，确保受训的客舱乘务员能够达到并保持规章要求的训练标准和质量，这部咨询通告对各类训练设施设备的定义、种类、标准和管理进行了全面细致的要求。

7.《机组资源管理训练》(AC-121-FS-2011-41)

这部咨询通告为合格证持有人设计、实施、强化、评估机组资源管理（Crew Resource Management, CRM）训练提供了全面指导，对 CRM 训练的设计、实施、评估以及相关人员的资质都进行了规范，以提升机组成员的协同配合能力，保证运行安全。

8.《关于完善空中颠簸管理操作程序防止人员伤害的咨询通告》（AC-121-FS-2009-35）

运行中，由于空中颠簸造成的机组成员或旅客伤害的不安全事件屡有发生。这部咨询通告指导合格证持有人建立、改进和实行颠簸管理操作程序，防止和减低空中颠簸造成的人员伤害，最大限度地将空中颠簸产生的风险降到最低点。

通过完善颠簸管理操作程序，加强飞行机组、客舱乘务员以及签派员应对颠簸的课程训练、加强客舱乘务员自我保护意识以及建立服务服从于安全的企业文化来防止和减低空中颠簸造成的人员伤害。

第六节 航空安全员

一、航空安全员的定义

依据 2019 年 1 月 1 日施行的《航空安全员合格审定规则》（CCAR-69-R1）第四条，航空安全员，是指为了保证航空器及其所载人员安全，在民用航空器上执行安全保卫任务，持有《航空安全员合格审定规则》（CCAR-69-R1）规定的有效执照的人员。

知识窗4-12

空中警察与航空安全员的异同？

2001 年，美国"9·11"事件发生后，为加强空中安保措施，《美国法典》第 49 编进行了修订，用于规定空中警察相关事项。根据法律规定，高风险的航空应当配备联邦空中警察（Federal Air Marshals）。

同样在此背景下，我国空中警察队伍的组建工作于 2002 年正式启动，第一批空中警察于 2003 年 10 月 1 日正式上岗。我国空中警察在管理体制、工作职责等方面与美国等国家的空中警察差异较大，但与我国航空安全员有一定的相同之处。那么，在我国，空中警察与航空安全员有哪些异同呢？请参见表 4-30。

我国空中警察与航空安全员的异同　　　　　　　　　　　　表4-30

异 同		空 中 警 察	航 空 安 全 员
相同点		职责相同：为了保证航空器及其所载人员安全，在民用航空器上执行安全保卫任务	
不同点	身份	国家公务员	航空公司雇员
	管理	民航局公安局和航空公司"双重管理"	航空公司
	是否有执法权	是	否
	治安权来源	《中华人民共和国人民警察法》、机长授权	机长授权
	资格取得	符合人民警察录用条件	符合《航空安全员合格审定规则》（CCAR-69-R1）

案例 4-11

天津航空公司女子航空安全员

2016年9月22日,天津航空公司保卫部首批女子航空安全员入队,这标志着由13名"铿锵玫瑰"组成的天津航空公司女子航空安全员正式亮相,她们经过层层选拔与训练,最终成功加入航空安全员这支特殊的队伍,她们以坚韧与柔美成为天津航空公司一道亮丽的风景线。

据天津航空公司负责人介绍,为了天津航空公司国际化战略转型的需要,并优化航空安保资源配置,天津航空公司决定组建女子航空安全员队伍,这支队伍以"火凤凰"作为队标,取意一往无前、所向披靡。这次入队"火凤凰"的13名人员成为天津航空公司史上首批女子航空安全员。

过去,航空安全员是男子的天下,但随着航空安全事业的发展,女子航空安全员也成为不可忽视的新生力量。这些青春靓丽的女队员虽然身体没有男队员强悍,但她们所起的作用一点也不亚于男队员,甚至某些方面还要胜过男队员。

二、航空安全员发展历史

飞行安全与空防安全是民用航空安全的两翼。鉴于航空安全员是为了保证航空器及其所载人员安全,在民用航空器上执行安全保卫任务的人员,因而航空安全员的发展历史与我国空防安全发展历史同宗。现今,依据2017年3月10日施行的《公共航空旅客运输飞行中安全保卫工作规则》(CCAR-332-R1),公共航空运输企业及分公司、基地等分支机构均应当设立或指定专门的航空安保机构,负责飞行中安全保卫工作,足以可见航空安保的重要性。由此,也可以看出航空安全员队伍得到了前所未有的重视。但航空安全员队伍在组建初期却经历了几次更迭(图4-52)。特别是在1983年,因为"卓长仁劫机案"的发生,中央根据形势的发展变化和保证空防安全的需要,决定将机上安全员工作改由武警承担。这一做法一直持续了5年之久。

图4-52 航空安全员队伍初期组建情况

三、航空安全员资质的获得

1. 航空安全员执照申请条件

航空安全员实行执照管理制度。航空安全员资质获得的前提是需要符合规章规定的申请条件。依据《航空安全员合格审定规则》(CCAR-69-R1)，申请航空安全员执照应具备的一系列身体、政治等方面的条件。详见本章第一节。

2. 航空安全员训练及考试考核要求

航空安全员资质的获得除具备航空安全员执照申请条件外，还应通过航空安全员"初任训练"，经相当时长的脱产"初任训练"并考核成绩合格后方可获得航空安全员执照。航空安全员执照获得后并非一劳永逸，为保证航空安全员的执勤工作能力，航空安全员资质需要通过日常训练和定期训练加以维持。综上所述，航空安全员的训练种类主要包括初任训练、定期训练、日常训练。具体规定见表4-31。

航空安全员的训练及考试考核要求　　　　表4-31

训练种类	训练方式	训练内容	训练时间	训练时长
初任训练	集中脱产	理论学习和体、技能训练	入职前	持续时间不少于60日，总小时数不少于480h
定期训练	集中脱产	理论学习和体、技能训练	自首次取得执照之日起每36个月内	持续时间不少于20日，总小时数不少于160h
日常训练	教员集中组织实施	理论学习和体、技能训练	自取得执照之日起每12个月内	每季度不少于24h

 ## 四、航空安全员技术等级制度

针对以往存在的航空安全员职级晋升通道不明确的问题，《公共航空旅客运输飞行中安全保卫工作规则》(CCAR-332-R1)规定公共航空运输企业建立航空安全员技术等级制度，要求对航空安全员实行技术等级管理。

技术等级管理意味着航空安全员可以通过飞行时长的累积和业务能力的提升获得职级晋升和工资待遇上的提高。各航空公司在技术等级设计上不尽相同：有的公司采用五级航空安全员技术等级制度，即一级安全员为初入职人员，五级安全员为最高级；有的公司采用三级航空安全员，即初级、中级、高级。虽然技术等级层次不同，但评估标准大体一致，即累积飞行时长、英语水平、日常训练考核理论成绩与技能成绩水平以及公司内部绩效排名等。

五、航空安全员飞行值勤期、休息期的规定

2017年3月10日正式施行的《公共航空旅客运输飞行中安全保卫工作规则》(CCAR-332-R1)进一步明确了航空安全员的飞行值勤期、休息期。该规章明确航空安全员的飞行值勤期、休息期应依照《大型飞机公共航空运输承运人运行合格审定规则》(CCAR-121-R5)中对客舱乘务员的规定执行。这是首次通过部门规章形式对这一问题做出规定，具体内容详见本章第三节。

知识窗 4-13

航空安全员可以在飞行值勤期兼任乘务员吗？

说起"安兼乘"这个词，民航领域的从业人员都不陌生，它是指在很多航空公司存在多年的"航空安全员在飞行值勤期兼任乘务员工作"现象。这一做法在很长一段时间内有效缓解了航空公司运力紧张的问题，专职安全员与兼职安全员并存的体系也被诸多航空公司采用。但业内对于这一问题的质疑之声也从未停止：将"服务"与"空防安全"职能集中在同一人身上，是否能够兼顾？尤其是在"反恐"成为"空防安全"的核心任务的今天，"安兼乘"制度弊端日渐显现。

2017年3月10日起正式施行的《公共航空旅客运输飞行中安全保卫工作规则》（CCAR-332-R1）对这一问题给出了明确答案：航空安全员在飞行值勤期不得兼任乘务员工作！该规章第七条明确规定：公共航空运输企业应当按照相关规定派遣航空安全员。在航空安全员飞行值勤期，公共航空运输企业不得安排其从事其他岗位工作。该规章还特别在"法律责任"一章第三十八条中明确规定：公共航空运输企业在航空安全员飞行值勤期间，安排其从事其他岗位工作的，由地区管理局责令其停止违法行为，并处以警告或者1万元以下罚款。

六、航空安全员执勤必备安保资料

航空安全员应当按照相关规定，在执勤时携带齐全并妥善保管执勤装备、证件及安保资料。航空安全员在执勤时需要携带的安保资料，具体内容见表4-32。

航空安全员执勤必备安保资料　　　　　　　　表4-32

序 号	内 容
1	适合本机型的客舱安保搜查单
2	发现爆炸物或可疑物时的处置程序
3	本机型航空器最低风险爆炸位置的相关资料
4	航空器客舱安保检查单
5	航班机组报警单
6	其他规定的安保资料

七、航空安全员的工作职责

航空安全员是在机长领导下，承担飞行中安全保卫的具体工作的，即航空安全员的权力来源于机长授权。依据相关法律法规，航空安全员的职责见表4-33。

航空安全员职责　　　　　　　　表4-33

序 号	内 容
1	按照分工对航空器驾驶舱和客舱实施安保检查
2	根据安全保卫工作需要查验旅客及机组成员以外的工作人员的登机凭证
3	制止未经授权的人员或物品进入驾驶舱或客舱

续上表

序号	内容
4	对扰乱航空器内秩序或妨碍机组成员履行职责,且不听劝阻的,采取必要的管束措施,或在起飞前、降落后要求其离机
5	对严重危害飞行安全的行为,采取必要的措施
6	实施运输携带武器人员、押解犯罪嫌疑人、遣返人员等任务的飞行中安保措施
7	法律、行政法规和规章规定的其他职责

知识窗4-14

限酒令

航空从业人员的工作特殊性决定了对于其在饮酒方面有严格规定,航空安全员也不例外。2017年3月10日起正式施行的《公共航空旅客运输飞行中安全保卫工作规则》(CCAR-332-R1),进一步明确了限酒规定。

依据规定,航空安全员在饮用含酒精饮料之后的8h之内,或其呼出气体中所含酒精浓度达到或者超过0.04g/210L,或处在酒精作用状态之下,或受到药物影响损及工作能力时,不得在航空器上履行职责。

目前,多数航空公司的限酒要求要严于该规章的规定,一般饮用含酒精饮料之后的12h甚至24h之内,不得在航空器上履行职责。

本章知识地图

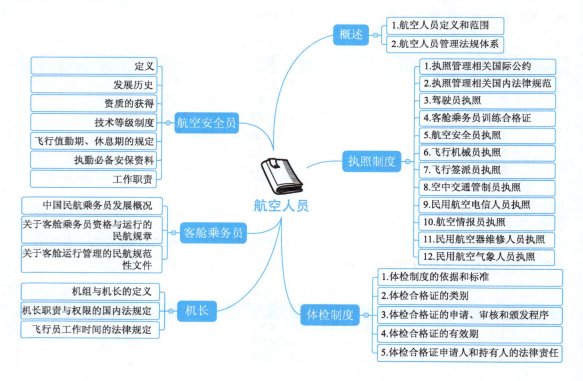

思考与练习

一、填空题

1. 航空人员包括_____和_____两类人员。
2. 飞行机组的累计值勤时间限制：任何连续 7 个日历日，_____个小时的飞行值勤期；任一日历月，_____小时的飞行值勤期。
3. 机组成员的体检鉴定结论分为_____、_____和_____三种。
4. 在必须撤离遇险民用航空器的紧急情况下，_____应当最后离开民用航空器。
5. 民用航空器机组由机长和其他_____组成。
6. 从事相应民用航空活动时未携带有效体检合格证的体检合格证持有人，地区管理局应当责令当事人停止履行职责，并对其处以警告或者_____元以上_____元以下罚款。
7. Ⅳb 级体检合格证有效期为_____个月。
8. 客舱乘务员是_____级体检合格证。
9. 航空安全员执照申请需年满_____周岁。
10. 我国空中警察实行民航局公安局和航空公司的_____管理体制。

二、判断题

1. 在我国，女性不得从事航空安全员。（　　）
2. 目前，我国多家航空公司仍存在飞行值勤期，航空安全员兼任乘务员的现象。（　　）
3. 航空安全员执照申请需具有高中以上学历。（　　）
4. 《客舱训练设备和设施标准》(AC-121-FS-2009-34)对客舱乘务员的资质进行了规范。（　　）
5. 每一位客舱乘务员都应当在前 12 个日历月之内，在可服务的所有机型上至少飞行 2 个航段，方能继续在此机型上担任乘务员。（　　）
6. 值勤，是指机组成员按照合格证持有人的要求执行的所有任务，包括但不限于飞行值勤、置位、备份（包括主备份和其他备份）和培训等。（　　）
7. 客舱乘务员坐火车去异地执行指派的飞行任务不算置位。（　　）
8. 只有在值勤前 8h 饮酒的机组成员，才需要在飞行前做酒精测试。（　　）
9. 客舱乘务员的"三证"是培训合格证明、体检合格证和空勤登机证。（　　）
10. 以 A320 机型为例，最低配备 4 名乘务员，在经停站旅客不下机的情况下，应保留 1 名乘务员在机上。（　　）

三、思考题

1. 我国《民航法》对航空人员的定义是如何规定的？
2. 机长的权力，国内法是如何规定的？
3. 客舱乘务员的累积飞行时间民航规章是如何规定的？
4. 航空安全员与空中警察的区别是什么？

第五章

民用航空器

☑ 通过本章的学习,你应该能够:
- 了解航空器的概念、特征及分类;
- 熟悉民用航空器的国籍制度;
- 掌握我国航空器的国籍标志和登记标志;
- 熟悉航空器融资租赁、经营租赁;
- 明确干租和湿租的区别;
- 了解航空器搜寻援救及事故调查。

> **引例**
>
> 2014年8月14日,某机场228机位某地面服务公司行李牵引车与飞机前起落架的右侧随动门发生剐碰事件(图5-1),牵引车车头部位与飞机前起落架右侧挡板发生接触,造成挡板外侧擦伤,飞机内部传动连杆弯曲变形,此外,飞机右前轮有轻微划痕。
>
> 根据操作规范,人车分离时必须设置空挡、拉紧驻车制动器、关闭发动机、拔下钥匙、设置驻车轮挡。但当事人在作业时未按规定执行以上操作,这是导致本次事件发生的直接原因。
>
> 类似事件发生后,如果航空器采用的干租运营方式,主张航空器损失的权利主体是谁?干租、湿租有何不同?发生事故后如何进行搜寻、救援及事故调查呢?学完本章内容后,请做出回答。

图 5-1　行李牵引车与飞机起落架舱门剐碰事件

第一节　航空器的概念及分类

一、航空器的概念

航空器是飞行器中的一个大类,是指通过机身与空气的相对运动(不是由空气对地面发生的反作用)而获得空气动力升空飞行的任何器械。

国际民航组织在1967年提出一个新建议,形成了航空器新的定义,即航空器是大气中靠空气的反作用力而不是靠空气对地(水)面的反作用力作支撑的任何器械。

> **法条点击 5-1**
>
> 《民用航空器国籍登记规定》第二条　本规定所称航空器是指任何能够凭借空气的反作用力获得在大气中的支承力并由所载人员驾驶的飞行器械,包括固定翼航空器、旋翼航空器、载人气球、飞艇以及中国民用航空局认定的其他飞行器械。

二、航空器的分类

根据国际民航组织的分类,航空器可以按照用途分为民用航空器和国家航空器,也可以按照相对于空气的比重分为气球、飞艇、滑翔机、风筝、飞机、直升机、旋翼机、扑翼机等(图5-2)。国际民航组织定义的航空器范围见表5-1。

第五章　民用航空器

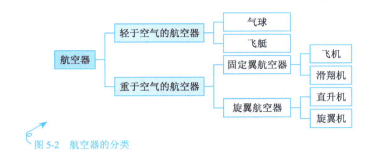

图 5-2　航空器的分类

国际民航组织定义的航空器范围　　　　　　　　　　　　　　　　　表 5-1

属于航空器	不属于航空器
气球、飞艇、飞机、滑翔机、旋翼机、直升机、扑翼机、倾转旋翼机	卫星、宇宙飞船、空间站、航天飞机、火箭、导弹、气垫车、气垫船

知识窗 5-1

小型有人驾驶航空器的分类

类别	重量限制	最大座位数	其他限制
超轻型航空器（UV）	（1）如无动力驱动，空机重量小于 71kg；（2）如有动力驱动，空机重量小于 116kg	1 座（包括飞行员在内）	（1）座舱不增压；（2）有动力驱动时：(a)燃油量不超过 20L；(b)全马力平飞校正空速小于 100km/h；(c)发动机停车后的失速速度不超过校正空速 45km/h
轻型运动航空器（LSA）	最大起飞重量小于 600kg（不用于水上运动）；650kg（用于水上运动）	不超过 2 座（包括飞行员在内）	海平面最大平飞空速不超过 120 节校正空速，座舱不增压等，其他限制具体详见《轻型运动航空器适航管理政策指南》（AC-21-AA-2015-25R1）
甚轻型（VLA）	最大起飞重量不大于 750kg	不超过 2 座（包括飞行员在内）	（1）单发（火花点火或压缩点火）、着陆构型的失速速度不高于 45 节；（2）座舱不增压
初级类航空器	最大起飞重量小于 1225kg（不用于水上运动）；1530kg（用于水上运动）	不超过 4 座（包括飞行员在内）	（1）单发，海平面失速速度不大于 113km/h；（2）如为旋翼机，主旋翼盘载荷限制值为 29.3kg/m²；（3）座舱不增压
CCAR-23/27 部小型航空器	最大起飞重量不大于 5700kg	不超过 9 座（不包括飞行员）	根据特技飞行允许程度，CCAR-23 部小型航空器又可分为正常类、实用类和特技类

三、民用航空器与国家航空器

案例 5-1

中美南海撞机事件

2001年4月1日,美国EP-3侦察机在中国海南岛附近海域上空侦查,中国海军航空兵派出2架歼-8战斗机进行监视和拦截,其中一架僚机在中国海南岛东南70海里(约130km)的中国专属经济区上空与美军飞机发生碰撞,中国战斗机坠毁,飞行员王伟跳伞后下落不明,后被中国确认牺牲。而美国军机则未经允许迫降海南岛陵水机场。

中国指责美国侦察机故意撞向歼-8战斗机(国家航空器),并且在没有通知和许可的情况下降落于中国领土;而美国则狡辩说,EP-3是被失控的歼-8战斗机所撞击,并且被中国的另一架歼-8带到机场。中美双方就此事件责任僵持不下,事件演变成为一场外交危机。经过政治角力,事件最终以美国发表一段含糊其词的"道歉",中国释放人员、交还飞机告终。

1. 民用航空器与国家航空器的概念

国家航空器指用于执行军事、海关、警察飞行任务的航空器。

民用航空器指除用于执行军事、海关、警察飞行任务外的航空器。

国家航空器未经许可不得在他国领土上空飞行或降停;国家航空器在他国境内享有一般国际法规定的特权与豁免;根据国际习惯,国家元首、外交使节对他国进行访问所使用的民用航空器享有与国家航空器等同的特权与豁免。

民用航空器和国家航空器的应用范围如图5-3所示。

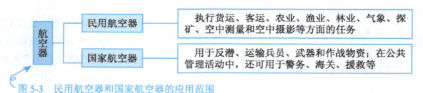

图5-3 民用航空器和国家航空器的应用范围

2. 民用航空器与国家航空器的法律地位

国家航空器和民用航空器具有不同的法律地位。

(1)国家航空器的法律地位

《国际民用航空公约》规定:一缔约国的国家航空器,未经特别协定或其他方式的许可并遵照其中的规定,不得在另一缔约国领土上空飞行或在此领土上降落。

(2)民用航空器的法律地位

《国际民用航空公约》仅适用于民用航空器,不适用于国家航空器。根据该公约规定,民用航空器必须遵守飞入国的法律和规章;必须按规定在设关机场降停;接受海关和其他检查,遵守关于入境、放行、移民、护照、海关和检疫规章等。由此可见,民用航空器受航空器所在地国家的管辖,并受该国法律的约束。一国民用航空器在外国不享有任何特权和豁免权。

知识窗 5-2

1919年《巴黎公约》在第三十二条和第三十三条中曾做如下规定:(1)除非有相反的规定,军用航空器原则上享受常规给予外国军舰的特权,但被强迫降落或者被要求(或勒令)降落的军用航空器,将因此不能获得这方面的任何特权,这种特权即通常所称的"治外法权",指的是管辖豁免权。(2)至于警察和海关航空器,可由有关国家通过特别协议确定在何种情况准许飞越边境,但这类航空器在任何情况下都不享有特权。

1944年12月7日在芝加哥签署的《国际民用航空公约》取代了1919年《巴黎公约》。现今已不存在这样的国际条约法规则,但其在实践中仍然被作为国际习惯法规则存在。

此外,外国国家元首、政府首脑和执行特别使命的高级官员乘坐的专用航空器,从外交特权和豁免权出发,仍享受上述特权。

法条点击 5-2

《国际民用航空公约》第十六条　对航空器的检查,缔约各国有关当局有权对其他缔约国的航空器在降停或飞离时进行检查,并查验本公约规定的证件和其他文件,但应避免不合理的延误。

四、民用航空器所有权

1. 民用航空器所有权概念

民用航空器所有权是指民用航空器的所有权人在法律规定的范围内自由支配民用航空器并排除他人干涉的权利。所有权人依法对其民用航空器享有占有、使用、收益和处分的权利。

2. 民用航空器所有权特征

①民用航空器所有权具有合成性。与一般财产权相比,民用航空器所有权具有明显的合成性,包括民用航空器构架、发动机、螺旋桨、无线电设备和其他一切为了在民用航空器上使用的,无论安装于其上或者暂时拆离的物品。

②以民用航空器为唯一客体。民用航空器所有权主体所指向的对象是民用航空器,具有单一性。

③民用航空器经常处于非所有人的控制之下。民用航空器需要由具有航空执照的人员来进行空中航行活动。航行活动时,它常常处在航空人员的直接控制之下,而不是处于所有人的直接控制之下。

④权利主体负有特殊的法定义务。这主要表现在民用航空器所有人或经营人应当按照法律规定,使民用航空器处于适航状态,确保航空器具有适航性,以保证机上人员和地面人

法律的基本意图是让公民尽可能地幸福。——[古希腊]柏拉图(Plato)

员的生命财产安全。

⑤在航行活动中,机长遇到特殊情况时享有对民用航空器的最后处分权。当航空器升空以后,在这个封闭的空间里,机长享有法律赋予的权力,包括遇到特殊情况时对航空器的处分权。

法条点击 5-3

《民航法》

第十条　本章规定的对民用航空器的权利,包括对民用航空器构架、发动机、螺旋桨、无线电设备和其他一切为了在民用航空器上使用的,无论安装于其上或者暂时拆离的物品的权利。

第十一条　民用航空器权利人应当就下列权利分别向国务院民用航空主管部门办理权利登记:

(一)民用航空器所有权;

(二)通过购买行为取得并占有民用航空器的权利;

(三)根据租赁期限为六个月以上的租赁合同占有民用航空器的权利;

(四)民用航空器抵押权。

第十二条　国务院民用航空主管部门设立民用航空器权利登记簿。同一民用航空器的权利登记事项应当记载于同一权利登记簿中。

民用航空器权利登记事项,可以供公众查询、复制或者摘录。

第十三条　除民用航空器经依法强制拍卖外,在已经登记的民用航空器权利得到补偿或者民用航空器权利人同意之前,民用航空器的国籍登记或者权利登记不得转移至国外。

第二节 航空器的国籍

案例 5-2

国籍登记国与经营人所属国相分离引发复杂法律问题

1961年夏,英国某航空公司租用一架不带机组的飞机,在从美国飞往法国诺曼底途中,机上的外国旅客发生犯罪行为。当英国法院受理此案时才发现,该飞机的经营人和机组人员虽都是英国人,而飞机本身却是在黎巴嫩登记的,具有黎巴嫩国籍。按照英国法律,英国法院无权管辖,需将案件移交给航空器国籍登记国——黎巴嫩法院,这需要将案件的全部证据、资料及证人转移到黎巴嫩,而按照双边司法协助条款,手续繁杂又耗时费钱。因黎巴嫩与此案毫无牵连,该国法院没有兴趣受理。

(资料来源:http://china.findlaw.cn/info/hangkongfa/myhkqgj/1262567.html)

一、航空器的国籍的概念

航空器的国籍是航空器与登记国（即国籍国）相联系的法律"纽带"，具有人格化的特点。民用航空器只有取得一国国籍，才能投入飞行，而给予民用航空器国籍的国家以此为依据对民用航空器享有权利，承担义务，实施管理和保护。

《国际民用航空公约》第三章涉及航空器的国籍问题，专门规定航空器具有登记国家的国籍，不承认航空器的双重国籍。航空器在一个以上国家登记不得认为有效，但其登记可由一国转为另一国登记，应按有关国家的法律和规定办理，这样，登记国也就承担了相应的责任和义务。

法条点击 5-4

《民航法》第六条 经中华人民共和国国务院民用航空主管部门依法进行国籍登记的民用航空器，具有中华人民共和国国籍，由国务院民用航空主管部门发给国籍登记证书。国务院民用航空主管部门设立中华人民共和国民用航空器国籍登记簿，统一记载民用航空器的国籍登记事项。

二、航空器的国籍标志和登记标志

1. 航空器的国籍标志

国籍标志是识别航空器国籍的标志。我国《民用航空器国籍登记规定》（CCAR-45-R1）第四条规定：在中华人民共和国领域内飞行的民用航空器，应当具有规定的国籍标志和登记标志或临时登记标志，并携带国籍登记证书或临时登记证书。如图 5-4 所示为带有中国国籍标志和登记标志的航空器。

图 5-4 带有中国国籍标志和登记标志的航空器

国籍标志须从国际电联分配给登记国的无线电呼叫信号中的国籍代号系列中选择，国籍登记国须将国籍标志通知国际民航组织。表 5-2 为部分国家航空器的国籍标志。

部分国家航空器的国籍标志　　　　表 5-2

国籍标志	对应国家	国籍标志	对应国家
AP	巴基斯坦	A5	不丹
A2	博茨瓦纳	A6	阿联酋
A3	汤加	A7	卡塔尔

续上表

国籍标志	对应国家	国籍标志	对应国家
A9C	巴林	G	英国
A40C	阿曼	HB+国徽	瑞士
B	中国	HB+国徽	列支士登
C、CF	加拿大	HC	厄瓜多尔
CC	智利	HH	海地
CN	摩洛哥	HI	多米尼加
CP	玻利维亚	HK	哥伦比亚
CR、CS	葡萄牙	HL	韩国
CU	古巴	HP	巴拿马
CX	乌拉圭	HS	泰国
C2	瑙鲁	I	意大利
C6	巴哈马	JA	日本
C9	莫桑比克	N	美国
D	德国	PP、PR、PT、PU	巴西
DQ	斐济	SU	埃及
D2	安哥拉	VT	印度
EC	西班牙	ZS、ZT、ZU	南非
EI、EJ	爱尔兰	9M	马来西亚
EW	白俄罗斯	9V	新加坡

2. 航空器的登记标志

登记标志是航空器登记国在航空器登记后给定的标志。

知识窗 5-3

	民用航空器标志标准
国籍标志和登记标志的位置	固定翼航空器——位于机翼和尾翼之间的机身两侧或垂直尾翼两侧（如系多垂直尾翼，则应在两外侧）和右机翼的上表面、左机翼的下表面
	旋翼航空器——位于尾梁两侧或垂直尾翼两侧
	飞艇——位于右水平安定面上表面、左水平安定面下表面和垂直安定面下半部两侧
	载人气球——位于球体表面水平最大圆周直径两端对称部位上
	构形特别的航空器——应当位于易于识别该航空器的部位
国籍标志和登记标志的字体和尺寸	字母、数字、短横线（以下简称字）均由不加装饰的实线构成
	除短横线外，机翼上每个字的字高不小于50cm，机身、垂直尾翼、尾梁及飞艇、气球上每个字的字高不小于30cm
	除数字1和字母I外，每个字的字宽和短横线的长度为字高的三分之二
	每个字的笔画的宽度为字高的六分之一
	每两个字的间隔不小于字宽的四分之一，不大于字宽的四分之三
	民用航空器上国籍标志和登记标志的字体或尺寸不符合上述规定的，应当经过民航局核准

登记标志一般是字母、数字或者两者的组合,列在国籍标志之后,第一位是字母的,则国籍标志与登记标志之间应有一短划线。

对于尚未取得国籍登记证的航空器,须有临时登记标志。《民用航空器国籍登记规定》(CCAR-45-R1)规定,用于试验和表演的飞行,为支付出口的调机飞行(在国外交付时)以及民航局认为必要的情况下,可申请临时登记标志。具有临时登记标志的航空器不得从事客货运输及其他经营活动。

法条点击 5-5

《民航法》

第六条　经中华人民共和国国务院民用航空主管部门依法进行国籍登记的民用航空器,具有中华人民共和国国籍,由国务院民用航空主管部门发给国籍登记证书。

国务院民用航空主管部门设立中华人民共和国民用航空器国籍登记簿,统一记载民用航空器的国籍登记事项。

第七条　下列民用航空器应当进行中华人民共和国国籍登记:

(一)中华人民共和国国家机构的民用航空器;

(二)依照中华人民共和国法律设立的企业法人的民用航空器;企业法人的注册资本中有外商出资的,其机构设置、人员组成和中方投资人的出资比例,应当符合行政法规的规定;

(三)国务院民用航空主管部门准予登记的其他民用航空器。

自境外租赁的民用航空器,承租人符合前款规定,该民用航空器的机组人员由承租人配备的,可以申请登记中华人民共和国国籍,但是必须先予注销该民用航空器原国籍登记。

第八条　依法取得中华人民共和国国籍的民用航空器,应当标明规定的国籍标志和登记标志。

第九条　民用航空器不得具有双重国籍。未注销外国国籍的民用航空器不得在中华人民共和国申请国籍登记。

第三节 航空器的租赁

案例 5-3　中航租赁向波音订购 82 架波音飞机

2014 年 8 月 25 日,飞机制造商——波音公司和飞机租赁公司——中银航空租赁公司对外宣布,二者签订了一份订单,中银航空租赁公司向波音公司订购 82 架飞机,按目录价格计算总价值高达 88 亿美元(约合人民币 541.64 亿元)。这是中银航空租赁公司20多年历史上的最大订单。

　　根据中银航空租赁公司同波音公司签订的合同,中银航空租赁公司订购的这82架飞机包括50架737MAX8、30架737-800和2架777-300ER。这些飞机将于2016—2021年间交付,这是中银航空租赁公司建立的飞机订单储备。

　　中银航空租赁的前身是新加坡航空租赁公司,彼时该公司的股份构成为:新加坡航空公司和西德意志银行分别占股35.5%,新加坡政府投资公司和淡马锡控股公司分别占股14.5%。2006年12月15日,中国银行股份有限公司耗资9.65亿美元收购了上述4家公司的所有股份,并于2007年7月2日将其正式更名为"中银航空租赁公司",其总部仍然设在新加坡。

(资料来源:https://www.trjcn.com/baike/detail_2069.html)

一、航空器的融资租赁

　　飞机租赁是各国航空公司更新和扩充机队的基本手段之一,包括经营租赁和融资租赁两种方式。飞机租赁可以改善航空公司的财务状况,优化资产负债结构,减轻一次性巨额支付产生的流动性压力,提高资产的流动性。

1. 航空器融资租赁概念及特征

　　航空器融资租赁是指出租人按照承租人对供货方和民用航空器的选择,购得民用航空器,出租给承租人使用,由承租人定期交纳租金。其特征包括:

①航空器买卖合同的初始购买人是航空公司(承租人),出租人的购买人地位是由航空公司(承租人)转让而来。

②航空公司(承租人)对于生产商有独立的瑕疵担保请求权。

③融资租赁期间,出租人依法享有民用航空器所有权,承租人依法享有民用航空器的占有、使用、收益权。

④融资租赁期间,出租人不得干扰承租人依法占有、使用民用航空器;承租人应当适当地保管民用航空器,使之处于原交付时的状态,但是合理损耗和经出租人同意的对民用航空器的改变除外。

⑤融资租赁期满,承租人应当将符合法律规定状态的民用航空器退还出租人;但是,承租人依照合同行使购买民用航空器的权利或者为继续租赁而占有民用航空器的除外。

⑥民用航空器融资租赁中的供货方,不就同一损害同时对出租人和承租人承担责任。

⑦融资租赁期间,经出租人同意,在不损害第三人利益的情况下,承租人可以转让其对民用航空器的占有权或者租赁合同约定的其他权利。

⑧民用航空器的融资租赁和租赁期限为6个月以上的其他租赁,承租人应当就其对民用航空器的占有权向国务院民用航空主管部门办理登记;未经登记的,不得对抗第三人。

2. 航空器融资租赁的基本流程及解除特点

　　航空器融资租赁的基本流程包括:①对外招标;②提交报价(融资建议书);③方案评估;

④发出委托书;⑤提交材料;⑥飞机交付。

航空器融资租赁合同不是继续性合同,不适用任意解除等制度,融资租赁合同中出租人不承担租赁物瑕疵担保义务,承租人不享有法定解除权。原因在于:①融资租赁的出租人主要负责提供资金而非提供产品;②在融资租赁交易中,航空器的规格、质量以及供应商等,都是承租人自己挑选的,出租人只是依照承租人的指示签订买卖合同(甚至这个买卖合同往往也是承租人转让给出租人的),因此,对航空器的质量、性能以及供应商的信誉、资质等更加了解的一方其实是承租人,故标的物的瑕疵问题由承租人自己解决更加合理;③依据融资租赁的交易惯例,承租人可以直接向航空器制造商请求救济,因此由承租人处理标的物的瑕疵相较于出租人而言更加合理。

二、航空器的经营租赁

航空器经营租赁是指出租人根据市场需要,选择通用性较强的民用航空器供承租人选择租用,并将民用航空器交付承租人使用、收益,承租人支付租金的租赁方式。承租方按期支付租金,不以最终拥有飞机为目的,租赁到期后,将飞机退还出租人。航空器经营租赁分为干租和湿租。

经营租赁是一种以提供民用航空器短期使用权为特征的租赁形式,是承租人为满足经营需要,临时或短期向租赁公司租入民用航空器,无意长期使用该民用航空器。航空器经营租赁的特点是租期相对较短,期满可以续租,租金较高,随时可以终止,有较大灵活性。

三、航空器的干租和湿租

知识窗 5-4

"航空器湿式租赁"首次进入中国航空业

1992年6月11日,新疆航空公司与乌兹别克斯坦航空公司签订协议,"湿租"了两架伊尔86型宽体客机,租期从1992年7月20日至1993年12月31日。租金为每飞行小时2200美元。此举开创了中国航空业"航空器湿式租赁"的先河。

知识窗 5-5

中国首次对外"航空器湿式租赁"

1997年3月,我国西南航空公司(现为"中国国际航空公司西南分公司")所属一架波音757-200型客机被"湿租"给尼泊尔皇家航空公司,执行了为期15天的飞行任务。当年5月23日,西南航空公司再次将一架波音757-200型客机"湿租"给尼泊尔皇家航空公司,该客机执行了63天飞行任务。当年11月30日,西南航空公司再次将一架国际航空识别号为2844的波音757-200型客机,湿租给尼泊尔皇家航空公司,20天后,该客机飞回其所在地成都,这是西南航空公司第三次将波音757-200型飞机"湿租"给尼泊尔皇家航空公司了。

1. 干租

干租又称光机租赁,仅涉及飞机的租赁,即仅租赁飞机的使用权,不包括机组和备件。承租人必须自己提供机组、燃油,甚至自己提供维修服务。

干租航空器的登记注册方式一般有两种:

①在航空器所有人(出租人)所在国登记注册,使用出租人所在国的国籍标志和登记标志。

②在航空器使用人(承租人)所在国登记注册,使用承租人所在国的国籍标志和登记标志。

干租航空器的出租人必须是加入国际民航组织的原航空器注册国的法人。干租航空器应当具备符合《国际民用航空公约》规定的国籍登记。如向中国民航局申请中国的国籍登记,应当在原注册国注销其国籍登记。在中国进行国籍登记的干租航空器应当具有民航局颁发的标准适航证;没有在中国注册的干租航空器应当具有其注册国颁发的符合《国际民用航空公约》要求的标准适航证,并获得民航局颁发的外国航空器适航证认可书。

2. 湿租

湿租是指出租人在飞机租赁中不仅要提供飞机,而且还要提供相应的飞行机组人员、空乘人员、机务维修人员,以及维修、燃油等服务和辅助支援。总之,湿租是指出租人为承租人使用飞机提供一切。

在一项湿租交易中,出租人提供一定数量的座位。承租人可以按照自己的需要增加或减少座位。湿租最适合新成立的航空公司。湿租航空器在其所有人(出租人)所在国登记,具有该国国籍和登记标志。

湿租航空器的出租人必须是经批准的航空运营人或已建立等同(或类似)于 CCAR-121 法规管理体系的国际民航组织成员国已批准的商业航空运营人。湿租的航空器的注册国应当是批准出租人的民航当局所在国。

法条点击 5-6

《民航法》

第二十六条 民用航空器租赁合同,包括融资租赁合同和其他租赁合同,应当以书面形式订立。

第二十七条 民用航空器的融资租赁,是指出租人按照承租人对供货方和民用航空器的选择,购得民用航空器,出租给承租人使用,由承租人定期交纳租金。

第二十八条 融资租赁期间,出租人依法享有民用航空器所有权,承租人依法享有民用航空器的占有、使用、收益权。

第二十九条 融资租赁期间,出租人不得干扰承租人依法占有、使用民用航空器;承租人应当适当地保管民用航空器,使之处于原交付时的状态,但是合理损耗和经出租人同意的对民用航空器的改变除外。

第三十条 融资租赁期满,承租人应当将符合本法第二十九条规定状态的民用航空器退还出租人;但是,承租人依照合同行使购买民用航空器的权利或者为继续租赁而占有民用航空器的除外。

第三十一条　民用航空器融资租赁中的供货方,不就同一损害同时对出租人和承租人承担责任。

第三十二条　融资租赁期间,经出租人同意,在不损害第三人利益的情况下,承租人可以转让其对民用航空器的占有权或者租赁合同约定的其他权利。

第三十三条　民用航空器的融资租赁和租赁期限为6个月以上的其他租赁,承租人应当就其对民用航空器的占有权向国务院民用航空主管部门办理登记;未经登记的,不得对抗第三人。

第四节　航空器搜寻救援与事故调查

一、航空器搜寻援救的概念与原则

1. 航空器搜寻援救的概念

航空器搜寻援救是指担负搜寻救援民用航空器任务的组织,为了及时有效地避免(或减少)遇到紧急情况的民用航空器所造成的人员伤亡和财产损失,依照国家法律规定,对遇到紧急情况的民用航空器及时进行寻找援助的一系列活动的总称。

法条点击 5-7

《国际民用航空公约》第二十五条　缔约各国承允对在其领土内遇险的航空器,在其认为可行的情况下,采取援助措施,并在本国当局管制下准许该航空器所有人或该航空器登记国的当局采取情况所需的援助措施。缔约各国搜寻失踪的航空器时,应在按照本公约随时建议的各种协同措施方面进行合作。

法条点击 5-8

《民航法》

第一百五十一条　民用航空器遇到紧急情况时,应当发送信号,并向空中交通管制单位报告,提出援救请求;空中交通管制单位应当立即通知搜寻援救协调中心。民用航空器在海上遇到紧急情况时,还应当向船舶和国家海上搜寻援救组织发送信号。

第一百五十二条　发现民用航空器遇到紧急情况或者收听到民用航空器遇到紧急情况的信号的单位或者个人,应当立即通知有关的搜寻援救协调中心、海上搜寻援救组织或者当地人民政府。

第一百五十三条　收到通知的搜寻援救协调中心、地方人民政府和海上搜寻援救组织,应当立即组织搜寻援救。

收到通知的搜寻援救协调中心,应当设法将已经采取的搜寻援救措施通知遇到紧急情况的民用航空器。

搜寻援救民用航空器的具体办法,由国务院规定。

第一百五十四条 执行搜寻援救任务的单位或者个人,应当尽力抢救民用航空器所载人员,按照规定对民用航空器采取抢救措施并保护现场,保存证据。

2. 航空器搜寻援救的原则

民用航空器搜寻救援工作要遵循以人为本,避免和最大限度地减少人员伤亡。搜寻救援工作应做到统一指挥、分级管理、分级响应;职责明确、分工协作、反应及时、措施果断、运转高效;信息互通、资源共享,依靠科学、依法处置。

（1）人道主义原则

在向遇险航空器提供搜寻援救时,应尽一切最大可能和最大努力向一切遇险航空器及其幸存者提供搜寻救援服务,不分国籍。

（2）及时原则

"及时"是一切搜寻援救的基本原则,特别是对于遇险航空器及其幸存者来说,时间就是生命,"及时"就能使财产损失降到最低程度,达到最小损失。

（3）有效原则

搜寻援救不能盲目和忙乱,要科学分析、准确判断才能做出正确决策,才能符合有效原则,收到切实的效果。

图 5-5 东海民用航空器遇险联合搜救演习

对不积极行动配合完成搜寻援救任务,造成重大损失的人员;不积极履行职责或者不服从指挥,致使损失加重的人员;玩忽职守,对民用航空器紧急情况判断、处置不当,贻误时机,造成损失的人员,由其所在单位或者上级机关给予行政处分,构成犯罪的,依法追究刑事责任。

如图5-5所示为东海民用航空器遇险联合搜救演习。

二、航空器事故调查的概念与原则

案例5-4 2010年8月24日21时38分左右,河南航空有限公司一架机型为E190、注册编号为B3130号的飞机,在执行哈尔滨—伊春的VD8387定期客运航班任务时,在黑龙江省伊春市林都机场进近着陆过程中失事。事故造成机上44人死亡、52人受伤。

事故发生后,国务院成立了河南航空有限公司黑龙江伊春"8·24"特别重大飞机坠毁事故调查组(以下简称"事故调查组"),开展事故调查工作。

国家安全生产监督管理总局(现为"中华人民共和国应急管理部")网站公布国务院事故调查组对坠毁事故调查报告。事故调查组查明了事故发生的经过、直接原因和间接原因,人员伤亡和财产损失情况,认定了事故性质和责任,提出了对有关责任人员和责任单位的处理建议,形成调查报告。经调查认定,该事故是一起责任事故。依据相关法律法规规定,建议对河南航空有限公司处以500万元罚款,并对19名责任人进行处理。

直接原因:机场雾浓,能见度不足。

间接原因:河南航空有限公司管理薄弱、飞行机组调配不合理。

细节披露:飞机撞地滑行,部分机体分解,燃油泄漏起火,乘客裂口逃生,没有组织撤离,机长擅自离机。

处理建议:吊销机长执照,开除公职党籍;副驾驶已丧生,不再追究其责任;对河南航空有限公司处500万元罚款。

(资料来源:http://legal.people.com.cn/n/2014/1219/c188502-26240184.html)

1. 航空器事故的概念

根据《国际民用航空公约》附件13的定义,航空器事故是指在任何人登上航空器准备飞行直至所有这类人员下了航空器为止的时间内,所发生的与该航空器的运行有关的事件,造成人员遭受致命伤(或重伤),航空器受到损害(或结构故障),或者造成航空器失踪或处于完全无法接近的地方。民用航空器各类事故定义见表5-3。

民用航空器各类事故　　　　　　　　　　表5-3

分　类	定　义
民用航空器事故	指民用航空器飞行事故和民用航空地面事故
民用航空器飞行事故	指民用航空器在运行过程中发生的人员伤亡、航空器损坏的事件
民用航空地面事故	指在机场活动区内发生航空器、车辆、设备、设施损坏,造成直接经济损失人民币30万元以上或导致人员重伤、死亡的事件
民用航空器飞行事故征候	指航空器飞行实施过程中发生的未构成飞行事故(或航空地面事故),但与航空器运行有关,影响(或可能影响)飞行安全的事件
民用航空器严重飞行事故征候	指航空器飞行实施过程中几乎发生事故情况的飞行事故征候

2. 航空器事故调查的原则

(1)客观调查原则

事故调查必须坚持实事求是的原则,客观、公正、科学地进行,不得带有主观倾向性。

(2)独立调查原则

事故调查必须独立进行,任何部门和个人不得干扰、阻碍调查工作。

（3）深入调查原则

查明事故发生的直接原因，事故发生、发展过程中的其他原因，深入分析产生这些原因的因素，包括航空器设计、制造、运行、维修和人员训练，以及政府行政规章和企业管理制度及其实施方面的缺陷等。

（4）全面调查原则

事故调查不但应当查明和研究与本次事故发生有关的各种原因和产生因素，还应当查明和研究与本次事故的发生无关，但在事故中暴露出来的或者在调查中发现的，在其他情况下可能对飞行安全构成威胁的所有其他问题。

法条点击 5-9

《国际民用航空公约》第二十六条 事故调查是一缔约国的航空器如在另一缔约国的领土内发生事故，致有死亡（或严重伤害）或表明航空器（或航行设施）有重大技术缺陷时，事故所在地国家应在该国法律许可的范围内，依照国际民用航空组织建议的程序，着手调查事故情形。航空器登记国应有机会指派观察员在调查时到场，而主持调查的国家，应将关于此事的报告及调查结果，通知航空器登记国。

本章知识地图

思考与练习

一、填空题

1. 民用航空器在海上遇到紧急情况时，还应当向_____和_____发送信号。
2. 民用航空器事故的_____以及有关人员在接受调查时，应当如实提供现场情况和与事故有关的情节。

3. 民用航空器事故调查的组织和程序,由_____规定。

4. 飞机租赁是各国航空公司更新和扩充机队的基本手段之一,包括_____和_____两种方式。

5. _____仅涉及飞机的租赁,即仅租赁飞机的使用权,不包括机组和备件。承租人必须自己提供机组、燃油,甚至自己提供维修服务。

6. 民用航空器是指除用于执行军事、_____、警察飞行任务外的航空器。

7. 国籍标志是识别_____的标志。

8. 按国际民航组织的分类,航空器可以按照用途分为民用航空器和_____。

9. 航空器按照用途可以分为_____和_____。

10. 民用航空器飞行事故征候指航空器飞行实施过程中发生的_____飞行事故或航空地面事故但与航空器运行有关,影响或者可能影响飞行安全的事件。

二、判断题

1. 航空器是指通过机身与空气的相对运动(不是由空气对地面发生的反作用)而获得空气动力升空飞行的任何器械。（　　）

2. 根据国际习惯,国家航空器可在他国领土上空飞行或降停;国家航空器在他国境内享有一般国际法规定的特权与豁免。（　　）

3. 民用航空器只有取得一国国籍,才能投入飞行,而给予民用航空器国籍的国家以此为依据对民用航空器享有权利,承担义务,实施管理和保护。（　　）

4. 国务院设立中华人民共和国民用航空器国籍登记簿,统一记载民用航空器的国籍登记事项。（　　）

5. 我国选定拉丁字母"A"为中国航空器的国籍标志,并得到了国际民航组织的认可。（　　）

6. 登记标志是航空器登记国在航空器登记后给定的标志。（　　）

7. 飞机租赁是各国航空公司更新和扩充机队的基本手段之一,主要采用融资租赁一种方式。（　　）

8. 干租是指出租人在飞机租赁中不仅要提供飞机,而且还要提供相应的机组人员、空乘人员及机务维修人员,以及维修、燃油等服务和辅助支援。（　　）

9. 民用航空器飞行事故是指民用航空器在运行过程中发生的人员伤亡、航空器损坏的事件。（　　）

10. 严重飞行事故征候是指航空器飞行实施过程中发生的未构成飞行事故(或航空地面事故)但与航空器运行有关,影响(或可能影响)飞行安全的事件。（　　）

三、简答题

1. 简述民用航空器和国家航空器的区别。

2. 简述航空器经营租赁及其特征。

第六章

民用机场

☑ 通过本章的学习,你应该能够:
- 了解机场的概念;
- 明确机场的分类;
- 了解民用机场的定位;
- 理解国际机场联检制度;
- 掌握民用机场安全保卫制度;
- 熟悉民用机场安全检查制度;
- 了解民用机场治安管理制度。

民航法基础知识与实务

> **引例**
>
> 2013年7月20日,首都机场发生一起爆炸案(简称"7•20"首都机场爆炸案)。制造该起案件的当事人为冀某。根据法庭调查,该案的起因、经过如下:
>
> 因对相关部门的处理不满,2013年7月20日6时30分许,冀某携带绿色帆布背包(其内装有自制爆炸装置及印有"报仇雪恨"字样的传单),坐轮椅从山东省鄄城县乘坐长途汽车前往北京,后于当日15时许抵达北京丽泽桥长途汽车站。
>
> 为规避安检,冀某将爆炸装置捆绑于裤腿内出站。然后乘坐出租车抵达北京首都国际机场三号航站楼二层国际旅客到达B出口。
>
> 18时20分许,冀某在上述地点抛撒印有"报仇雪恨"字样的传单,并取出爆炸装置双手高举。其间,爆炸装置在冀某双手之间来回倒换。北京首都国际机场公安分局民警接到报警后,于18时23分许赶赴现场对冀某进行劝说,同时紧急疏散到港旅客。
>
> 18时24分许,冀某左手引爆自制爆炸装置,造成其本人左前臂远端缺失(经鉴定为重伤)及左耳耳膜穿孔(经鉴定为轻伤),造成民警韩某双上肢、颈部、双眼爆炸伤(经鉴定为轻微伤),同时造成爆炸现场秩序混乱。国际旅客到达出口通道紧急关闭。冀某被当场抓获。
>
> 最后经过审判,法院判定冀某在公共场所实施爆炸,其行为构成爆炸罪,判处其有期徒刑6年。

> **法条点击 6-1**
>
> 《刑法》第一百一十四条 放火、决水、爆炸、投毒或者以其他危险方法破坏工厂、矿场、油田、港口、河流、水源、仓库、住宅、森林、农场、谷场、牧场、重要管道、公共建筑物或者其他公私财产,危害公共安全,尚未造成严重后果的,处3年以上10年以下有期徒刑。

第一节 民用机场概述

中国最早的机场是1917年建造的上海龙华机场(图6-1)。新中国成立后,我国陆续新建、改扩建了许多机场。

2012年7月8日,国务院出台了《国务院关于促进民航业发展的若干意见》(国发〔2012〕24号),其中规定要加强机场规划和建设,指出机场,特别是运输机场,是重要公共基础设施,要按照国家经济社会发展和对外开放总体战略的要求,抓紧完善布局,加大建设力度。在此文件指导下,我国机场无论是建设还是运营,均以确保安全、节能环保、经济适用为目标。

图 6-1 上海龙华机场

一、机场的概念

国际法上认为机场作为航空运输的基地,是一个区域性的概念。《国际民用航空公约》附件 14 规定:机场是指在陆地上或水面上一块划定的区域(包括各种建筑物、装置和设备),其全部或部分意图供航空器降落、起飞和地面活动之用。

我国《民航法》第五十三条规定:民用机场是指专供民用航空器起飞、降落、滑行、停放以及进行其他活动使用的划定区域,包括附属的建筑物、装置和设施。本法所称民用机场不包括临时机场。军民合用机场由国务院、中央军事委员会另行制定管理办法。《民航法》从航空飞行技术角度对机场做了界定,体现了机场是航空器起降、航空运输的起点和终点的基本功能。

作为商业运输的基地,民用机场可划分为飞行区、地面运输区和候机楼区三个部分。常用机场区域术语见表 6-1。

常用机场区域术语　　　　表 6-1

机场区域术语	功　　能
飞行区	飞机活动的区域
地面运输区	车辆和旅客活动的区域
候机楼区	旅客登记的区域,是飞行区和地面运输区的接合部

按照机场功能,机场区域可划分为两大部分:陆侧部分和空侧部分。如表 6-2 所示。

按照机场功能划分机场区域　　　　表 6-2

分　类	机场功能	包含区域
陆侧部分	航站区、货运区、机务区及工作区等开放性的功能区	一般位于机场跑道系统的一侧或中央位置,包括与机场运营直接相关的航空运输业、航空后勤保障服务业及基础配套设施等各类用地,如工作区就是机场、航空公司、联检单位等众多驻场单位的办公用地
空侧部分	机场陆侧地区往外	由机场跑道系统、通信导航系统及机场围界体系等构成的飞行区范围,还包括机场周边的航空噪声控制、电磁环境保护、净空控制、鸟害防治等敏感区

我国民用机场必须取得使用许可证才能开放使用。

二、民用机场的分类

按照机场使用目的不同,机场分为民用机场和军用机场两大类,如图 6-2 所示。

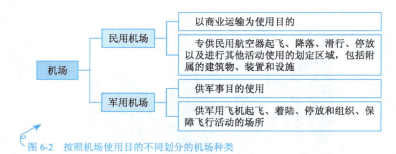

图6-2 按照机场使用目的不同划分的机场种类

按照不同的分类标准,民用机场可以分为不同种类。

1. 运输机场与通用机场

按照我国《民用机场管理条例》第二条的规定,民用机场分为运输机场和通用机场。

①运输机场:为从事旅客、货物运输等公共航空运输活动的民用航空器提供起飞、降落等服务的机场。

②通用机场:为从事工业、农业、林业、渔业和建筑业的作业飞行,以及医疗卫生、抢险救灾、气象探测、海洋监测、科学实验、教育训练、文化体育等飞行活动的民用航空器提供起飞、降落等服务的机场。

2. 国际机场与国内机场

按照经营范围的大小,民用机场可以分为国际机场和国内机场。

①国际机场:为国际航班出入境而指定的机场,设有国际机场联检机构。如北京首都国际机场、广州白云国际机场。

②国内机场:提供给国内航班使用的机场。

3. 轴心机场、地区机场与备降机场

按照机场在民用航空体系中的地位,民用机场可以分为轴心机场、地区机场和备降机场。

①轴心机场:有众多进出港航班和高额比例衔接业务量,在机场网络中起主导作用的机场。

②地区机场:经营短程航线的中小城市机场。

③备降机场:由于技术等原因,原本预定的降落变得不可能或不可取的情况下,飞机不得已而前往的一个机场。

4. 枢纽机场、干线机场与支线机场

按照机场的服务规模,民用机场可以分为枢纽机场、干线机场与支线机场。

①枢纽机场:全国航空运输网络和国际航线的枢纽。我国大型枢纽机场目前有北京、上海、广州等城市的机场。

②干线机场:省会、自治区首府及重要旅游、开发城市的机场。

③支线机场:省、自治区内经济比较发达的中小城市和旅游城市,或经济欠发达,但地面交通不便的地方机场。

三、民用机场的定位

我国《民用机场管理条例》把民用机场定位为我国的公共基础设施,因此,各级人民政府应当采取必要的措施,鼓励、支持民用机场发展,提高民用机场的管理水平。这种定位对机场的建设、运营、管理、改革、发展等方面是至关重要的。

第二节 国际机场联检制度

国际机场又叫航空口岸,在我国是经国务院批准开放的空港口岸。在国际机场,各国都设立了机场联检机构,根据相关国内法的规定,对出入境旅客实施检查。当然,为了防止对航空器、机组、乘客和货物造成不必要的延误,《国际民用航空公约》第四章"便利空中航行的措施"中规定了在联检时要实行简化手续。

法条点击 6-2

《国际民用航空公约》第 22 条 缔约各国同意采取一切可行的措施,通过发布特别规章或其他方法,以便利和加速航空器在缔约各国领土间的航行,特别是在执行关于移民、检疫、海关、放行等法律时,防止对航空器、机组、乘客和货物造成不必要的延误。

我国《民用机场管理条例》第 20 条规定,运输机场作为国际机场使用的,应当按照国家有关规定设立口岸查验机构,配备相应的人员、场地和设施,并经国务院有关部门验收合格。国际机场的开放使用,由国务院民用航空主管部门对外公告;国际机场资料由国务院民用航空主管部门统一对外提供。

在我国,国际机场开放使用必须满足如图 6-3 所示的三个条件。

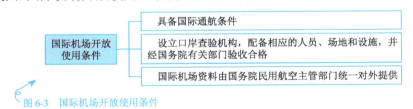

图 6-3　国际机场开放使用条件

从机构设置来看,根据 2018 年第十三届全国人民代表大会第一次会议审议通过的《国务院机构改革方案》,自 2018 年 4 月 20 日起,承担检疫职责的国境卫生检疫机关划入海关总署。因此,我国国际机场联检机构主要包括海关和边防检查站(图 6-4),其按照相关法律规定进行检查。

出入境检验检疫职责划入海关后,通关流程更简明,通关效率更高(图 6-5)。

图6-4 国际机场联检机构

图6-5 检验检疫业务并入海关,机场旅客通关更便捷

国际机场联检制度包括三个制度:卫生动植物检疫制度、海关申报检查制度和边防检查制度。

一、卫生动植物检疫制度

为了实施国境卫生检疫,防止传染病由国外传入或者由国内传出,保护人体健康,我国制定了《中华人民共和国国境卫生检疫法》和《中华人民共和国国境卫生检疫法实施细则》。入境、出境的人员、交通工具、运输设备以及可能传播检疫传染病的行李、货物、邮包等物品,都应当接受检疫,经国境卫生检疫机关许可,方准入境或者出境。

1. 卫生检疫制度

（1）卫生检疫

在国际机场发现检疫传染病、疑似检疫传染病,或者有人非因意外伤害而死亡并死因不明的,国境口岸有关单位和交通工具的负责人,应当立即向国境卫生检疫机关报告,并申请临时检疫。

对来自疫区的、被检疫传染病污染的或者可能成为检疫传染病传播媒介的行李、货物、邮包等物品,应当进行卫生检查,实施消毒、除鼠、除虫或者其他卫生处理。

（2）传染病监测

对于入境、出境的人员,要实施传染病监测,并且采取必要的预防、控制措施。

入境、出境的人员需要按照相关要求填写健康申明卡,出示某种传染病的预防接种证书、健康证明或者其他有关证件。

（3）卫生监督

国境卫生检疫机关根据国家规定的卫生标准,对国境口岸的卫生状况和停留在国境口岸的入境、出境的交通工具(在国际机场指航空器)的卫生状况实施卫生监督。

2. 动植物检疫制度

案例6-1

咸阳机场首次截获大量生蚝　　检疫部门:勿带来路不明水产品

2018年3月19日,西安咸阳国际机场出入境检验检疫局工作人员在从巴黎直飞西安的HU7908次航班旅客的携带物中截获一批生蚝。根据相关规定,水生动物产品禁止通过携带、邮寄的方式入境,检验检疫工作人员依法对该批生蚝做截留销毁处理。

（资料来源：http://xianyang.hsw.cn/system/2018/0321/18065.shtml）

《中华人民共和国进出境动植物检疫法》《中华人民共和国进出境动植物检疫法实施条例》是我国对进出境动植物实施检验检疫的法律根据。

入境人员携带动植物、动植物产品应主动申报。

国家禁止下列各物进境：

①动植物病原体（包括菌种、毒种等）、害虫及其他有害生物。

②动植物疫情流行的国家和地区的有关动植物、动植物产品和其他检疫物。

③动物尸体。

④土壤。

口岸动植物检疫机关发现有上述规定的禁止进境物的,做退回或者销毁处理。

二、海关申报与检查制度

为了维护国家的主权和利益,加强海关监督管理,促进对外经济贸易和科技文化交往,我国制定的《中华人民共和国海关法》《中华人民共和国海关行政处罚实施条例》是国际机场海关申报与海关检查的法律依据。

海关依照上述法律,监管进出境的运输工具、货物、行李物品、邮递物品和其他物品,征收关税和其他税、费,查缉走私,并编制海关统计和办理其他海关业务。

知识窗6-1

进出境运输工具,是指用以载运人员、货物、物品进出境的各种船舶、车辆、航空器和驮畜。

1. 进出境旅客申报制度

为了简化和规范进出境旅客申报手续,方便旅客进出境,2007年,中华人民共和国海关总署发布《关于在全国各对外开放口岸实行新的进出境旅客申报制度》（海关总署公告2007年第72号）,规定自2008年2月1日起,在全国各对外开放口岸实行新的进出境旅客申报制度。海关申报制度的主要内容如下所示。

①进出境旅客没有携带应向海关申报物品的,无须填写"中华人民共和国海关进出境旅客行李物品申报单"（以下简称"申报单"）,选择"无申报通道"（又称"绿色通道"）通关。

②除海关免于监管的人员以及随同成人旅行的16周岁以下旅客以外,进出境旅客携带有应向海关申报物品的,须填写"申报单",向海关书面申报,并选择"申报通道"（又称"红色通道"）通关。

③进境旅客携带有下列特殊物品的,应在"申报单"相应栏目内如实填报,并将有关物

品交海关验核，办理有关手续：

  a. 动、植物及其产品、微生物、生物制品、人体组织、血液制品。
  b. 居民旅客在境外获取的总值超过人民币5000元（含5000元，下同）的自用物品。
  c. 非居民旅客拟留在中国境内的总值超过2000元的物品。
  d. 酒精饮料超过1500mL（酒精含量12°以上），或香烟超过400支，或雪茄超过100支，或烟丝超过500g。
  e. 人民币现钞超过2万元，或外币现钞折合超过5000美元。
  f. 分离运输行李，货物、货样、广告品。
  g. 其他需要向海关申报的物品。

④出境旅客携带有下列特殊物品的，应在"申报单"相应栏目内如实填报，并将有关物品交海关验核，办理有关手续：

  a. 文物、濒危动植物及其制品、生物物种资源、金银等贵重金属。
  b. 居民旅客需复带进境的单价超过5000元的照相机、摄像机、手提电脑等旅行自用物品。
  c. 人民币现钞超过2万元，或外币现钞折合超过5000美元。
  d. 货物、货样、广告品。
  e. 其他需要向海关申报的物品。

⑤免验。持有中华人民共和国政府主管部门给予外交、礼遇签证的进出境旅客，通关时应主动向海关出示本人有效证件，海关予以免验礼遇。

违反海关规定，逃避海关监管，携带国家禁止、限制进出境或者依法应当缴纳税款的货物、物品进出境的，海关将依据《中华人民共和国海关法》和《中华人民共和国海关行政处罚实施条例》予以处罚。

2. 海关检查制度

海关旅检的职责任务：承担对国际机场进出境人员行李物品监管工作，征收行李物品税款，查缉走私违法、违规行为。

海关物流监控的职责任务：担负国际机场站坪、进出境运输工具监管；担负进出口监管仓库及其他货运监管场所的物流、信息流监控及规范管理；担负进出境航空器登临检查；担负对航空器进出境管理等通关、结关、监管及监控业务。

三、边防检查制度

为维护中华人民共和国的主权、安全和社会秩序，便利出境、入境的人员和交通运输工具的通行，根据《中华人民共和国出境入境边防检查条例》，中华人民共和国在对外开放的港口、航空港、车站和边境通道等口岸设立出境入境边防检查站（简称"边防检查站"）。边防检查站代表国家对出境、入境的人员及其行李物品、交通运输工具及其载运的货物实施边防检查；按照国家有关规定对出境、入境的交通运输工具进行监护；对口岸的限定区域进行警戒，维护出境、入境秩序以及执行主管机关赋予的和其他法律、行政法规规定的任务。

边防检查的内容包括人员的检查和管理、交通运输工具的检查、监护和行李物品、货物的检查。

特别是出境、入境的人员必须按照规定填写出境、入境登记卡,向边防检查站交验本人的有效护照或者其他出境、入境证件,经查验核准后,方可出境、入境。

> **知识窗 6-2**
>
> 出境、入境的人员,是指一切离开、进入或者通过中华人民共和国国(边)境的中国籍、外国籍和无国籍人;
>
> 出境、入境的交通运输工具,是指一切离开、进入或者通过中华人民共和国国(边)境的船舶、航空器、火车和机动车辆、非机动车辆以及驮畜。

第三节 民用机场安全法律制度

为了防止对民用航空活动的非法干扰,维护民用航空秩序,保障民用航空安全,2011年国务院修订了《民用航空安全保卫条例》。旅客、货物托运人和收货人以及其他进入机场的人员,都应当遵守民用航空安全管理的法律、法规和规章。

一、民用机场安全保卫制度

为了规范民用航空运输机场航空安全保卫(以下简称"航空安保")工作,保证旅客、工作人员、公众和机场设施设备的安全,根据《民用航空安全保卫条例》,我国制定了《民用航空运输机场航空安全保卫规则》(CCAR-329)。

1. 机场安全保卫的重点

民用机场安全保卫的主要内容包括确定机场安全保卫的组织和管理、建立航空安保管理体系、进行安全保卫质量控制并且建立航空安保经费投入和保障制度,从而保障机场安全、有效地运行。

机场安全保卫的重点是地面预防和处置非法干扰和扰乱行为,保障民用机场安全有序运行。

2. 运行航空安保措施

运行航空安保措施主要包括:机场开放使用满足安保要求;对机场控制区实行封闭式分区管理;在候机隔离区采取航空安保措施;遵守携带武器乘机或托运枪支弹药的航空安保措施;执行航空器在地面的航空安保措施;对要害部位实施相应航空安保措施;制订机场非控制区的航空安保措施;制订机场租户的航空安保措施;制订驻场单位的航空安保措施;建立

维护法律和秩序总是文明社会赖以生存的基础。——[英]阿尔弗雷德·汤普森·丹宁(Alfred Thompson Denning)

航空安保信息报告制度。

航空安保相关机场区域术语见表6-3。

安保相关机场区域术语　　　　　　　　　　表6-3

术语	定义
机场控制区	指根据安全需要在机场内划定的进出受到限制的区域
候机隔离区	指根据安全需要在候机楼(室)内划定的供已经安全检查的出港旅客等待登机的区域及登机通道、摆渡车
航空器活动区	指机场内用于航空器起飞、着陆以及与此有关的地面活动区域,包括跑道、滑行道、联络道、客机坪

（1）机场开放使用的安保要求

机场根据年旅客吞吐量以及受威胁程度划分安保等级,实行分级管理。根据《民用航空运输机场航空安全保卫规则》,机场的新建、改建和扩建,应当符合《民用航空运输机场安全保卫设施》（MH/T 7003）的规定。机场的开放使用,应当满足如图6-6所示的安保条件。

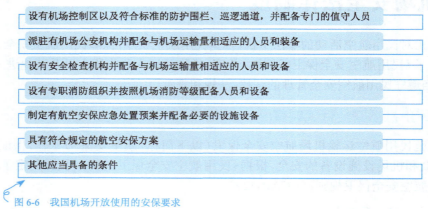

图6-6　我国机场开放使用的安保要求

（2）对机场控制区实行封闭式分区管理

机场管理中需要划分机场控制区,在机场控制区设置安保设施,制作机场控制区通行证,对机场控制区通行管制。

根据安保需要,机场控制区分为候机隔离区、行李分拣装卸区、航空器活动区和维修区、货物存放区等。

对于机场控制区的安保设施,机场管理机构应当保持机场控制区防护围栏处于持续良好状态,并配备相应人员进行巡逻检查,及时发现并消除安全隐患。

机场控制区应当实行通行管制,进入机场控制区的工作人员、车辆应当持有机场控制区通行证。

机场管理机构还应当制订措施和程序,并配备符合标准的人员和设施设备,对进入机场控制区的人员、车辆进行安全检查,防止未经许可的人员、车辆进入,进行机场控制区通行管制。

（3）安保应急处置

机场管理机构应当制订安保应急处置预案,并保证实施预案所需的设备、人员、资金等条件。

机场管理机构应当确保预案中包含的所有信息及时更新,并将更新内容告知相关单位、人员。

机场管理机构应当按照航空安保方案的规定,定期演练应急处置预案。

机场管理机构应当制订传递非法干扰行为机密信息的程序,不得擅自泄露信息。

此外,机场管理机构应当采取适当措施,保证受到非法干扰的航空器上的旅客和机组能够继续行程。

二、民用机场安全检查制度

案例6-2

头发藏匿打火机,女子被取消登机资格

徐州观音国际机场候机楼派出所,2017年7月19号通报了一起案件:一名女子为了吸烟方便,竟把打火机藏匿在头发里,企图带上飞机。

7月19号下午6点多,一名女子与家人来到观音机场,准备乘坐当晚徐州飞往成都的飞机。由于吸烟成瘾,这名女子竟然把打火机放在头发里,打算偷偷带上飞机。

这名女子拿着登机牌进入安检入口,金属探测仪在第一时间发出报警。在将打火机从头发里取出后,机场工作人员将女子移交给候机楼派出所调查处理(图6-7)。

图6-7 头发藏匿打火机

藏匿打火机的行为,扰乱了机场的公共秩序,公安机关根据《治安管理处罚法》第二十三条第一款第二项的规定,对该名女子进行200元罚款。同时机场安检部门有权取消其登机资格。

法条点击6-3

《治安管理处罚法》第二十三条 有下列行为之一的,处警告或者200元以下罚款;情节较重的,处5日以上10日以下拘留,可以并处500元以下罚款:

……

(二)扰乱车站、港口、码头、机场、商场、公园、展览馆或者其他公共场所秩序的。

为了防止对民用航空活动的非法干扰,维护民用航空运输安全,依据《民航法》《民用航空安全保卫条例》等有关法律、行政法规,我国制定了《民用航空安全检查规则》(CCAR-339-R1)。

民航安全检查的目的:通过实施民用航空安全检查工作,防止未经允许的危及民用航空安全的人员、车辆、危险品、违禁品进入民用运输机场控制区。

民航安全检查的范围:除国务院规定免检的除外,进入民用运输机场控制区的旅客及其行李物品,航空货物、航空邮件应当接受安全检查。拒绝接受安全检查的,不得进入民用运输机场控制区。

1. 民航安全检查的要求

(1)旅客及其行李物品的安全检查

旅客及其行李物品的安全检查包括证件检查、人身检查、随身行李物品检查、托运行李检查等。安全检查方式包括设备检查、手工检查及民航局规定的其他安全检查方式。

乘坐国内航班的旅客应当出示有效乘机身份证件和有效乘机凭证。对旅客、有效乘机身份证件、有效乘机凭证信息一致的,民航安检机构应当加注验讫标志。

> **知识窗6-3**
>
> 有效乘机身份证件的种类包括:中国大陆地区居民的居民身份证、临时居民身份证、护照、军官证、文职干部证、义务兵证、士官证、文职人员证、职工证、武警警官证、武警士兵证、海员证,香港、澳门地区居民的港澳居民来往内地通行证,台湾地区居民的台湾居民来往大陆通行证;外籍旅客的护照、外交部签发的驻华外交人员证、外国人永久居留证;民航局规定的其他有效乘机身份证件。
>
> 16周岁以下的中国大陆地区居民的有效乘机身份证件,还包括出生医学证明、户口簿、学生证或户口所在地公安机关出具的身份证明。

(2)其他人员、物品及车辆的安全检查

进入民用运输机场控制区的其他人员、物品及车辆,应当接受安全检查。拒绝接受安全检查的,不得进入民用运输机场控制区。

对进入民用运输机场控制区的工作人员,民航安检机构应当核查民用运输机场控制区通行证件,并对其人身及携带物品进行安全检查。

对进入民用运输机场控制区的车辆,民航安检机构应当核查民用运输机场控制区车辆通行证件,并对其车身、车底及车上所载物品进行安全检查。

执行飞行任务的机组人员进入民用运输机场控制区的,民航安检机构应当核查其民航空勤通行证件和民航局规定的其他文件,并对其人身及物品进行安全检查。

2. 民航安检工作特殊情况处置

(1) 报告公安机关

有如图 6-8 所示情形之一的,民航安检机构应当报告公安机关。

- 使用伪造、变造的乘机身份证件或者乘机凭证的;
- 冒用他人乘机身份证件或者乘机凭证的;
- 随身携带或者托运属于国家法律法规规定的危险品、违禁品、管制物品的;
- 随身携带或者托运《民用航空安全检查规则》第六十三条第三项规定以外的民航禁止运输、限制运输的物品,经民航安检机构发现提示仍拒不改正,扰乱秩序的;
- 在行李物品中隐匿携带《民用航空安全检查规则》第六十三条第三项规定以外的民航禁止运输、限制运输的物品,扰乱秩序的;
- 伪造、变造、冒用危险品航空运输条件鉴定报告或者使用伪造、变造的危险品航空运输条件鉴定报告的;
- 伪造品名运输或者在航空货物中夹带危险品、违禁品、管制物品的;
- 在航空邮件中隐匿、夹带运输危险品、违禁品、管制物品的;
- 故意散播虚假非法干扰信息的;
- 对民航案件工作现场及民航安检工作进行拍照、摄像,经民航安检机构警示拒不改正的;
- 逃避安全检查或者殴打辱骂民航安全检查员或者其他妨碍民安检工作正常开展,扰乱民航安检工作现场秩序的;
- 清场、航空器安保检查、航空器安保搜查中发现可疑人员或者物品的;
- 发现民用机场公安机关布控的犯罪嫌疑人的;
- 其他危害民用航空安全或者违反治安管理行为的。

图 6-8　民航安检机构应当报告公安机关的行为种类

(2) 采取紧急处置措施,并立即报告公安机关

有如图 6-9 所示情形之一的,民航安检机构应当采取紧急处置措施,并立即报告公安机关。

- 发现爆炸物品、爆炸装置或者其他重大危险源的;
- 冲闯、堵塞民航安检通道或者民用运输机场控制区安检道口的;
- 在民航安检工作现场向民用运输机场控制区内传递物品的;
- 破坏、损毁、占用民航安检设备设施、场地的;
- 其他威胁民用航空安全,需要采取紧急处置措施行为的。

图 6-9　民航安检机构采取紧急处置措施,并报告公安机关的行为种类

(3) 报告有关部门处理

有如图 6-10 所示情形之一的,民航安检机构应当报告有关部门处理。

- 发现涉嫌走私人员或者物品的；
- 发现违规运输航空货物的；
- 发现不属于公安机关管理的危险品、违禁品、管制物品的。

图 6-10　报告有关部门处理的行为种类

知识窗 6-4

旅客，是指经公共航空运输企业同意在民用航空器上载运的除机组成员以外的任何人。

进入机场控制区的其他人员，是指除旅客以外的，因工作需要，经安全检查进入机场控制区或者民用航空器的人员，包括但不限于机组成员、工作人员、民用航空监察员等。

行李物品，是指旅客在旅行中为了穿着、使用、舒适或者方便的需要而携带的物品和其他个人财物，包括随身行李物品、托运行李。

随身行李物品，是指经公共航空运输企业同意，由旅客自行负责照管的行李和自行携带的零星小件物品。

托运行李，是指旅客交由公共航空运输企业负责照管和运输并填开行李票的行李。

三、民用机场治安管理

近几年来，随着民航运输量的增加，机场治安问题不断增多。特别是在机场区域，常常因为航班延误、航班取消，引发强行占据航空器，阻碍正常航班航空器运行，阻碍其他航班旅客登机，封堵机场道路交通，打、砸、破坏机场公共设施以及辱骂殴打航空运输企业工作人员等极端行为事件。

案例 6-3

安检中谎称携带炸弹，被行政拘留

2013 年 5 月 17 日，一名欲乘坐东方航空公司 MU5614 航班（哈尔滨—上海）的旅客，在安检过程中称自己携带了炸弹。随后，哈尔滨机场公安控制了该旅客并将其带走。经机场公安调查，该旅客只是一时戏言，并未携带炸弹。由于他的行为已扰乱了公共秩序，于是，机场公安对其做出了行政拘留的处罚。

为什么谎称有炸弹会受到行政拘留的行政处罚呢？

机场属于公共场所，是对外窗口和关系到航空运输安全的重要地点。对于在机场内扰乱公共场秩序的行为，可依照《民用航空安全保卫条例》《治安管理处罚法》和《刑法》的规定予以处罚。

本章知识地图

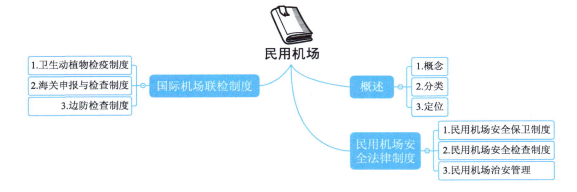

思考与练习

一、填空题

1. 按照机场使用目的不同,机场分为_____、军用机场。
2. 按照经营范围的大小,民用机场可以分为国际机场和_____。
3. 按照机场的服务规模,民用机场可以分为_____、_____与支线机场。
4. 自_____年起,承担检疫职责的国境卫生检疫机关划入海关总署。
5. 除海关免于监管的人员以及随同成人旅行的16周岁以下旅客以外,进出境旅客携带有应向海关申报物品的,须填写《申报单》,向海关书面申报,并选择_____(又称_____)通关。
6. 进出境旅客没有携带应向海关申报物品的,无须填写《中华人民共和国海关进出境旅客行李物品申报单》,选择_____(又称_____)通关。
7. 机场安全保卫的重点是地面预防和处置_____和_____,保障民用机场安全有序运行。
8. 机场控制区根据安保需要,划分为候机隔离区、_____、_____、货物存放区等。
9. 发现冲闯、堵塞民航安检通道或者民用运输机场控制区安检道口的,民航安检机构应当采取紧急处置措施,并立即报告_____。
10. 发现使用伪造、变造的乘机身份证件或者乘机凭证的,民航安检机构应当报告_____。

二、判断题

1. 民用机场是指专供民用航空器起飞、降落、滑行、停放以及进行其他活动使用的划定区域,包括附属的建筑物、装置和设施。( )
2. 我国《民航法》所称民用机场包括临时机场。( )
3. 按照机场在民用航空体系中的地位,民用机场可以分为轴心机场、地区机场和备降机场。( )
4. 目前我国《民用机场管理条例》把民用机场定位为我国的公共基础设施。( )
5. 我国民用机场必须取得使用许可证才能开放使用。( )

6. 在国际机场,各国都设立了机场联检机构,根据相关国内法的规定对出入境旅客实施检查。（   ）

7. 为了防止对航空器、机组、乘客和货物造成不必要的延误,在1944年《国际民用航空公约》第四章便利空中航行的措施中规定了在联检时实行简化手续。（   ）

8. 发现爆炸物品、爆炸装置或者其他重大危险源的,民航安检机构应当采取紧急处置措施,并立即报告公安机关。（   ）

9. 机场根据年旅客吞吐量以及受威胁程度划分安保等级,实行分级管理。（   ）

10. 发现冒用他人乘机身份证件或者乘机凭证的,民航安检机构可以没收其身份证件。（   ）

三、简答题

1. 简述国际机场、国内机场各自的经营范围。
2. 在我国,国际机场开放使用必须满足哪些条件?
3. 国际机场联检制度有哪些?
4. 我国民用机场安全法律制度有哪些?

第七章

航空旅客运输中的法律问题

☑ 通过本章的学习,你应该能够:
- 了解航空运输合同的内涵和特征;
- 了解航空旅客运输中承运人和旅客的权利和义务;
- 了解华沙体制的基本含义;
- 了解航班延误的相关立法情况;
- 理解航空承运人的责任范围和责任期间;
- 理解航班延误的含义及其原因;
- 理解合理延误和不合理延误;
- 掌握国内航空旅客损害赔偿责任的法律规定;
- 掌握国际航空旅客损害赔偿责任的法律规定;
- 掌握航班延误的赔偿责任。

民航法基础知识与实务

引例

民航业 2018 年共完成运输总周转量 1206.4 亿 t·km，旅客运输量 6.1 亿人次，货邮运输量 738.5 万 t，同比分别增长 11.4%、10.9%、4.6%（图 7-1）。乘坐飞机出行成了我们日常生活的一部分，航空旅客运输合同与我们息息相关。但你知道航空旅客运输合同具有什么效力吗？在发生航班延误的情况下，承运人又有什么责任呢？本章将为你解开疑惑。

图 7-1 民航业 2018 年运输情况

第一节 航空旅客运输合同

一、航空旅客运输合同的概念

从社会经济生活看，航空运输活动是航空承运人利用民用航空器为航空旅客提供空间位移服务的活动。这种经济活动是以合同为基础的，航空运输活动本质上是航空承运人与旅客之间的合同关系。

1. 航空旅客运输合同的概念

合同是作为平等主体的自然人、法人或其他组织之间设立、变更或终止民事权利和义务的协议。合同包括了运输合同。运输合同是指承运人将旅客或者货物从起运地点运输到约定的目的地点，而由旅客、货物托运人（或收货人）支付票款或者运输费用的合同。

航空运输合同是运输合同的一种,它是指航空承运人与航空旅客、货物托运人(或收货人),依法就提供并完成以民用航空器运送服务达成的协议。

航空旅客运输合同,简称航空客运合同,是指航空承运人与旅客之间,依法就提供并完成以民用航空器运送旅客服务达成的协议。航空旅客运输合同是航空运输中运用范围最广的合同。

航空旅客运输合同包括旅客客票、行李票、行李牌、逾重行李牌、承运人的旅客运输条件、承运人公之于众的其他旅客运输规范、国际条约或国内法规定的合同条款、各承运人依法达成的特别协议,以及可以作为相反证据取代旅客客票及行李部分内容的其他书面凭证等,如图7-2、图7-3所示。

图7-2 航空运输电子客票行程单

图7-3 航空运输登机牌

2. 航空旅客运输合同的种类

根据不同的分类标准,航空旅客运输合同可以划分为不同的类别。

从运输范围划分,航空旅客运输合同可分为国内航空旅客运输合同和国际航空旅客运输合同。从运输方式划分,航空旅客运输合同可分为定期航班旅客运输合同、航空包机旅客运输合同(图7-4)。

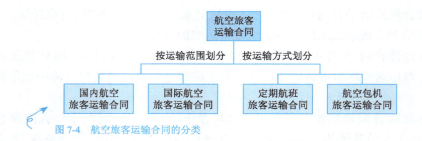

图 7-4 航空旅客运输合同的分类

二、航空旅客运输合同的特征

在航空运输活动中,旅客运输最为多见,航空旅客运输合同的运用范围比较广泛。航空旅客运输合同的法律特征见表 7-1。

航空旅客运输合同的特征　　　　　　　　表 7-1

特　征	含　义	航空旅客运输合同的特征体现
有名合同	指法律对合同的类型与内容已经做出明确规定,并且赋予特定的名称,合同当事人必须对法律规定的要素做出约定的合同	航空运输合同内容、形式、责任等都比较特殊,各个国家的共同做法是:在航空法中直接规定关于航空运输合同的特殊规范;或者在合同法中的运输合同项下做出关于航空运输合同的特殊规定
格式合同	指合同内容相对固定,为方便当事人重复使用而由一方预先拟定的,在订立合同无须与对方另行协商的条款或合同。在格式合同中,合同提供方一般按照法律规定、交易惯例事先拟定合同的条款。采用格式合同有利于降低交易成本,提高交易效率	在航空旅客运输中,航空承运人与每一个旅客的交易模式是一致的,运用格式合同进行交易可以降低运输成本,又可以提高运输的效率。国家法律对航空旅客运输合同都有明确的规定
诺成合同	在合同关系中,只要当事人各方的意思表示一致,合同即可成立的合同	在航空旅客运输合同中,只要航空公司和乘客之间就航空运输达成一致的意思表示,该合同即可成立,也就是说,航空运输合同自承运人向旅客交付客票时成立
双务合同	在合同法律关系中,合同的双方当事人既享有权利,又都负有义务的合同	在航空旅客运输合同中,航空承运人和旅客双方都各有权利和义务
有偿合同	指在合同法律关系中,合同当事人在合同中获得利益必须支付相应的代价的一类合同	在航空旅客运输合同中,航空承运人从旅客那里获取票款,是以为乘客提供相应的航空运输服务为条件;而对于旅客来说,要想得到航空公司提供的特定航空运输服务,就得向航空公司支付相应的代价(即票款)

三、航空旅客运输合同的效力

航空旅客运输合同是确立航空承运人和航空旅客之间权利和义务关系的书面协议。

1. 旅客的义务

在航空旅客运输合同中,旅客的主要义务如下:

(1) 支付票款的义务

航空旅客通过空运方式出行,享受航空运输服务,必须为此向航空承运人支付票款或者运输费用。旅客应当支付足够的票款,这是旅客的基本义务。在航空运输开始之前,如果旅客支付不足、未支付或者拒绝支付票款,航空承运人有权拒绝运输该旅客。

(2) 持有效客票乘运的义务

旅客应当持有效客票(包括电子客票)乘运。

(3) 携带的行李重量符合限量规定的义务

在旅客航空运输中,一般事先约定了旅客随身携带行李的重量限制。旅客有义务按照运输规则的规定,免费携带规定重量以内的行李。如果携带的行李重量超过了规定的数量,则应当办理托运手续。

(4) 不携带、夹带危险品、违禁物品的义务

旅客不得随身携带或者在行李中夹带易燃、易爆、有毒、有腐蚀性、有放射性的危险物品,以及其他有可能危及运输工具上人身安全和财产安全的危险物品。旅客违反前款规定的,承运人可以将违禁物品卸下、销毁或送交有关部门。旅客坚持携带或夹带违禁物品的,承运人应当拒绝运输。

航空运输是高空运输作业,具有很大的风险,对安全的要求很高。因此,对旅客乘机所携带的行李有较高的要求。

(5) 按照规定的时间要求办理登机手续和登机的义务

旅客买好机票以后,有义务按照航空承运人规定的时间办理登机手续和登机,这是保证航空承运人正常提供航空运输服务的一个重要条件,也是为了满足其他旅客得以按时旅行的需要。

(6) 接受安全检查的义务

为了确保航空承运人安全、正常地提供航空运输服务,需要旅客在登机之前履行接受有关部门的安全检查、积极配合检查的义务。

(7) 其他法律义务

其他法律义务指在上述义务中未涉及的,但对确保航空承运人的安全运输有重要意义的其他义务。

航空旅客运输合同关系中旅客的义务见表7-2。

航空旅客运输合同关系中旅客的义务　　　　　　　表7-2

序　号	义务名称	义务内容
义务1	支付票款的义务	向航空承运人支付足额票款
义务2	持有效客票乘运的义务	乘机时应当携带有效票证
义务3	限量携带行李的义务	携带行李符合规定的重量要求
义务4	不携带、夹带危险品、违禁物品的义务	不能够携带违禁、危险物品
义务5	按照规定的时间要求办理登机手续和登机的义务	在规定时间范围内办理手续
义务6	接受安全检查的义务	自觉按照安检要求接受检查
义务7	其他法律义务	其他应当履行的法律义务

2. 航空承运人的义务

在航空旅客运输合同中，航空承运人的义务如下：

（1）对旅客及其行李进行安全检查的义务

对旅客及其行李的安全检查，是为了保证安全提供航空运输的需要，也是为了保证所有旅客的安全。对旅客及其行李的安全检查（图7-5），既是航空承运人的权利，也是航空承运人的义务。

图7-5　航空旅客安全检查

（2）保证旅客生命财产安全的义务

承运人应当在约定期间或者在合理期间内将旅客、货物安全运输到约定地点，这是承运人最基本的法定义务。在航空旅客运输中，航空承运人应当对旅客的人身安全和财产安全负责任，尽最大的努力确保航空运输的安全。

（3）按照约定条件运输的义务

承运人应当按照客票载明的时间和班次运输旅客。承运人迟延运输的，应当合理安排改乘其他班次或者退票。在航空旅客运输中，旅客进行订座并经确认，与航空承运人建立航空运输合同关系后，航空承运人有义务按照旅客订座机票所载明的时间和班次进行运输。

（4）不得擅自变更服务标准的义务

承运人擅自变更运输工具而降低服务标准的，应当根据旅客的要求退票或者减收票款；提高服务标准的，不应当加收票款。在航空运输中，航空承运人不得擅自变更运输服务的标准，这种变更包括降低服务标准和提高服务标准，如果未经旅客同意降低服务标准，旅客有权要求退票或者减收运输费用；如果未经旅客同意而提高了服务标准，航空承运人不得另行增加运输费用。

（5）协助、救助的义务

承运人在运输过程中，应当尽力救助疾病、分娩、遇险的旅客。在航空运输过程中，如果旅客突发疾病、遇到分娩，或者遇到危险等特殊情况时，航空承运人应当尽全力提供协助和救助（图7-6）。这不仅是法律要求，也是道义要求。因为在航空运输中，旅客完全处于航空承运人的管控之下。

第七章 航空旅客运输中的法律问题

图 7-6 乘客在飞机上分娩、突发疾病的救助服务

（6）航班延误中的义务

在航空旅客运输中，发生了航班延误的情况，根据航班延误的原因不同，航空承运人应承担相应的责任。

对于由于天气、突发事件等非航空公司原因造成的航班延误，航空承运人可免责，但应当协助旅客安排食宿等。对于由于航空公司的原因造成的航班延误，航空承运人则应当承担责任，有义务向旅客提供延误后的食宿、退改签等服务。

（7）告知义务

当出现航班超售、航班延误或者取消航班等航班变更的情况时，航空承运人应当及时将有关信息告知旅客。

第二节 航空旅客运输中的承运人责任

一、国内航空旅客运输中承运人的责任

我国《民航法》和《中国民用航空旅客、行李国内运输规则》对航空承运人在国内航空运输中的责任进行了明确规定。

1. 航空承运人的责任期间

所谓责任期间，是指发生损害事实，行为人对受害人据以承担损害赔偿责任的时间上的范围。在航空旅客运输中，航空承运人的责任期间是指航空承运人在航空运输合同成立并生效以后至航空旅客运输合同效力终止期间，对旅客人身伤害所应当承担赔偿责任的时间上的范围。

由于航空旅客运输的复杂性，航空旅客运输合同的生效期间与航空承运人的责任期间不能够完全等同。航空旅客运输合同的生效期间强调的是合同在法律上产生拘束力的时间

服从法律，无论是我或任何人都不能摆脱法律的光荣的束缚。——[法]让-雅克·卢梭（Jean-Jacques Rousseau）

范围,这个时间范围比较广。而航空承运人的责任期间则强调的是在旅客运输合同生效以后,对旅客运输活动导致的人身伤害航空承运人所应当承担赔偿责任的时间范围。

在运输实践中,航空承运人的责任期间包括旅客"在航空器上""上航空器过程中"和"下航空器过程中"三个时间范围(图7-7)。对于旅客"在航空器上"责任的时间范围,大多没有争议。而对于旅客"上、下航空器的过程中"责任的时间范围,争议较大,一般实践中形成四个基本的判定依据:一是旅客受损害时所处的位置,这一位置应当是为旅客登机而所使用的位置;二是旅客的活动性质,旅客在受到损害时的活动是不是为接受运输服务而发生的活动;三是控制因素,旅客受到人身伤害时是否处于航空承运人的控制之下;四是时间因素,旅客受到人身伤害时是否属于航空运输合同生效期间。同时具备了以上四个因素,那么就可以判定属于航空旅客运输中航空承运人的责任期间。

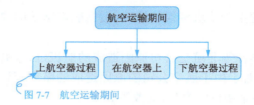

图7-7 航空运输期间

2. 航空承运人的责任限额

我国《民航法》规定,在发生旅客人身伤亡或行李损失时,航空承运人承担责任的一般原则是客观责任制。但是对于我国航空承运人在国内航空运输中的责任,《民航法》规定了责任限额。自新中国成立以来,随着我国社会经济的发展,国内航空运输中承运人的责任限额逐步提高。为了适应新时期我国国内航空运输发展的需要,2006年3月28日,我国颁布实施了《国内航空运输承运人赔偿责任限额规定》,根据该规定,目前国内航空运输承运人(以下简称承运人)应当在规定的赔偿责任限额内按照实际损害承担赔偿责任,但是《民航法》另有规定的除外,如表7-3所示。

国内航空旅客运输损害赔偿责任限额   表7-3

类 型	赔偿责任限额(人民币)
旅客人身伤害	40万元/人
随身携带行李	3000元/人
托运行李	100元/kg

案例7-1

男子托运百万古董遭损坏,厦门航空公司论斤赔500元

2013年4月4日晚9点,刘先生乘坐厦门航空公司从北京飞往福建的航班。登机前,他将3件瓷器放入行李箱并办理了托运手续。但取回行李时,刘先生发现行李箱和3件瓷器已损坏(图7-8)。此后,厦门航空公司赔偿了刘先生一个新的行李箱,并同意按照100元/kg的标准赔偿其瓷器损失500元。因协商未果,刘先生将厦门航空公司告上法庭。

刘先生称，受损的3件瓷器均是古董，其中褐釉点彩螭耳罐是唐宋时期的，价值115万元，是从蔡某处购得；豆青色笔洗是明清时期的官窑，价值120万元，是其祖传的；五彩碟是清朝的，价值2万元，是其从古董店购得的。3件瓷器均无鉴定证书。

图7-8　破碎的瓷器

厦门航空公司不认可受损瓷器为古董，并称刘先生既未声明物品易碎，也未对贵重物品进行保价，故只同意赔偿500元。

法院认为，刘先生托运的行李在托运过程中损坏，厦门航空公司构成违约，应对刘先生因此产生的合理损失进行赔偿。关于瓷器损失，刘先生提交的未加盖公章的藏品信息登记表，不能确定是具备相应鉴定资质的鉴定人出具的；其与蔡某之间的转让书，未对交易物品是否是古董、是何时期的古董进行约定，故刘先生主张的瓷器损失证据不足。

同时，法院认为原告称受损瓷器是贵重物品，但其既未随身携带、妥善保管，又未办理行李声明价值，法院只能参照航空运输关于承运人赔偿责任的规定确定其行李损失金额。鉴于厦门航空公司同意赔偿500元，符合法律法规规定，法院予以采纳。

（资料来源：https://fj.qq.com/a/20140208/011565_all.htm）

3. 航空承运人责任的减轻或免除

根据《民航法》的规定，在旅客、行李运输中，经航空承运人证明，损失是由索赔人的过错造成或者促成的，应当根据造成或者促成此种损失的过错的程度，相应免除或者减轻承运人的责任。旅客以外的其他人就旅客死亡或者受伤提出赔偿请求时，经承运人证明，死亡或者受伤是旅客本人的过错造成或者促成的，同样应当根据造成或者促成此种损失的过错的程度，相应免除或者减轻航空承运人的责任。

4. 航空承运人责任的例外

在航空运输中，为了平衡航空承运人和旅客的利益关系，除了规定航空承运人应当承担责任的情形以外，还对其免责的情形进行了规定。

在民用航空器上或者在旅客上、下民用航空器过程中，旅客的人身伤亡完全是由于旅客本人的健康状况造成的，承运人不承担责任。

旅客的随身携带的物品或者托运的行李的毁灭、遗失或者损坏，完全是由于行李本身的自然属性、质量或者缺陷造成的，承运人不承担责任。

法条点击 7-1

《民航法》

第一百二十四条　因发生在民用《民航法》航空器上或者在旅客上、下民用航空器过程中的事件，造成旅客人身伤亡的，承运人应当承担责任；但是，旅客的人身伤亡完全是由于旅客本人的健康状况造成的，承运人不承担责任。

第一百二十五条 因发生在民用航空器上或者在旅客上、下民用航空器过程中的事件,造成旅客的随身携带物品毁灭、遗失或者损坏的,承运人应当承担责任。因发生在航空运输期间的事件,造成旅客的托运行李毁灭、遗失或者损坏的,承运人应当承担责任。

旅客的随身携带物品或者托运行李的毁灭、遗失或者损坏完全是由于行李本身的自然属性、质量或者缺陷造成的,承运人不承担责任。

本章所称行李,包括托运行李和旅客随身携带的物品。

因发生在航空运输期间的事件,造成货物毁灭、遗失或者损坏的,承运人应当承担责任;但是,承运人证明货物的毁灭、遗失或者损坏完全是由于下列原因之一造成的,不承担责任:

(一)货物本身的自然属性、质量或者缺陷;
(二)承运人或者其受雇人、代理人以外的人包装货物的,货物包装不良;
(三)战争或者武装冲突;
(四)政府有关部门实施的与货物入境、出境或者过境有关的行为。

本条所称航空运输期间,是指在机场内、民用航空器上或者机场外降落的任何地点,托运行李、货物处于承运人掌管之下的全部期间。

航空运输期间,不包括机场外的任何陆路运输、海上运输、内河运输过程;但是,此种陆路运输、海上运输、内河运输是为了履行航空运输合同而装载、交付或者转运,在没有相反证据的情况下,所发生的损失视为在航空运输期间发生的损失。

二、国际航空旅客运输中承运人的责任

国际航空运输是指根据当事人订立的航空运输合同,无论运输有无中断或者有无转运,运输的出发地点、目的地点或者约定的经停地点之一不在中华人民共和国境内的运输。

调整国际航空运输的国际公约,主要是1929年签订的《华沙公约》及以修订《华沙公约》为目的的其他国际公约,这些公约构成了庞杂的体系,又被称为华沙体制(表7-4)。

华沙体制　　　　　　　　　　　　表7-4

公　　约	订立日期	生效日期	我国是否加入
1929年《华沙公约》	1929年10月12日	1933年2月13日	是
1955年《海牙议定书》	1955年9月28日	1963年8月1日	是
1961年《瓜达拉哈拉公约》	1961年9月18日	1964年5月1日	否
1971年《危地马拉议定书》	1971年3月8日	未生效	否
1975年《蒙特利尔第1号附加议定书》	1975年9月25日	1996年2月15日	否
1975年《蒙特利尔第2号附加议定书》	1975年9月25日	1996年2月15日	否
1975年《蒙特利尔第3号附加议定书》	1975年9月25日	未生效	否
1975年《蒙特利尔第4号附加议定书》	1975年9月25日	1998年6月14日	否
1999年《蒙特利尔公约》	1999年5月28日	2003年11月4日	是

案例7.2 1955年10月，美国联合航空公司从纽约飞旧金山的409航班，于经停丹佛后起飞不久，就撞在洛杉矶的麦迪欣山峰上，61名乘客5名机组人员无一幸免。这本是一起国内航空事故，按照美国绝大多数州的州法，承运人的责任不受限制，因此罹难旅客家属获得十几万到几十万美元不等的赔偿。但旅客中有5个人，他们是在欧洲买的联程票，因出发地和目的地是在两个缔约国境内，属于1929年《华沙公约》第一条定义的"国际运输"，对他们的赔偿却只有该公约规定的8300美元。两者鲜明对照，美国舆论哗然。

（资料来源：赵维田. 国际航空法[M]. 北京：社会科学文献出版社，2000.）

随着国际航空运输的发展，华沙体制庞杂的体系越来越不能适应民航发展的需要，于是国际社会讨论要制订一部统一的国际公约来调整国际航空运输的事宜。经过多方努力，1999年5月28日，在蒙特利尔制定的1999年《蒙特利尔公约》，取代了旧华沙体制的各项公约。

1999年《蒙特利尔公约》规定的承运人责任如下所示。

1. 航空承运人的责任范围

根据1999年《蒙特利尔公约》，在国际航空旅客运输中，承运人对旅客损害赔偿的范围为：

①对于旅客因死亡、受伤或身体上的任何其他损害而产生的损失，如果造成这种损失的事故是发生在航空器上或上、下航空器过程中，航空承运人应承担责任。

②对于任何已登记的行李等因毁灭、遗失或损坏而产生的损失，如果造成这种损失的事故是发生在航空运输期间，航空承运人应承担责任。

③航空承运人对旅客、行李等在航空运输过程中因延误而造成的损失应承担责任。

所谓"损害"，是指主观上由于航空承运人的过错行为所导致，客观上表现为事故或事件结果的旅客人身伤亡或财产毁损，其中包括由航班延误导致的这类财产损害。

2. 航空承运人的责任期间

航空承运人的责任期间，是指旅客和行李处于"航空运输中"或者"航空运输期间"发生的损失。

所谓"航空运输中"或"航空运输期间"：就航空旅客运输而言，是指旅客在航空器上，以及上、下航空器的全部期间；就旅客行李而言，则指自托运行李时始，至交付时止，这些物品被置于机场内外以及航空器上，处于承运人监管之下的全部期间。

3. 航空承运人的免责事由

关于在国际航空运输中航空承运人对旅客损失责任的免责事由，1999年《蒙特利尔公约》第十七条有如下规定：

①对于根据1999年《蒙特利尔公约》第十七条第一款所产生的每名旅客不超过12.88万特别提款权的损害赔偿，承运人不得免除或者限制其责任。

②对于根据第十七条第一款所产生的每名旅客超过12.88万特别提款权的部分，承运人证明有以下情形的，不应当承担责任：损失不是由于航空承运人或其受雇人、代理人的过失或

者其他不当作为、不作为造成的;或者损失完全是由第三人的过失或者其他不当作为、不作为造成的。

对于旅客的伤亡而言:经承运人证明,损失是由索赔人或者索赔人从其取得权利的人的过失或者其他不当作为、不作为造成或促成的,应当根据造成或促成此种损失的过失或者其他不当作为、不作为的程度,相应全部或部分免除承运人的责任;旅客以外的其他人就旅客死亡或者伤害提出赔偿请求的,经承运人证明,损失是旅客本人的过失或者其他不当作为、不作为造成或促成的,同样应当根据造成或促成此种损失的过失或者其他不当作为、不作为的程度,相应全部或者部分免除承运人的责任。

航空承运人对于托运行李而产生的损失的免责事由是:如果行李损失是由于行李的固有缺陷、质量或瑕疵造成的,在此范围内承运人不承担责任。

第三节 客运航班延误与法律责任

一、航班延误的种类及原因

1. 航班延误的概念

航班延误是指在航空运输中未能在约定时间或合理时间内将旅客、行李或者货物运送到其目的地点。自2017年1月1日起施行的《航班正常管理规定》(交通运输部令2016年第56号)中明确了"航班延误"是指航班实际到港挡轮挡时间晚于计划到港时间超过15min的情况。

2. 航班延误的种类及原因

由于航空运输是高空生产作业,因此,航班正常与否要受到很多因素的制约。通常,航班延误原因包括天气、航空公司、空管、机场、联检、油料、离港、旅客、军事活动、公共安全和飞机晚到等。

(1)航班延误的承运人原因

造成航班延误的航空承运人原因主要包括机务维护、航班调配、商务和机组等原因。航空承运人对于此类因素具有可以控制的能力,属于主观原因造成的延误。

(2)航班延误的非航空承运人原因

①天气原因。雷电、暴雨、大雾、风雪等,是造成航班延误的最主要原因,包括出发地机场天气状况不宜起飞、目的地机场天气状况不宜降落和飞行航路上气象状况不宜飞越等情形。

②航空管制原因。空中交通管制部门出于保证航空安全的目标,对民航航班进行流量控制,而导致航班延误。航空管制还受政治、社会、军事活动的影响。

③旅客原因。常见的情形有：旅客晚到、通知上飞机时旅客不辞而别、旅客突发疾病和旅客占机、霸机等情况。

④机场原因。在航空运输实践中，机场地面保障能力不足、海关、安检等都可能导致航班延误。

⑤突发事件以及其他原因导致的航班延误。

对于此类因素，航空承运人一般不具有可以控制的能力，属于外部因素，不应承担法律责任。

航班延误的种类见表7-5。

航班延误的种类　　　　　　　　　　　　　　　表7-5

种　类	原　因
非航空公司原因	天气原因（例如，雷电、暴雨、大雾、风雪等导致的延误）
	航空管制原因（例如，流量控制，政治、社会、军事因素导致的延误）
	旅客原因（例如，旅客晚到、通知上飞机时旅客不辞而别、旅客突发疾病和旅客占机、霸机等情况）导致的延误
	机场原因（例如，机场地面保障能力不足、海关、安检等都可能导致航班延误）
	突发事件以及其他原因导致的航班延误
航空公司原因	机械故障
	机务维护
	航班调配
	商务和机组等原因

（3）航班延误纠纷的主要诱因

航班延误发生后，旅客与航空承运人产生的纠纷主要集中在几个方面：

①围绕信息提供问题的纠纷。延误发生以后，旅客抱怨航空公司为何不及时提供真实有用的信息，而航空公司则抱怨自身有时也很无奈。

②围绕补救服务问题的纠纷。航班延误发生后，由于种种原因，旅客抱怨航空公司没有提供应当提供的补救服务，而航空公司则强调有的延误不属于自己应当提供服务的范围。

③围绕经济补偿的纠纷。航班延误发生以后，旅客一般要求航空公司给予一定的经济补偿，而航空公司出于种种原因，不愿意给予经济补偿。但当双方的矛盾激化到非常激烈时，最后航空公司又不得不做出让步并给予补偿，这会对旅客心理造成一些不良影响。

航班延误发生后，旅客与航空承运人有时会产生矛盾和纠纷，严重时会出现争吵谩骂、聚众滋事、毁坏公物、占机霸机等现象（图7-9）。

图7-9　因航班延误，旅客与航空公司工作人员冲突

二、航班延误的法律规定

关于航班延误的立法情况见表7-6。

关于航班延误的立法情况　　　　　　　　　　表7-6

内　　容	国际条约	美　国	欧　盟	中　国
航班延误专门立法	有原则规定	无	有	有
关于超售立法	无	有	有	无

1. 目前国际条约的规定

（1）1929年《华沙公约》的规定

在航空运输领域，最早对航班延误有所规定的是1929年《华沙公约》。该条规定：承运人对旅客、行李或货物在航空运输过程中因延误而造成的损失应负责任。

（2）国际航空运输协会起草的、被各国航空承运人普遍采纳的涉及旅客行李运输的合同条件的规定

国际航空运输协会在1972年第2756号决议（《客票——合同条件》）第九条和1979年第6006号决议（《航空货运单——合同条件》）第五条中都有关于"合理时间"的论述。

《客票——合同条件》《航空货运单——合同条件》规定：承运人承担的只是尽最大努力合理地迅速运送旅客及行李的义务，班期时刻表上或其他地方所显示的时间是不能被保证的，班期时刻表仅仅是作为预期的运输时间。国际航空运输协会至今也没有把班期时刻表当作运输合同履行的组成部分。

（3）1999年《蒙特利尔公约》的规定

1999年《蒙特利尔公约》第十九条规定：对旅客、行李在航空运输中因延误而蒙受的损失，承运人应承担责任；但是，承运人如能证明其与受雇人以及代理人为避免损失，已采取了按合理要求可做的一切措施，或者他（或他们）不可能采取此种措施，对因延误蒙受的损失，承运人不承担责任。

2. 美国、欧盟相关规定

（1）美国的相关规定

关于航班延误，除了因超售引起的延误外，美国没有法律层面的规定。

美国运输部的相关规定：美国运输部要求各航空承运人制定正常航班、延误航班、取消航班和合并航班的服务程序和服务标准，向运输部备案，并定期向运输部提交正常航班、延误航班、取消航班和合并航班的报告。美国运输部对航班延误没有制定统一的赔偿标准，而是各航空承运人自行制定标准。美国运输部实行信息公开制度，每月定期对美国主要航空公司和主要机场的航班正常情况进行公布。

美国各航空公司通过美国航空运输协会发布服务承诺，其中有四项涉及航班延误，由运输部对航空公司的服务承诺进行监督。

按照美国航空运输企业惯例：由非航空承运人原因造成的航班延误或取消，航空承运人一律不承担责任；由航空承运人原因（飞机故障、调配问题或者机票超售等）造成的航班延误或取消，各个航空公司的做法主要是安排转机、提供餐饮和免费使用电话，如果旅客必须过夜，航空承运人会提供一定补偿。

（2）欧盟的相关规定

欧盟在 2004 年颁布了《欧共体关于航班拒载、取消或延误时对旅客赔偿和帮助的一般规定》（欧盟 261/2004 号条例）。该条例适用于 2005 年 2 月 17 日起从欧洲境内的机场始发的所有航班，以及欧洲境外始发的、由欧盟的承运人营运的航班。

条例规定，当运营承运人可合理地预计航班将超过预定离站时间延误时：在发生延误 2～4h 的情况下，承运人应当对乘客提供餐食、饮料、住宿（包括机场和住宿之间的运输）以及免费电话、传真或电子邮件等方面的帮助；如果延误超过 5h，旅客可能得到由航空承运人支付的一定数额的金钱补偿；如果航班取消，则旅客可能得到的最高补偿分别为 250 欧元（航程在 1500km 以内）、400 欧元（航程在 1500～3500km）、600 欧元（航程 3500km 及以上）。

（3）美国的超售规则

超售规则适用于因持有经确认的订座客票的旅客数量超过航班实有座位数量，致使航空承运人无法全面提供原先确认预订的座位的情形。

超售规则要求航空承运人在实施非自愿拒载登机遴选程序前，必须先在值机区域或登机区域寻找愿意为了得到航空承运人的补偿而放弃座位的自愿者。补偿条件可以谈判，这使得航空承运人可以最低的代价实现自愿拒载登机。

超售规则要求航空承运人必须向非自愿者提供书面声明，说明该公司遴选非自愿者的程序和方法，告知非自愿者所应享有的权利。

非自愿者在免费享受经航空承运人重新安排的，预计到达时间比原航班预计到达时间推迟 1h 之内到达目的地，或其原航程的下一个经停点的替代航班，或其他交通方式的，航空承运人不必赔偿。

如果替代交通安排预计到达时间比原航班晚 1～2h 的，航空承运人则必须补偿被拒绝登机的旅客相当于单程机票票价的金额，最高不超过 200 美元；如果替代交通安排到达时间比预计到达时间晚于 2h（国际航班晚于 4h），或者航空承运人无法安排替代交通的，补偿标准为票价的 200%，最高不超过 400 美元。

超售规则有效地平衡了航空承运人收益最大化和合理保护旅客合法权益之间的冲突。

3. 我国关于航班延误的规定

（1）《民航法》的规定

《民航法》规定，旅客、行李在航空运输中因延误造成的损失，承运人应当承担责任；但是承运人证明本人或者其受雇人、代理人为了避免损失的发生，已经采取一切必要措施或者不可能采取此种措施的，不承担责任。

（2）《合同法》的规定

《合同法》规定，运输合同是承运人将旅客或者货物从起运地点运输到约定地点，旅客、托运人或者收货人支付票款或者运输费用的合同。承运人应当在约定期间或者合理期间内将旅客、货物安全运输到约定地点。

承运人应当按照客票载明的时间和班次运输旅客。承运人迟延运输的，应当根据旅客的要求安排改乘其他班次或者退票。

（3）《中国民用航空旅客、行李国内运输规则》规定

由于机务维护、航班调配、商务、机组等原因，造成航班在始发地延误或取消，承运人应当向旅客提供餐食或住宿等服务。（第五十七条）

由于天气、突发事件、空中交通管制、安检以及旅客等非承运人原因，造成航班在始发地延误或取消，承运人应协助旅客安排餐食和住宿，费用可由旅客自理。（第五十八条）

航班在经停地延误或取消，无论何种原因，承运人均应负责向经停旅客提供膳宿服务。（第五十九条）

航班延误或取消时，承运人应迅速及时地将航班延误或取消等信息通知旅客，做好解释工作。（第六十条）

承运人和其他各保障部门应相互配合，各司其职，认真负责，共同保障航班正常，避免不必要的航班延误。（第六十一条）

航班延误或取消时，承运人应根据旅客的要求，按本规则第十九条、第二十三条的规定认真做好后续航班安排或退票工作。（第六十二条）

（4）《航班正常管理规定》的规定

《航班正常管理规定》是民航局第一部规范航班正常工作的经济类规章。该规定从航班正常保障、延误处置、旅客投诉管理、监督管理、法律责任等各个方面，进一步明确了航空公司、机场、空管等航空运行主体的责任，为维护乘客合法的权益、保障正常航空运输秩序提供了法律依据。这部规章共8章75条，其中法律责任部分共有17条，反映出法律责任的重要性。比如，该规定细化了《民用机场管理条例》法律责任中的部分条款，对承运人、机场管理机构等主体的违法行为设定了法律责任。

《航班正常管理规定》要求承运人应当制定并公布运输总条件，明确航班出港延误及取消后的旅客服务内容，并在购票环节中明确告知旅客。

国内承运人的运输总条件中应当包括是否对航班延误进行补偿；若给予补偿，应当明确补偿条件、标准和方式等相关内容。（第十七条）

承运人应当积极探索航班延误保险等救济途径，建立航班延误保险理赔机制。（第十八条）

（5）航班延误经济补偿指导意见

2004年6月26日，民航总局出台了《航班延误经济补偿指导意见》（以下简称《指导意见》）。

《指导意见》规定，航空承运人因自身原因造成航班延误的标准分为两种：一种是延误4h以上、8h以内；另一种是延误超过8h以上。对于这两种情况，航空承运人要对旅客进行经济补偿。

《指导意见》规定：补偿方式可以通过现金、购票折扣和返还里程等方式予以兑现；在航班延误的情况下，为了不再造成新的延误，经济补偿一般不在机场现场进行，航空承运人可以采用登记、信函等方式进行。

《指导意见》规定：机场应该制止旅客在航班延误后，采取"罢乘""占机"等方式影响航班的正常飞行。

我国对航班延误的规定情况见表7-7。

我国对航班延误的规定情况　　　　　　　　表7-7

规　　定	内　　容
《合同法》	规定延误属于违约，违约方应当承担责任
《民航法》	对规定延误采用推定过错责任原则
《中国民用航空旅客、行李国内运输规则》	规定较具体，但无赔偿标准
《航班正常管理规定》	对航班运行主体各自的职责有了更加清晰的定位和全面规范
《航班延误经济补偿指导意见》	规定具体，有赔偿标准，但无强制拘束力

案例7-3　航班延误致连环损失，国内甲航空公司、达美航空公司双双成被告

【案情】

安先生通过携程网购买了国内甲航空公司和达美航空公司自北京出发，在美国纽约中转，到劳德代尔堡的联程机票，机票款共计10644元，预定行程是2009年11月3日13时抵达美国纽约肯尼迪机场，并于当日15时50分乘达美航空公司DL209航班去美国佛罗里达州劳德代尔堡，然后于11月5日7时从劳德代尔堡返回纽约，于11月7日乘甲航空公司CA982从纽约返回北京。

但是，2009年11月3日下午，安先生与妻子乘坐甲航空公司航班飞抵纽约时，已是15时，晚点近一个半小时，而接下来的事情就更像多米诺骨牌一样依次被打乱。

由于航班延误，安先生赶至达美航空公司柜台，却被告知因迟到5min，已不能办理登机手续。工作人员还称，当天达美航空公司已经没有去劳德代尔堡的航班。

但是，因为必须在当天赶到劳德代尔堡参加重要会议，安先生不得已只能另外购买捷蓝航空公司当天下午去劳德代尔堡的机票。两天后，2009年11月5日，当安先生预从劳德代尔堡返回纽约时，却被告知因11月3日没有乘坐达美航空公司的航班，故其购买的联程DL1410航班座位被取消。达美航空公司擅自取消座位，致使安先生不仅要临时寻找其他航班，而且还要再次购票，票款远远高于原票价。

由于临时搭乘的航班较晚，使得安先生耽误了在纽约与客户的会谈，损失了与客户合作的机会，该损失是无法衡量的。而且达美航空公司一直未退回安先生原定航班的机票款。

回国后，安先生向人民法院提起诉讼：①要求达美航空公司支付机票款5000元，甲航空公司承担连带责任；②甲航空公司与达美航空公司共同支付包括律师费及其他合理开支在内的损失1.2万元，商业机会损失赔偿10万元；③向其书面赔礼道歉，并支付1万元精神损失补偿金。

开庭期间，甲航空公司表示当天航班延误是由于空中交通管制所致，空中管制是民航地区管理局做出的政府行为，所以拒绝承担责任。达美航空公司表示，根据《民用航空旅客、行李国际运输规则》第28条规定，顺序使用客票是航空业普遍认可的行业惯例。由于安先生未能及时搭乘达美航空公司航班，且在未与达美航空公司沟通的情况下购买了其他航空公司的航班，导致其机票信息未能与达美航空公司确认，达美航空公司依照惯例取消其机票，不应承担法律责任。

【法院判决】

法院审理后认为，甲航空公司航班延误使安先生未能如期搭乘达美航空公司航班，对此应承担违约责任，赔偿安先生自行购买其他航班去劳德代尔堡的费用2000余元。根据达美航空公司网站所告知的规则，不论何种原因导致乘客未能如约乘坐预订航班，乘客有义务通知达美航空公司，否则达美航空公司可以取消其回程机票。安先生未告知达美航空公司其自行选择了其他航班，导致回程机票被取消，他应自行担责。他索赔的其他损失，法院均不支持。

（1）法院主审法官表示，安先生购买甲航空公司、达美航空公司的联程机票，双方之间建立航空旅客运输合同关系。根据国际公约及《民航法》的规定，甲航空公司、达美航空公司分别就各自运输区段承担合同义务。由于航班晚点主要是在甲航空公司运输区段发生的，甲航空公司理应承担违约责任，故一审判令甲航空公司赔偿安先生机票款损失2000余元。达美航空公司在安先生该段航程中没有违约行为，安先生要求达美航空公司就此承担连带责任，无事实及法律依据，法院不予支持。

（2）根据国际公约，达美航空公司称因安先生未履行通知义务而取消其回程机票的说法符合约定。安先生未能按照约定告知达美航空公司其自行选择其他航班飞行，导致达美航空公司取消其回程机票，对此，安先生应自行承担责任。

（资料来源：http://china.findlaw.cn/xfwq/xiaofeiweiquananli/18869.html）

三、处理航班延误应当注意的问题

在航班延误中，旅客和航空承运人双方作为航空旅客运输合同法律关系的主体，既享有一定权利，又有一定义务。

1. 航班延误中旅客的权利与义务

（1）旅客的主要权利

①知情权。《消费者权益保护法》第八条规定：消费者享有知悉其购买、使用的商品或者接受的服务的真实情况的权利。所以，在航空运输中，发生航班延误的法律事实，无论是何种情况，作为消费者的旅客，享有知悉航班延误真实情况的权利。

②选择权。《消费者权益保护法》第九条规定：消费者享有自主选择商品或者服务的权利。消费者有权自主选择提供商品或者服务的经营者，自主选择商品品种或者服务方式，自主决定购买或者不购买任何一种商品、接受或者不接受任何一项服务。在航空运输中，当出

现了航班延误的情况下,作为消费者的旅客有权选择提供航空运输服务的公司的权利,既可以继续接受原航空承运人的服务,也可以拒绝接受原航空承运人的服务而另行选择接受其他的航空承运人的服务。

③索赔权。《消费者权益保护法》第十一条规定:消费者因购买、使用商品或者接受服务受到人身、财产损害的,享有依法获得赔偿的权利。在航空运输中,航班延误往往对旅客的财产造成一定的损失,因此,求偿权(索赔权)是乘客的一项重要权利。

（2）旅客的主要义务

①遵守有关法律法规的义务。旅客一般是航班延误的受害者,其合法利益受到一定的损害,应主张其合法权益。但是,维权应当通过合法的途径,并遵守有关的法律法规,而不能采取违反民航法律法规、扰乱正常的民航运输秩序等方式。

②赔偿航空承运人或他人损失的义务。如果旅客的不当行为成为航班延误的主要原因,则该旅客必须合理补偿航空承运人或其他受害人的利益。

2. 航班延误中航空承运人的权利与义务

（1）航空承运人的主要义务

①继续履行的义务。由于特定原因导致的航班延误,致使航空承运人履行航空旅客运输合同出现不当延迟,但是仍然有义务将未履行的合同继续履行。将旅客、行李安全运送到预定的目的地。

②告知义务。在航空运输活动中,发生航班延误的法律事实,作为航空承运人来讲,非常重要的一项义务就是迅速、如实地将关于航班延误的有关情况告知消费者,让消费者的知情权得到保障。

③补救义务。在航空运输中,出现航班延误对于消费者的合法权益势必造成损害,因为发生延误也就意味着航空承运人不能够如实地履行合同约定的义务,按照合同法的有关规定,航空承运人应当积极采取相应措施进行补救,减轻旅客的损失。

④损害赔偿义务。发生不合理的航班延误,如果造成了旅客的实际财产损失,并且这是由于航空承运人的原因所引起的,承运人又没有《民航法》规定的免责事由,那么航空承运人有义务对旅客或者托运人的损失进行一定的赔偿。

⑤退票的义务。《中国民用航空旅客、行李国内运输规则》第二十三条规定:航班取消、提前、延误、航程改变或承运人不能提供原定座位时,旅客要求退票,始发站应退还全部票款,经停地应退还未使用航段的全部票款,均不收取退票费。

（2）航空承运人的权利

航空承运人拥有维护航空运输正常秩序的权利和保障自身财产不受损失的权利。

案例 7-4 阿某诉东方航空公司国际航空旅客运输合同纠纷二审案

2004年12月29日,原告阿某购买了一张由国泰航空公司作为出票人的机票,机票列明的航程安排为:2004年12月31日11时,从上海乘坐被告东方航空公司的

MU703航班至香港；同日16时，乘坐国泰航空公司的航班至卡拉奇。机票背面条款注明，该合同应遵守1929年《华沙公约》所指定的有关责任的规则和限制。该机票为打折票，机票上注明不得退票、不得转签。2004年12月30日15时，浦东机场地区开始下中雪，22—23时，机场被迫关闭1h，导致该日104个航班延误。次日因需处理飞机除冰、补班调配等问题，从浦东机场起飞的航班有43架次被取消、142架次被延误，出港正常率只有24.1%。当日，MU703航班也由于天气原因延误3h22min起飞，以至阿某一行到达香港机场后，未能赶上国泰航空公司飞往卡拉奇的衔接航班。

在浦东机场候机时，原告阿某及家属已经意识到MU703航班延迟到达香港，会错过国泰航空公司的衔接航班，于是多次到被告东方航空公司的服务台询问如何处理。东方航空公司工作人员让阿某填写了"续航情况登记表"，并表示填好表格后会帮助解决。阿某及家属到达香港后，东方航空公司工作人员向阿某告知了两个处理方案：其一为在香港机场等候三天，然后搭乘国泰航空公司下一航班，三天费用自理；其二为自行出资购买其他航空公司的机票至卡拉奇，约需费用2.5万港元。阿某当即表示这两个方案均无法接受。阿某的妻子杜某因携带婴儿，也无法接受东方航空公司的处理方案，在焦虑、激动中给东方航空公司打电话，但被告知有关工作人员已经下班。最终经香港机场工作人员交涉，阿某一行购买了阿联酋航空公司的机票及行李票，搭乘该公司航班绕道迪拜到卡拉奇。为此，阿某支出机票款4721港元、行李票款759港元，共计5480港元。庭审中，双方一致同意港元与人民币的汇率按1:1.07计算。

【裁判摘要】

根据本案所适用的国际公约的规定，由一家航空公司出票并实际承运部分航程、另一家航空公司实际承运另一部分航程的航空旅客运输，该两家航空公司并非航空法上的连续运输关系。旅客追究实际承运人所承运航程的责任时，可以选择起诉对象。被起诉的一家航空公司申请追加另一家航空公司参加诉讼的，法院可以根据审理案件的实际需要、诉讼成本、旅客维权的便捷性等因素决定是否准许。旅客支付了足额票款，航空公司就要为旅客提供完整的运输服务，旅客购买了打折机票，航空公司当然也可以相应地取消一些服务。但是，航空公司在打折机票上注明"不得退票，不得转签"，只是限制购买打折机票的旅客由于自身原因而退票和转签，不能剥夺旅客在支付了票款后享有的按时乘坐航班抵达目的地的权利。当不可抗力造成航班延误，致使航空公司不能将换乘其他航班的旅客按时运抵目的地时，航空公司有义务在始发地向换乘的旅客明确告知到达目的地以后是否提供转签服务，以及在其不能提供转签服务时旅客应当如何办理旅行手续。根据1955年《海牙议定书》第十九条、第二十条第一款规定，航空公司不尽此项义务或者不能证明自己已尽此项义务，而给换乘旅客造成损失的，应当承担赔偿责任。

[资料来源：《中华人民共和国最高人民法院公报》2006年第10期（总第120期）.]

本章知识地图

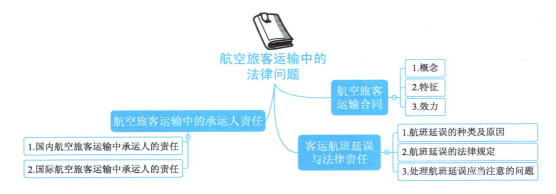

思考与练习

一、填空题

1. 按运输方式划分,航空旅客运输合同可分为_____和_____。
2. 在航空旅客运输中,航空承运人的责任期间是指航空承运人在航空运输合同_____至_____的期间。
3. 航空旅客运输中承运人的责任期间,包括了旅客_____、_____和_____三个时间范围。
4. 我国目前国内航空运输对每名旅客的赔偿责任限额为_____。
5. 在国际航空旅客运输中,航空承运人的责任适用_____。
6. 我国目前航空承运人损害赔偿采取_____。
7. 航班延误发生后,旅客享有_____、_____和_____。
8. 航班延误是指在航空运输中未能在约定时间或合理时间内将旅客、行李或者货物运送到_____。
9. 在航空旅客运输合同中,航空承运人的义务包括:_____、_____、_____、_____、_____和_____。
10. 在确定航班延误赔偿责任时,将航班延误分为不合理延误和_____。

二、判断题

1. 客票上的姓名与旅客本人不符时会影响航空旅客运输合同的存在或效力。（ ）
2. 航空运输合同是格式合同。（ ）
3. 航空旅客运输行程单不属于航空运输合同。（ ）
4. 航空运输中,旅客具有自觉按照要求接受安全检查的义务。（ ）
5. 航空运输合同是诺成合同。（ ）
6. 由于天气原因造成的航班延误,航空承运人要承担赔偿责任。（ ）

7. 航班延误不属于航空承运人的责任范围。（   ）

8. 航空承运人对于托运行李而产生的损失的免责事由是：如果行李损失是由行李的固有缺陷、质量或瑕疵造成的，在此范围内承运人不承担责任。（   ）

9. 由于机组晚到导致航班延误，航空公司可以不承担责任。（   ）

10. 由于流量控制造成的航班延误，航空公司应该承担赔偿责任。（   ）

三、简答题

1. 如何理解航空旅客运输合同？
2. 如何理解航空旅客运输中航空承运人的权利义务？
3. 如何理解航班延误发生后，航空承运人的责任？
4. 如何理解国内航空旅客运输人身损害赔偿的责任限额？
5. 如何理解航空旅客运输中旅客人身伤害时航空承运人减轻责任或免除责任？
6. 如何理解航空旅客运输中旅客人身伤亡时航空承运人的除外责任？
7. 如何理解国际航空旅客运输中航空承运人的责任范围？

第八章

我国民航安全保卫法律制度

☑ 通过本章的学习,你应该能够:
- 了解民航安保法的概念及特征;
- 掌握非法干扰行为的具体内容;
- 掌握客舱扰乱行为的具体内容;
- 理解非法干扰行为适用《刑法》定性的条文;
- 理解客舱扰乱行为适用《治安管理处罚法》定性的条文。

朴某擅开舱门受审案

【引例】

2015年2月12日12时许,被告人朴某(女,吉林延吉人,31岁,母语为韩语,精神智力正常,行为时无饮酒、吸毒情况)在吉林省延吉市朝阳川国际机场乘坐韩国韩亚航空公司由延吉飞往韩国仁川市的OZ352航班,坐在靠近左侧2号应急舱门的15A座位。朴某登机后,乘务员禹某(韩国籍)根据安全手册,使用韩语,专门向朴某讲解说明了应急舱门的重要性,告知其非紧急情况不能打开应急舱门;如遇紧急情况,在得到机组成员的指令后,方可打开应急舱门,协助其他旅客逃生。12时30分许,OZ352航班飞机关闭舱门,于12时34分50秒被牵引车推出滑行。飞机滑行了38m时,朴某擅自将其座位附近的左侧2号应急舱门打开,致使该应急舱门的应急充气滑梯释放弹出。地面工作人员和机组成员发现后,立即采取紧急措施,于12时35分24秒将飞机迫停,机场随即启动了应急救援预案。该航班延误近4h,造成直接经济损失人民币3.4万元。

延吉市人民法院认为,被告人朴某明知擅自打开飞机应急舱门会危及飞行安全,在飞机被牵引车推出阶段故意将应急舱门打开,危及飞行安全,尚未造成严重后果,其行为已构成以危险方法危害公共安全罪。公诉机关指控朴某未接到乘务员指令,不顾警示标语,擅自将应急舱门手柄上的防护罩拉开,抬起防护罩内的手柄,致使应急充气滑梯弹出、飞机迫停,给飞行安全带来严重威胁,导致航班延误近4h,造成直接经济损失人民币3.4万元的事实,有经庭审核实的证据予以证实,故指控的犯罪事实和罪名成立。鉴于朴某打开应急舱门时飞机尚未使用自主动力滑行,地面工作人员和机组成员发现应急充气滑梯弹出后将飞机迫停,地面工作人员先已离开滑梯弹出形成的危险区域,尚未造成人员伤亡和重大经济损失,故朴某的行为系犯罪情节轻微,不需要判处刑罚,依法可以免于刑事处罚。依照《中华人民共和国刑法》第一百一十四条、第三十七条之规定,作出如上判决。

【指导意义】

擅开飞机应急舱门作为一种典型"机闹"事件,屡禁不止,与其违法成本低不无关联。通过此案的审判可知,不是所有情形下的擅开飞机应急舱门行为都可以以违反《治安管理处罚法》来做终局评价。当情节恶劣、社会危害性大、后果严重时,可能涉嫌刑事违法,需承担刑事责任。此案对于教育乘机旅客遵守机上安全规定、对于航空安全员处置相关违法行为时的性质判断,均具有指导意义。

第一节 我国民航安保法律渊源

一、我国民航安保法的概念和特征

民航安保法是指为了预防和制止危害民航安全和秩序的违法、犯罪行为,保障民航运输中的人员生命安全和财产安全,维护民航运输秩序而制定的各种法律规范的总和。本章重点学习内容为我国民航安保法。

民航安保法并非一部独立的部门法,严格意义上来说,应称之为民航安保法体系,这一体系具有以下特征。

1. 调整对象特殊性

民航安保在民航运输活动中属特殊领域。在既有认知中,民航安保是为确保参与民航运输活动的人及物、地(水)面第三人及物,免于航空非法行为导致的威胁或损害的文化观念、组织制度、管理活动和安全技术。因而,以民航安保为调整对象的民航安保法也具有特殊性。

2. 公法性

若按公法与私法对民航安保法进行分类,则民航安保法具有明显的公法属性。原因在于,民航安保法保护的是民航运输中的人员生命和财产安全以及民航运输秩序,这两者均属于公共利益的范畴。另外,从目前的立法内容来看,其主要是关于民航安保领域的政府监管、职责分配、措施和标准的制定以及特殊情况下的处置措施。

3. 法律渊源多元性

民航安保法涉及多部法律、行政法规、行政规章、规范性文件,法律渊源具有多元性。以机场、航空器上禁止的行为处置为例,民航安保法所保护的对象涵盖了国家安全、公共安全、公民生命及财产安全等内容。我国对于相关行为的界定与处置主要规定于《刑法》《治安管理处罚法》等法律的相关条款中。

二、我国民航安保法的国内法渊源

我国民航安保法的国内法渊源主要有法律、行政法规、民航规章以及民航规范性文件四个层次,内容涵盖安全检查、空中安保、机场安保、公共运输企业安保等诸多内容。乘务员所应了解的、现行有效的国内法渊源具体内容见表 8-1。

依据《大型飞机公共航空运输承运人运行合格审定规则》(CCAR-121-R5)中有关乘务员职责的规定,以及部分公共航空运输企业仍存有"双证"乘务员(同时持有乘务员执照与航空安全员执照)的相关要求,本章将以《公共航空旅客运输飞行中安全保卫工作规则》(CCAR-332-R1)中对于非法干扰行为与扰乱行为的界定为标准,重点讲解《刑法》《治安管理处罚法》两部法律中涉及民航安保的相关内容。

国内法渊源　　　　　　　　　表 8-1

层 级	名 称	最 新 版 本
法律	《民航法》	2018 年 12 月 29 日第五次修订
	《刑法》	2017 年 11 月 4 日修正案(十)
	《治安管理处罚法》	2013 年 1 月 1 日第一次修订
	《中华人民共和国反恐怖主义法》	2018 年 4 月 27 日第一次修正
行政法规	《民用航空安全保卫条例》	2011 年 1 月 8 日第一次修订
	《民用机场管理条例》	2019 年 3 月 2 日第一次修订

续上表

层级	名称	最新版本
民航规章	《民用航空安全检查规则》	2017年1月1日施行
	《公共航空旅客运输飞行中安全保卫工作规则》	2017年3月10日施行
	《大型飞机公共航空运输承运人运行合格审定规则》	2017年10月10日施行
	《航空安全员合格审定规则》	2018年8月31日第一次修订
	《民用航空运输机场航空安全保卫规则》	2016年5月22日施行
民航规范性文件	民航局发布的与客舱安全保卫工作有关的相关文件	—

第二节 非法干扰行为的界定与处置

一、非法干扰行为的国内法界定

"非法干扰行为"系属民航法语境中的特有法律词汇,其翻译自国际民航法中的"unlawful interference"。在我国,2017年3月10日,由交通运输部以部门规章形式发文施行的《公共航空旅客运输飞行中安全保卫工作规则》(CCAR-332-R1)第六章"附则"中对该术语做出了定义。定义采取列举式,共包括七类行为。

法条点击 8-1

《公共航空旅客运输飞行中安全保卫工作规则》第六章"附则"第四十九条 本规则使用的部分术语定义如下。
……
非法干扰行为,是指危害民用航空安全的行为或未遂行为,主要包括:
(一)非法劫持航空器;
(二)毁坏使用中的航空器;
(三)在航空器上或机场扣留人质;
(四)强行闯入航空器、机场或航空设施场所;
(五)为犯罪目的而将武器或危险装置、材料带入航空器或机场;
(六)利用使用中的航空器造成死亡、严重人身伤害,或对财产(或环境)的严重破坏;
(七)散播危害飞行中或地面上的航空器、机场或民航设施场所内的旅客、机组、地面人员或大众安全的虚假信息。

二、非法干扰行为适用《刑法》的处置

界定非法干扰行为的定义、明确其具体包括哪些行为,意在与国际民航法相衔接,但落实到非法干扰行为该如何适用国内法进行定性与处置,还需了解《刑法》的相关规定。非法干扰行为适用《刑法》定性处置条文的对应关系见表8-2。

第八章　我国民航安全保卫法律制度

非法干扰行为适用《刑法》定性处置条文对应关系　　　　表 8-2

非法干扰行为	《刑法》罪名	刑事责任
非法劫持航空器	第一百二十一条"劫持航空器罪"	10 年以上有期徒刑或者无期徒刑;死刑
毁坏使用中的航空器	第一百一十六条"破坏交通工具罪"	3 年以上 10 年以下有期徒刑
	第一百一十九条"破坏交通工具罪"	10 年以上有期徒刑、无期徒刑或者死刑
在航空器上或机场扣留人质	第二百三十九条"绑架罪"	10 年以上有期徒刑或者无期徒刑,并处罚金或者没收财产;情节较轻的,处 5 年以上 10 年以下有期徒刑,并处罚金 犯前款罪,杀害被绑架人的,或者故意伤害被绑架人,致人重伤、死亡的,处无期徒刑或者死刑,并处没收财产
强行闯入航空器、机场或航空设施场所	第二百九十一条"聚众扰乱交通秩序罪"	首要分子,处 10 年以下有期徒刑、拘役或者管制
	第二百九十三条"寻衅滋事罪"	10 年以下有期徒刑、拘役或者管制;5 年以上 10 年以下有期徒刑,可以并处罚金
为犯罪目的而将武器或危险装置、材料带入航空器或机场	第一百三十条"非法携带枪支、弹药、管制刀具、危险物品危及公共安全罪"	3 年以下有期徒刑、拘役或者管制
利用使用中的航空器造成死亡、严重人身伤害,或对财产(或环境)的严重破坏	第一百一十四条"放火罪、爆炸罪、以危险方法危害公共安全罪之一"	3 年以上 10 年以下有期徒刑
	第一百一十五条"放火罪、爆炸罪、以危险方法危害公共安全罪之二"	10 年以上有期徒刑、无期徒刑或者死刑
散播危害飞行中或地面上的航空器、机场或民航设施场所内的旅客、机组、地面人员或大众安全的虚假信息	第二百九十一条"编造、故意传播虚假信息罪"	5 年以下有期徒刑、拘役或者管制;5 年以上有期徒刑

1. 非法劫持航空器

非法劫持航空器,属于危害民航运输安全的犯罪,对应我国《刑法》第一百二十一条"劫持航空器罪"。本罪名的特殊点在于法官没有自由裁量权,劫持航空器致人重伤、死亡或者使航空器遭受严重破坏的,即处死刑。此种立法证明劫持航空罪在我国属于重罪。该罪的犯罪构成见表 8-3。劫持航空器罪重点理解词汇及含义如图 8-1 所示。

劫持航空罪犯罪构成　　　　表 8-3

主　体	主观方面	客观方面	客　体
达到刑事责任年龄,具有刑事责任能力的自然人	故意	以暴力、胁迫或者其他方法劫持航空器的行为	民航运输安全

对人类心灵发生较大影响的,不是刑罚的强烈性,而是刑罚的延续性。——[意] 贝卡利亚

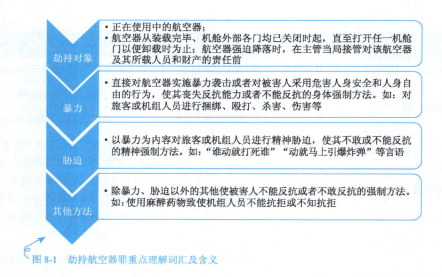

图 8-1　劫持航空器罪重点理解词汇及含义

案例 8-1

天津航空"6·29"劫机事件

2012 年 6 月 29 日,由新疆和田飞往乌鲁木齐的 GS7554 航班于 12 时 25 分起飞。12 时 35 分,飞机上有 6 名歹徒暴力劫持飞机,随后歹徒被机组人员和乘客制服,飞机随即返航和田机场并安全着陆,6 名歹徒被公安机关抓获。2012 年 12 月 11 日,新疆和田地区中级人民法院一审宣判,判处其中 3 名被告人死刑,剥夺政治权利终身;判处其中 1 名被告人无期徒刑,剥夺政治权利终身。

2. 毁坏使用中的航空器

毁坏使用中的航空器属于危害民航运输安全的犯罪,对应我国《刑法》第一百一十六条规定的"破坏交通工具罪"。破坏交通工具罪是指故意破坏火车、汽车、电车、船只、航空器,足以使火车、汽车、电车、船只、航空器发生倾覆、毁坏危险,尚未造成严重后果或者已经造成严重后果的行为。这是一种以交通工具作为特定破坏对象的危害公共安全的犯罪。在危害民航运输安全的刑事犯罪中,主要是指故意破坏航空器,足以使其发生倾覆、毁坏危险,危及民航运输安全的行为。该罪的犯罪构成见表 8-4。

破坏交通工具罪犯罪构成　　　　　　　　　　　　　　表 8-4

主 体	主观方面	客观方面	客 体
达到刑事责任年龄,具有刑事责任能力的自然人	故意或过失	故意破坏航空器,足以航空器发生倾覆、毁坏危险	民航运输安全

3. 在航空器上或机场扣留人质

在航空器上或机场扣留人质,对应我国《刑法》第二百三十九条"绑架罪"。该罪名为我国《刑法》中的重罪,处 10 年以上有期徒刑或者无期徒刑,并处罚金或者没收财产;情节较轻的,处 5 年以上 10 年以下有期徒刑,并处罚金。犯前款罪,且杀害被绑架人的,或者故意伤害被绑架人,致人重伤、死亡的,处无期徒刑或者死刑,并处没收财产。在航空器上或机场扣留人质，依其犯罪地点的特殊性，其所损害的客体除了当事人的人身权利外，还包括民航运输安全和民航运输秩序，属于复杂客体。另外，依实际案件，在航空器上或机场扣留人质的，有部分是以勒索财物为目的，也有部分是以绑架他人作为人质来完成其他目的而进行要挟。后者中：若是要挟航空器飞往特定地点的，因只是以劫持人质为手段，不认为构成本罪，而是构成劫持航空器罪；若要挟内容不是航空器及其所载的其他旅客，如劫持人质以要求会见媒体，否则就杀了人质的，就构成本罪。该罪的犯罪构成见表 8-5。

绑架罪犯罪构成　　　　　　　　　　　　　　　　　　　　　　表 8-5

主体	主观方面	客观方面	客体
14 周岁以上，精神正常的自然人	故意	勒索财物或者其他目的，使用暴力、胁迫或者其他方法，绑架他人的行为，或者绑架他人作为人质的行为	人身权；民航运输安全；民航运输秩序

案例 8-2　中国国际航空公司"4·15"劫持乘务员事件

2018 年 4 月 15 日发生在中国国际航空公司 CA1350 航班的劫持恐吓乘务员事件，于当日 13 时许得到成功处置。犯罪嫌疑人徐某（男，41 岁，湖南安化人，有精神病史）被警方成功抓获，该事件无人员伤亡。经初步调查，犯罪嫌疑人徐某乘坐该航班飞往北京途中，因突发精神疾病，手持钢笔挟持一位乘务员，导致该航班于 9 时 58 分备降郑州新郑国际机场。

（注：本案例旨在说明在航空器上或机场扣留人质的犯罪形式，对其中犯罪嫌疑人的精神状况是否影响定罪，因无公开资料，不予评述。）

4. 强行闯入航空器、机场或航空设施场所

强行闯入航空器、机场或航空设施场所对应我国《刑法》中的两个罪名，一是聚众扰乱交通秩序罪，二是寻衅滋事罪。

扰乱民航运输秩序的刑事犯罪范围内，主要是行为人聚众扰乱航空器飞行，阻碍民航相关工作人员正常工作的行为。该罪的犯罪构成见表 8-6。

聚众扰乱交通秩序罪犯罪构成　　　　　　　　　　　　　　　表 8-6

主体	主观方面	客观方面	客体
达到刑事责任年龄，具有刑事责任能力的自然人	故意	聚众扰乱交通秩序，抗拒、阻碍相关管理人员依法执行职务，情节严重的行为	民航运输秩序

需要重点说明的是，聚众扰乱交通秩序罪的主体必须为首要分子，即扰乱活动的组织者、策划者、指挥者，一般参与者不构成犯罪。

根据《刑法》第二百九十三条的规定，寻衅滋事罪是指肆意挑衅，随意殴打、骚扰他人，任意损毁、占用公私财物，或者在公共场所起哄闹事，严重破坏社会秩序的行为。《刑法》将寻衅滋事罪的客观表现形式规定为四种：①随意殴打他人，情节恶劣的；②追逐、拦截、辱骂、恐吓他人，情节恶劣的；③强拿硬要或者任意损毁、占用公私财物，情节严重的；④在公共场所起哄闹事，造成公共场所秩序严重混乱的。强行闯入航空器、机场或航空设施场所的行为

属于该罪名中的第四种表现形式,即在公共场所起哄闹事,造成公共场所秩序严重混乱的情形。该罪的犯罪构成见表8-7。

寻衅滋事罪犯罪构成　　　　　　　　　　　　　　　　　　　表8-7

主　体	主观方面	客观方面	客　体
达到刑事责任年龄,具有刑事责任能力的自然人	故意	在公共场所起哄闹事,造成公共场所秩序严重混乱的	民航运输秩序

案例8-3　海南航空"6·12"酗酒旅客殴打空中警察、乘务员事件

2016年6月12日,海南航空HU7041航班(太原—重庆)推出滑行期间,两名持经济舱客票的男性乘客(田某、耿某)坐在头等舱中,乘务员要求其按登机牌座位就座。两人提出认识海南航空领导,要求免费升舱,此无理要求被乘务员拒绝,随即他们便言语辱骂并动手殴打上前劝阻的乘务员和见义勇为的乘客杨某(19岁)。过程中,当班空中警察上前制止,在表明自己空中警察身份后,这两名男子叫嚣"打的就是警察"。事件造成4名乘务员和1名空中警察不同程度受伤(图8-2)。机组报警后,飞机滑回停机位,2名男子又向3名登机处置的民警大打出手,最后执勤特警到场,将其制服后带下飞机。

图8-2　海南航空"6·12"酗酒旅客殴打空中警察、乘务员事件

2017年7月17日,山西省太原市人民法院刑事附带民事判决书,判决情况如下:

(1)田某犯寻衅滋事罪,判处有期徒刑2年。

(2)耿某犯寻衅滋事罪,判处有期徒刑2年。

(3)田某、耿某连带赔偿附带民事诉讼原告人海南航空各项经济损失共计13246.75元。

5. 为犯罪目的而将武器或危险装置、材料带入航空器或机场

为犯罪目的而将武器或危险装置、材料带入航空器或机场,对应我国《刑法》第一百三十条"非法携带枪支、弹药、管制刀具、危险物品危及公共安全罪"。非法携带枪支、弹药、管制刀具、危险物品危及公共安全罪,在危害民航运输安全的刑事犯罪中,主要是指意图犯罪而非法携带枪支、弹药、管制刀具或者危险物品进入机场或者航空器,危及公共安全,情节严重的行为。该罪的犯罪构成见表8-8。

非法携带枪支、弹药、管制刀具、危险物品危及公共安全罪犯罪构成　　　表8-8

主　体	主观方面	客观方面	客　体
达到刑事责任年龄,具有刑事责任能力的自然人	故意	意图犯罪而非法携带枪支、弹药、管制刀具或者危险物品进入机场或者航空器,危及公共安全,情节严重的行为	民航运输安全

第八章　我国民航安全保卫法律制度

> **知识窗8-1**
>
> ### 何为枪支?
>
> 根据《中华人民共和国枪支管理法》的规定,枪支是指以火药或者压缩气体等为动力,利用管状器具发射金属弹丸或者其他物质,足以致人伤亡或者丧失知觉的各种枪支。其不仅指整枪,也指枪支的主要零部件。
>
> ### 何为弹药?
>
> 弹药,是指含有火药、炸药和其他装填物,爆炸后能对目标起毁伤作用或者完成其他战术任务的军械物品。它包括枪弹、炮弹、手榴弹、枪榴弹、火箭弹、航空炸弹、导弹、鱼雷、水雷、地雷、爆破筒、爆破药包等,以及非军事目的的礼炮弹、警用弹、狩猎用弹、射击运动用弹。
>
> ### 何为管制刀具?
>
> 根据中华人民共和国公安部2007年制定的《管制刀具认定标准》的规定,管制刀具包括匕首、三棱刀(包括机械加工用的三棱刮刀)、带有自锁装置的弹簧刀(跳刀)以及其他类似的单刃、双刃、三棱尖刀等。

6. 利用使用中的航空器造成死亡、严重人身伤害,或对财产(或环境)的严重破坏

2011年9月11日发生的"9·11"事件将非法干扰行为的种类扩大化,从国际公约到国内法律都将此种行为加以重点关注。"利用使用中的航空器造成死亡、严重人身伤害,或对财产(或环境)的严重破坏"就是包括但不限于类似"9·11"事件的行为定义。我国《刑法》指向该种非法干扰行为的主要有放火罪、爆炸罪、以危险方法危害公共安全罪。

《刑法》第一百一十四条、第一百一十五条"放火罪",是指故意放火焚烧公私财物,危害公共安全的行为。在危害民航运输安全的刑事犯罪中,主要表现为在候机楼、航空器等公共场所或者公共交通工具内放火,危害公共安全的行为。该罪的犯罪构成见表8-9。

放火罪犯罪构成　　　　　　表8-9

主　体	主观方面	客观方面	客　体
14周岁以上,精神正常的自然人	故意	在候机楼、航空器等公共场所或者公共交通工具内放火,危害民航运输安全的行为	公共安全

需要强调的是,本罪侵犯的客体是公共安全,即不特定或多数人的生命、健康或重大公私财产的安全。犯罪对象是不特定或多数人的人身、财产等。根据《刑法》第一百一十四条、第一百一十五条的规定,犯放火罪,尚未造成严重后果的,处3年以上10年以下有期徒刑;致人重伤、死亡或者使公私财产遭受重大损失的,处10年以上有期徒刑、无期徒刑或者死刑。

案例 8-4 深圳航空公司"7·26"纵火事件

2015年7月26日凌晨,在深圳航空公司ZH9648航班(台州—广州)降落过程中,一男子纵火并持刀伤人,危急时刻,机上的机组成员和乘客联手与纵火男子对峙,直至飞机平稳降落,其间一人被男子用刀划伤。纵火男子企图逃窜时从机上跌落受伤,随后被公安人员控制并送医。

纵火男子翟某系台州一铝合金作坊老板,当地干部称翟某十多年前坐过牢,出狱后挺勤奋,但生意一直做得不太顺,开厂欠了七八十万元的债。

(资料来源:http://news.youth.cn/gn/201507/t20150729_6936782.htm)

《刑法》第一百一十四条、第一百一十五条"爆炸罪",是指故意引爆爆炸物,危害公共安全的行为。在危害民航运输安全的刑事犯罪中,主要是指在航空器、候机楼、停机坪等交通工具或者场所内故意引发爆炸装置,危害公共安全的行为。该罪的犯罪构成见表8-10。

爆炸罪的犯罪构成   表8-10

主体	主观方面	客观方面	客体
14周岁以上,精神正常的自然人	故意	在候机楼、航空器等公共场所或者公共交通工具内引爆爆炸装置,危害民航运输安全的行为	公共安全

《刑法》第一百一十四条、第一百一十五条以危险方法危害公共安全罪,是一个概括性罪名,是故意以放火、决水、爆炸以及投放危险物质以外的并与之相当的危险方法,足以危害公共安全的行为。该罪侵犯的客体是公共安全,主观表现为故意。该罪属于行为犯,只要实施了危害公共安全的行为,无论是否造成严重后果,都会构成该罪。因此,《刑法》规定:以危险方法危害公共安全尚未造成严重后果的,处3年以上10年以下有期徒刑;造成严重后果的,处10年以上有期徒刑、无期徒刑或者死刑。在危害民航运输安全的刑事犯罪中有以此罪名定罪的判例(见本章引例)。

7. 散播危害飞行中或地面上的航空器、机场或民航设施场所内的旅客、机组、地面人员或大众安全的虚假信息

散播危害飞行中或地面上的航空器、机场或民航设施场所内的旅客、机组、地面人员或大众安全的虚假信息行为,对应我国《刑法》第二百九十一条之一的"编造、故意传播虚假信息罪"。编造、故意传播虚假信息罪为《刑法》修正案(三)中增设的罪名,是指编造爆炸威胁、生化威胁、放射威胁等恐怖信息,或者明知是编造的恐怖信息而故意传播,严重扰乱社会秩序的,处5年以下有期徒刑、拘役或者管制;造成严重后果的,处5年以上有期徒刑。编造、故意传播虚假信息犯罪构成见表8-11。

编造、故意传播虚假信息罪的犯罪构成   表8-11

主体	主观方面	客观方面	客体
达到刑事责任年龄,具有刑事责任能力的自然人	故意	编造爆炸威胁、生化威胁、放射威胁等恐怖信息,或者明知是编造的恐怖信息而故意传播,严重扰乱民航运输秩序的行为	民航运输秩序

第八章　我国民航安全保卫法律制度

> **知识窗8-2**
>
> **针对民航编造、故意传播虚假信息的按照刑事案件立案侦查**
>
> 考虑到此类行为给民航运输秩序带来的严重困扰和巨大损失，2013年，中华人民共和国公安部发出《关于依法严厉打击编造虚假恐怖信息威胁民航飞行安全犯罪活动的通知》，明确要求对于编造虚假恐怖信息威胁民航飞行安全的行为，各地公安机关要充分运用法律武器从重、从快打击，严格按照刑事案件立案侦查，追究犯罪嫌疑人的刑事责任，不得以治安管理处罚等形式降格处理。

案例8-5

奥凯航空虚假恐怖信息事件

2015年4月7日，刘某在天津市地铁2号线车厢内使用手机向天津市公安局报警称：5min前，其在地铁2号线上听到2名男子打电话聊天，内容大致是在今天天津飞广州的最后一班航班上安装了爆炸物，并谎称自己姓王。经查，当天从天津飞往广州的最后一班航班系奥凯航空公司bk2788航班，该航班的旅客已登记完毕，飞机准备起飞。接警后，天津市公安局组织大量警力对天津滨海国际机场进行严密布控和超常规安全检查，天津滨海国际机场也对当日的bk2788航班及旅客进行超常规安全检查，经查确认该航班无爆炸物。刘某的行为造成航班延误3h10min，给奥凯航空公司造成经济损失人民币12100元，并扰乱了天津滨海国际机场正常的工作秩序。

天津市东丽区人民法院判决刘某犯编造、故意传播虚假恐怖信息罪，判处其有期徒刑1年。

第三节　扰乱行为的界定与处置

一、扰乱行为的国内法界定

"扰乱行为"在民航安保法语境下，特指机场或航空器上扰乱秩序的一系列行为，与这一法律名词相类似的表述还包括"不循规旅客行为""机上滋扰行为""任性旅客行为"等。鉴于《公共航空旅客运输飞行中安全保卫工作规则》(CCAR-332-R1)第六章"附则"明确使用了"扰乱行为"，因而我们以此名词来进行国内法界定。该规章中定义采取列举式，共包括九类行为。

法条点击 8-2

《公共航空旅客运输飞行中安全保卫工作规则》第六章"附则"第四十九条　本规则使用的部分术语定义如下。

……

扰乱行为，是指在民用机场或在航空器上不遵守规定，或不听从机场工作人员或机组成员指示，从而扰乱机场或航空器上良好秩序的行为。航空器上的扰乱行为主要包括：

（一）强占座位、行李架的；

（二）打架斗殴、寻衅滋事的；

（三）违规使用手机或其他禁止使用的电子设备的；

（四）盗窃、故意损坏或者擅自移动救生物品等航空设施设备或强行打开应急舱门的；

（五）吸烟（含电子香烟）、使用火种的；

（六）猥亵客舱内人员或性骚扰的；

（七）传播淫秽物品及其他非法印制物的；

（八）妨碍机组成员履行职责的；

（九）扰乱航空器上秩序的其他行为。

二、扰乱行为适用《治安管理处罚法》的处置

我国《治安管理处罚法》第二条规定：扰乱公共秩序，妨害公共安全，侵犯人身权利、财产权利，妨害社会管理，具有社会危害性，依照《中华人民共和国刑法》的规定构成犯罪的，依法追究刑事责任；尚不够刑事处罚的，由公安机关依照本法给予治安管理处罚。这一规定揭示了违反治安管理行为的本质特征和法律属性。随着我国民航事业规模的扩大，扰乱行为呈现高发、多发态势，根据相关统计数据，民用航空活动中的违法事件多为扰乱行为，这就使得《治安管理处罚法》成为处置大部分机上违法行为的主要依据。但应注意的是，对于情节严重、构成犯罪的应依据《刑法》定罪处罚，如本章引例案件就属于此种情形。违法行为与《治安管理处罚法》的对应关系见表 8-12。

违法行为与《治安管理处罚法》对应关系　　表 8-12

扰乱行为	违法内容	处罚
强占座位、行李架的	第二十三条"扰乱航空器秩序的行为"	处警告或者 200 元以下罚款；情节较重的，处 5 日以上 10 日以下拘留，可以并处 500 元以下罚款
打架斗殴、寻衅滋事的	第四十三条"殴打他人的，或者故意伤害他人身体的行为"	处 5 日以上 10 日以下拘留，并处 200 元以上 500 元以下罚款；情节较轻的，处 5 日以下拘留或者 500 元以下罚款。有下列情形之一的，处 10 日以上 15 日以下拘留，并处 500 元以上 1000 元以下罚款：(一)结伙殴打、伤害他人的；(二)殴打、伤害残疾人、孕妇、不满 14 周岁的人或者 60 周岁以上的人的；(三)多次殴打、伤害他人或者一次殴打、伤害多人的

续上表

扰乱行为	违法内容	处罚
打架斗殴、寻衅滋事的	第二十六条"寻衅滋事行为"： （一）结伙斗殴的； （二）追逐、拦截他人的； （三）强拿硬要或者任意损毁、占用公私财物的； （四）其他寻衅滋事行为	处5日以上10日以下拘留，可以并处500元以下罚款；情节较重的，处10日以上15日以下拘留，可以并处1000元以下罚款
违规使用手机或其他禁止使用的电子设备的	第三十四条第二款"违规使用电子设备行为"： 在使用中的航空器上使用可能影响导航系统正常功能的器具、工具，不听劝阻的	处5日以下拘留或者500元以下罚款
盗窃、故意损坏或者擅自移动救生物品等航空设施设备或强行打开应急舱门的	第三十四条第一款"盗窃、损坏、擅自移动使用中的航空设施行为"	处10日以上15日以下拘留
吸烟（含电子香烟）、使用火种的	第二十三条"扰乱航空器秩序的行为"	处警告或者200元以下罚款；情节较重的，处5日以上10日以下拘留，可以并处500元以下罚款
猥亵客舱内人员或性骚扰的	第四十四条"猥亵他人的，或者在公共场所故意裸露身体的行为"	处5日以上10日以下拘留；猥亵智力残疾人、精神病人、不满14周岁的人或者有其他严重情节的，处10日以上15日以下拘留
传播淫秽物品及其他非法印制物的	第六十八条"传播淫秽信息的行为"	处10日以上15日以下拘留，可以并处3000元以下罚款；情节较轻的，处5日以下拘留或者500元以下罚款
妨碍机组成员履行职责的	第二十三条"扰乱航空器秩序的行为"	处警告或者200元以下罚款；情节较重的，处5日以上10日以下拘留，可以并处500元以下罚款

1. 强占座位、行李架行为

按照登机牌有序入座、放置行李是航空器上秩序的重要组成部分，未经允许越舱入座或坐在他人座位上且坚持不改者应视为强占座位；随意挪动他人已放置妥当的行李或不听从机组成员为有效利用行李架安排而坚持原位等行为应视为强占行李架的行为。上述行为已构成扰乱航空器秩序的行为，公安机关将视情节轻重，依据《治安管理处罚法》第二十三条进行处理。这一行为的构成见表8-13。

强占座位、行李架行为的构成　　　　　　　　表8-13

主体	主观方面	客观方面	客体
14周岁以上，精神正常的自然人	故意	强占座位、行李架的行为	民航运输秩序

案例8-6　旅客飞机上强占座位，欲按先来后到占座规则就座

2015年2月26日傍晚，在由上海虹桥机场飞往广州的FM9311航班上，旅客邓某强占他人座位，执意坚持按公交车先来后到占座的规则就座，并与其他正常就座旅客发生纠纷,客舱机组成员以及地面工作人员劝说二十多分钟也无效,导致航班晚点。原本应于2月26日17时30分起飞的FM9311航班延误至19时12分起飞。最后该旅客被机场公安使用手铐强行带下飞机。邓某的行为造成航班延误1h40min。机场公安到场后将邓某带回调查,并因其扰乱航空器上秩序依法做出行政拘留7日的处罚。

(资料来源:http://legal.people.com.cn/n/2015/0228/c188502-26611427.html)

2. 打架斗殴、寻衅滋事行为

在飞行中的打架斗殴、寻衅滋事行为是非常危险的,与地面不同,飞行中的此类行为还会产生影响飞机的配载平衡等飞行安全问题。随着民航事业的发展,乘机旅客增多,"空怒族"也在增加,狭窄的座位空间、航班旅行相对较多的行为限制导致近年来发生了多起机上打架斗殴、寻衅滋事事件(图8-3)。对应此类机上打架斗殴、寻衅滋事行为,我国《治安管理处罚法》第四十三条、第二十六条分别做出了明确规定,此类行为的构成见表8-14、表8-15。

图8-3 机上斗殴

打架斗殴行为构成　　　　　　　　　　　表8-14

主 体	主观方面	客观方面	客 体
14周岁以上,精神正常的自然人	故意	殴打他人的,或者故意伤害他人身体的行为	人身权;民航运输秩序

寻衅滋事行为构成　　　　　　　　　　　表8-15

主 体	主观方面	客观方面	客 体
14周岁以上,精神正常的自然人	故意	(1)结伙斗殴的; (2)追逐、拦截他人的; (3)强拿硬要或者任意损毁、占用公私财物的; (4)其他寻衅滋事行为	民航运输秩序

打架斗殴、寻衅滋事这两类行为在《公共航空旅客运输飞行中安全保卫工作规则》中规定于同一条中,但在《治安管理处罚法》中对应的条文是不同的。区分两者主要看行为所侵害的关键客体是什么:打架斗殴行为一般有明确的指向性,即行为所侵害的对象是特定的,且打架斗殴双方人数在一人或两人,主要的行为后果是一方或双方的轻微伤或软组织挫伤,行为所侵害的关键客体是人身健康权利;寻衅滋事行为则表现为行为人在公共场所(航空器或机场)无事生非、起哄捣乱、无理取闹、无故殴打他人、肆意挑衅、横行霸道,破坏公共秩序,情节轻微,行为所侵害的关键客体是民航运输秩序。

第八章 我国民航安全保卫法律制度

> **案例8-7**
>
> **塞班飞上海航班多位乘客互殴,空保人员及时制止,航班未返航**
>
> 2012年9月7日,在四川航空塞班飞上海的航班上,出现多位乘客互殴的场面。四川航空回应称,事发后,空保人员立即制止闹事乘客,控制住了航班上的局势。
>
> 一段时长58s的视频被不少网友转发。在这段视频中,两名男子正在互殴,双方肢体动作十分激烈,不少旅客试图劝架,但是,另一名男子又加入战团,双方多位好友随后加入互殴行列。视频结束前,一名空保人员将乘客拉开。
>
> 群殴的真正原因目前众说纷纭。拍摄这段视频的乘客称,两个人为了争一个后排闲置座位;另一位乘客则称,当时正在发放餐食,可能是座椅靠背调整的问题引发双方互殴;还有网友称,双方为争饮料而发生争执。
>
> 四川航空相关人士目前已确认该视频的确出自9月7日塞班飞上海的四川航空航班,机型为A330。该人士表示,一旦空中发生乘客冲突,空保人员首先进行劝阻,然后隔离双方,并向目击的乘客收集证言;如果有受伤的情况出现,将询问受伤者是否谅解,是否报警,报警则通知机场公安。空保人员也会根据现场情况,和乘客的行为是否已经严重扰乱了飞行秩序,来决定是否交由警方处理。由于事发时空保人员已经控制住了飞机上的局势,因此该航班并没有采取返航的做法。
>
> (资料来源:http://politics.people.com.cn/n/2012/0912/c70731-18983060.html)

3. 违规使用手机或其他禁止使用的电子设备的行为

违规使用手机或其他禁止使用的电子设备的行为,是指在使用中的航空器上故意使用可能影响导航系统正常功能的器具、工具,并且不听工作人员劝阻的行为。这些器具、工具发出的电磁波可能干扰飞机的正常飞行,引发飞行事故,威胁公共安全。根据我国《治安管理处罚法》第三十四条第二款的规定,该类行为将处5日以下拘留或者500元以下罚款。

> **知识窗8-3**
>
> **机上使用手机:"解禁"不等于"任性"**
>
> 2017年,交通运输部在《大型飞机公共航空运输承运人合格审定规则》第五次修订时,放宽机上便携式电子设备的使用限制。2018年1月16日,《机上便携式电子设备(PED)使用评估指南》公布,根据该指南,手机等PED解禁,并非民航管理制度范围不再涵盖机上PED,更不意味着"以后在飞机上使用手机,乘务员、安全员再也管不着了",而是管理制度的内容发生了变化,应依据新标准进行管理。
>
> 2018年1月18日,东方航空、海南航空和祥鹏航空成为中国民航首批解禁手机等PED,允许机上使用具有飞行模式的手机的航空公司,此后,中国国际、南方航空、山东航空、上海航空、春秋航空、瑞丽航空等国内其他航空公司陆续跟进。不过,手机"解禁"不等于可以随意任性地使用手机。在坚守安全底线的民航业,和事关飞行安全的其他环节一样,飞机上能否使用手机、以怎样的形式使用手机,始终需要首先满足合法合规的要求。

案例 8-8　女乘客拒绝关闭无飞行模式手机，被机场公安行政处罚

2013年4月17日上午，从上海飞往武汉的某航空公司航班还在高空飞行时，一女乘客因使用无飞行模式手机且拒不关机，引发乘客不满。一下飞机，空中安全员将其移送机场公安，机场公安对其进行了治安处罚。

湖北省公安厅机场公安局介绍，在飞机行驶过程中，不得违规使用电子设备。该女乘客拒绝关闭无飞行模式手机的行为，依据《治安管理处罚法》规定，在使用中的航空器上使用可能影响导航系统正常功能的器具、工具，不听劝阻，应处5日以下拘留或者500元以下罚款。由此，对该名女乘客做出了500元罚款的处罚决定。

4. 盗窃、故意损坏或者擅自移动救生物品等航空设施设备或强行打开应急舱门的行为

机上救生物品等航空设施设备除其本身经济价值外，还承载了旅客的生命、财产安全等价值内容。如盗窃救生衣的行为，就有可能导致飞机出现事故时一个生命无法得到救援。因而，盗窃、故意损坏或者擅自移动救生物品等航空设施设备或强行打开应急舱门的行为所侵害的客体是民航运输安全，即不特定旅客数量的生命、财产安全。该行为的构成见表8-16。

盗窃、故意损坏或者擅自移动救生物品等航空设施设备或强行打开应急舱门的行为构成　表8-16

主　体	主观方面	客观方面	客　体
14周岁以上，精神正常的自然人	故意	盗窃、故意损坏或者擅自移动救生物品等航空设施设备行为；强行打开应急舱门的行为	民航运输秩序

案例 8-9　乘客盗窃飞机救生衣被拘留，称方便日后游泳

2012年3月7日，安徽4名女乘客乘飞机离开厦门时被查出拿走了飞机救生衣。这些女子是参加单位组织旅游的公务员，自称是第一次坐飞机，不知道飞机救生衣不能拿，觉得回家游泳可用救生衣便拿走了。机场公安表示拿走救生衣行为构成盗窃航空设施，将面临10日至15日不等拘留。

"飞机上的救生衣属于机上应急设备，是用来预防飞机紧急备降到水面时，让旅客保命的，"机场公安介绍说，"毫不夸张地说，你拿走一件救生衣，就有可能'拿'走了别人逃生的希望。"

这让4名女子十分震惊，"偷拿这个会犯法？我们真的不知道！"陈某说，"我和苏某、杨某都是第一次坐飞机，根本不知道这些东西是不能拿的。"4名女子表示，3月3日飞来厦门时，在飞机上看到了这些救生衣，觉得回家游泳时可能用得着便留了下来。"并不是事先商量好的"，机场公安介绍说，"4名女子当时是前后排坐着的，拿走救生衣纯属不约而同的举动。"

飞机上配备的专用救生衣上都有航空公司的标志，在公共场所使用，一眼就能被认出。而且，这些救生衣只是一次性的，很难被反复充气使用。"偷拿救生衣等救生设备，涉嫌违反了中国民用航空法规定"，机场公安解释说，因为机上的救生衣，是预备

飞机发生紧急情况于水上迫降时,提供给乘客保命用的。根据《治安管理处罚法》规定,盗窃、损坏、擅自移动使用中的航空设施的,可处 15 日以下拘留。

(资料来源:https://baike.baidu.com/item/%E5%A5%B3%E5%85%AC%E5%8A%A1%E5%91%98%E5%81%B7%E6%8B%BF%E9%A3%9E%E6%9C%BA%E6%95%91%E7%94%9F%E8%A1%A3%E4%BA%8B%E4%BB%B6/4835315?fr=aladdin)

案例 8-10 老人排队等待下机,自开应急舱门,被拘 10 天

2019 年 4 月 21 日清晨,普陀山多云转小雨。从济南飞来的山东航空公司 SC8823 航班刚刚落地,坐在 15F 排的乘客宋某和家人按计划来普陀山旅行。但一个意外的举动,打断了这趟旅途。现场视频显示,21 日 8 时 30 分许,SC8823 航班落地后,坐在机舱后排的 65 岁乘客宋某,在排队等待下机期间,突然打开了应急舱门,把乘务员吓了一跳。因打开机舱应急门被行政拘留 10 日的山东乘客宋某,这个五一假期前两天预计要在看守所度过。舟山警方表示,65 岁的宋某事后称第一次坐飞机,对其举动感到"非常后悔"。警方透露,宋某的举动违反了航空安全法,所幸当时应急门外的逃生梯尚未弹出,否则后果"会非常严重"。

(资料来源:http://www.sohu.com/a/311310173_161795)

5. 吸烟(含电子香烟)、使用火种的行为

机上吸烟(含电子香烟)、使用火种易引发火情,因行为发生在飞行中,危险性大大增加。因而,该类行为是被所有国家、航空公司明令禁止的行为。依据我国《治安管理处罚法》的规定,吸烟(含电子香烟)、使用火种的行为为违反第二十三条"扰乱航空器秩序的行为"。其行为构成见表 8-17。

吸烟(含电子香烟)、使用火种的行为构成　　　　表 8-17

主　体	主观方面	客观方面	客　体
14 周岁以上,精神正常的自然人	故意	吸烟(含电子香烟)、使用火种的行为	民航运输秩序

知识窗 8-4

机上为何不得吸电子香烟

电子香烟的工作原理:电子香烟是一种低压的微电子雾化设备,把具有烟草香味的溶液通过加热雾化成烟雾状供吸烟者使用。电子烟杆含雾化器和电子设备。烟油是放在雾化器里的,烟油质量、电池电量和雾化器质量是影响电子香烟口感和烟雾量的主要因素。电子香烟的烟油的主要成分为丙二醇、植物甘油、纯水、尼古丁和香基。

电子香烟设备本身不属于旅客禁止携带物品,但烟油属于易燃物品,因此不允许在机上吸电子香烟。

6. 猥亵客舱内人员或性骚扰行为

猥亵客舱内人员的行为,是指用淫秽举动猥亵他人,尚不够刑事处罚的行为。该行为的主要法律特征是:行为侵犯的客体是他人的人格尊严和名誉权,有的还可能损害他人的身体健康。行为的对象是客舱内人员。该行为既可以发生在同性之间,也可以发生在异性之间。行为的客观方面表现为行为人实施了猥亵他人的行为。所谓猥亵行为,是指除性交以外的一切满足自己性欲或其他低级趣味的行为,或者足以挑逗他人引起性欲的淫秽行为。该行为构成见表 8-18。

猥亵客舱内人员或性骚扰行为构成　　　　表 8-18

主　体	主观方面	客观方面	客　体
14 周岁以上,精神正常的自然人	故意	猥亵客舱内人员行为;性骚扰行为	人格尊严和名誉权

既往案件中,存在航班飞行途中的性骚扰行为,乘务员工作中要注意区分两种情况的不同。对于存在性骚扰行为的,应及时调整旅客座位;对于性骚扰行为性质比较严重,情节属于猥亵他人行为的,必要时应报警处理。

7. 传播淫秽物品及其他非法印制物的行为

传播淫秽物品及其他非法印制物行为是指在机场或航空器上,通过向其他旅客发放印刷品或电子设备等途径传播载有淫秽内容或其他非法内容的违法行为。该行为违背公序良俗,对机场或客舱内的秩序构成极大的危害,属于《治安管理处罚法》第六十八条"传播淫秽信息的行为"所调整的内容。乘务员发现该类行为时应当即刻制止,制止无效的情况下应及时上报安全员、机长。该行为构成见表 8-19。

传播淫秽物品及其他非法印制物的行为构成　　　　表 8-19

主　体	主观方面	客观方面	客　体
14 周岁以上,精神正常的自然人	故意	传播淫秽物品及其他非法印制物行为	民航运输秩序

8. 妨碍机组成员履行职责的行为

妨碍机组成员履行职责的行为指在飞行中不听从机组成员指挥,对客舱安全或空防安全造成危害的行为。妨碍机组成员履行职责的行为的主要危害在于民航运输秩序,因而其属于《治安管理处罚法》第二十三条"扰乱航空器秩序的行为"调整的范畴。该行为的构成见表 8-20。

妨碍机组成员履行职责行为构成　　　　表 8-20

主　体	主观方面	客观方面	客　体
14 周岁以上,精神正常的自然人	故意	妨碍机组成员履行职责行为	民航运输秩序

第八章 我国民航安全保卫法律制度

案例 8-11

乘客殴打飞机安全员，被行政拘留 5 天

乘客郑某乘坐 NS3316 次航班由重庆江北国际机场飞往温州时，因在飞机起飞过程中不听机组成员的劝阻，未将手机处于关闭状态，后与机上安全员发生争执，推搡、蹬踹安全员，严重影响了飞行中的航空器秩序。据温州机场候机楼派出所通报，根据《治安管理处罚法》第二十三条的相关规定，公安机关依法决定给予打人男子郑某行政拘留 5 日的处罚。

（资料来源：http://news.cntv.cn/2014/10/31/ARTI1414704754660787.shtml）

知识窗 8-5

民航局：加强客舱秩序管理引导公众文明乘机

2019 年 6 月 24 日，民航局下发了《关于进一步加强客舱秩序管理工作的通知》（局发明电〔2019〕1658 号）（以下简称《通知》），进一步加强客舱秩序管理，保障和督促客舱乘务员履行安全职责，引导形成良好的公共秩序。

《通知》指出，客舱乘务员对客舱安全负有主要职责，应本着"安全第一"的原则，切实履行客舱秩序的管理职责。对于旅客不按指定座位入座等扰乱客舱秩序的行为，客舱乘务员应主动进行劝阻和引导；对于旅客拒不听从指令、不听劝告等严重破坏客舱秩序的行为，客舱乘务员应果断启动相应程序或预案，配合相关部门和人员采取进一步措施。此外，飞行机组、空保人员、地服人员、机场公安等要积极协同并配合客舱安全。

《通知》强调，航空公司要细化工作机制和预案，保证有效履责；要正确处理投诉，保护正常履责。在细化工作机制和预案方面，航空公司应建立健全工作机制，强化机组协同和内部空地配合机制，明确如对旅客采取进一步措施时的取证和事件调查要求；对于不配合管理、拒不听从指令的情况，应果断采取中止行程等有效措施。在正确处理投诉方面，航空公司要综合考虑运行中的实际情况，进一步完善旅客投诉意见的管理方法，保证机组成员特别是客舱乘务员敢于履行客舱安全管理职责。

《通知》要求，各单位要大力开展民航信用体系宣传普及教育，加强对旅客干扰客舱秩序、危害客舱安全事件以及相应限制和惩戒措施的新闻宣传和舆论引导，倡导旅客遵守秩序，文明出行。针对旅客不按照指定座位入座等不服从客舱秩序管理、影响运行安全的行为，如情节严重且造成恶劣影响的，被公安机关处以行政处罚或被追究刑事责任的，民航局根据《关于在一定期限内适当限制特定严重失信人乘坐民用航空器推动社会信用体系建设的意见》，将相关人员列入失信人员名单，实施相应的限制措施。

本章知识地图

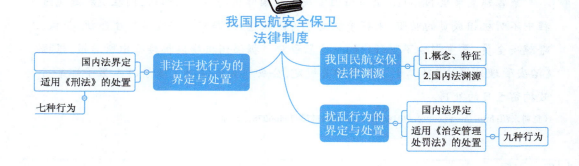

思考与练习

一、填空题

1. 我国民航安保法的国内法渊源主要有_____、_____、_____和_____四个层次。
2. 劫持航空器致人重伤、死亡或者使航空器遭受严重破坏的,即处_____。
3. 劫持航空器指劫持正在_____的航空器。
4. 毁坏使用中的航空器属于_____的犯罪。
5. 在航空器上或机场扣留人质在我国《刑法》中,构成_____罪。
6. 类似"9·11"事件的行为在我国法律中被定义为_____行为。
7. 在候机楼、航空器等公共场所或者公共交通工具内引爆爆炸装置,危害民航运输安全的行为的主体年龄为_____。
8. 针对民航编造、故意传播虚假信息的按照_____立案侦查。
9. 强占座位、行李架行为违反《治安管理处罚法》_____。
10. 机上使用手机应开启_____。

二、判断题

1. 民航安保法是一部独立的部门法。（   ）
2. 民航安保法主要用于调整私人之间的民事行为,因而属于私法范畴。（   ）
3. 机上纵火行为最高可被判处死刑。（   ）
4. 管制刀具在我国没有明文规定,因此乘坐民航客机携带管制刀具的行为是被允许的。（   ）
5. 机上盗窃航空用救生衣的行为将面临最高15日拘留。（   ）
6. 经济舱的座位采取先到先得的原则就座,不存在强占他人座位的行为,只有经济舱的旅客坐到了头等舱才构成强占座位的行为。（   ）

7. 违规开启应急舱门造成严重后果的,构成犯罪。　　　　　　　　　(　　)
8. 拒不听从乘务员安全指令的行为,可构成妨碍机组成员履行职责的行为。(　　)
9. 电子烟设备本身不属于旅客禁止携带物品但在机上不得使用。　　　(　　)
10. 对于存在性骚扰行为的,应及时调整旅客座位;对于性骚扰性为性质比较严重,情节属于猥亵他人行为,必要时应报警处理。　　　　　　　　　　　　　(　　)

三、简答题

1. 非法干扰行为包括哪些?
2. 简述劫持航空器罪的定义。
3. 简述寻衅滋事罪的定义。
4. 扰乱行为包括哪些?
5. 简述打架斗殴、寻衅滋事行为的区别。

每一次对法律的严重挑战,都是对秩序的一种威胁。——[英]哈罗德·约瑟夫·拉斯基(Harold Joseph Laski)

附 录

民航乘务员相关法律法规　　　　　　附表1

序号	名　称	文　号	发布时间	施行时间	文件链接	备　注
1	《中华人民共和国反恐怖主义法》	中华人民共和国主席令（第三十六号）	2015年12月27日	2016年1月1日		
2	《全国人民代表大会常务委员会关于修改〈中华人民共和国国境卫生检疫法〉等六部法律的决定》	中华人民共和国主席令（第六号）	2018年4月27日	2018年4月27日		对《中华人民共和国反恐怖主义法》做出修正
3	《中华人民共和国民用航空法》		1995年10月30日	1996年3月1日		分别于2009年8月27日、2015年4月24日、2016年11月7日、2017年11月4日、2018年12月29日进行五次修正
4	全国人民代表大会常务委员会关于修改《中华人民共和国安全生产法》的决定		2021年6月10日	2021年9月1日		对《中华人民共和国安全生产法》做出修正
5	《中华人民共和国劳动法》		1994年7月5日	1995年1月1日		分别于2009年8月27日、2018年12月29日进行两次修正
6	《中华人民共和国劳动合同法》	中华人民共和国主席令（第六十五号）	2007年6月29日	2008年1月1日		
7	《全国人民代表大会常务委员会关于修改〈中华人民共和国劳动合同法〉的决定》	中华人民共和国主席令（第七十三号）	2012年12月28日	2013年7月1日		对《中华人民共和国劳动合同法》做出修正

续上表

序号	名　称	文　号	发布时间	施行时间	文件链接	备　注
8	《中华人民共和国治安管理处罚法》	中华人民共和国主席令（第三十八号）	2005年8月28日	2006年3月1日		
9	《全国人民代表大会常务委员会关于修改〈中华人民共和国治安管理处罚法〉的决定》	中华人民共和国主席令（第六十七号）	2012年10月26日	2013年1月1日		对《中华人民共和国治安管理处罚法》做出修正
10	《中华人民共和国民用航空安全保卫条例》	国务院令（第201号）	2005年8月24日	2005年8月24日		
11	《大型飞机公共航空运输承运人运行合格审定规则》	交通运输部令（2020年第9号）	2021年3月15日	2021年3月15日		
12	《公共航空旅客运输飞行中安全保卫工作规则》	交通运输部令（2017年第3号）	2017年2月7日	2017年3月10日		
13	《交通运输部关于修改〈公共航空运输企业航空安全保卫规则〉的决定》	交通运输部令（2018年第35号）	2018年11月16日	2019年1月1日		
14	《航空安全员合格审定规则》	交通运输部令（2018年第17号）	2018年8月31日	2019年1月1日		
15	《交通运输部关于修改〈民用航空人员体检合格证管理规则〉的决定》	交通运输部令（2018年第30号）	2018年11月16日	2019年1月1日		
16	《民用航空人员体检合格证申请、审核和颁发程序》		2018年2月12日	2018年8月1日		

参考文献
References

[1] 张文显. 法理学 [M]. 2 版. 北京：高等教育出版社，2003.
[2] 沈宗灵. 法理学 [M]. 2 版. 北京：高等教育出版社，2009.
[3] 吴建端. 航空法学 [M]. 北京：中国民航出版社，2005.
[4] 邢爱芬. 民用航空法教程 [M]. 北京：中国民航出版社，2007.
[5] 张俊杰. 法理学案例教程 [M]. 北京：人民出版社，2009.
[6] 姚建宗. 法理学 [M]. 北京：科学出版社，2010.
[7] 王竹. 中华人民共和国侵权责任法配套规定：注解版 [M]. 北京：法律出版社，2010.
[8] 葛洪义. 法理学 [M]. 3 版. 北京：中国人民大学出版社，2011.
[9] 陈景辉，王锴，李红勃. 理论法学 [M]. 北京：中国政法大学出版社，2011.
[10] 德恩里科，邓子滨. 法的门前 [M]. 北京：北京大学出版社，2012.
[11] 舒国滢. 法理学阶梯 [M]. 2 版. 北京：清华大学出版社，2012.
[12] 付子堂. 法理学初阶 [M]. 5 版. 北京：法律出版社，2016.
[13] 李红勃. 简明法理学 [M]. 北京：北京大学出版社，2016.
[14] 段庆喜，李曰龙. 国际法 [M]. 北京：中国政法大学出版社，2016.
[15] 周静，王威宇，张书梅. 法学概论 [M]. 北京：中国政法大学出版社，2011.
[16] 三校名师. 国家司法考试三校名师讲义：理论法学 [M]. 北京：中国政法大学出版社，2013.
[17] 夏利民. 法律基础教程 [M]. 3 版. 北京：北京大学出版社，2017.
[18]《法理学》编写组. 法理学 [M]. 北京：人民出版社，2010.
[19] 张君周. 民航安保法律基础 [M]. 北京：中国民航出版社，2015.
[20] 张世良，贺元骅，胡超容. 旅游法与航空法 [M]. 成都：四川大学出版社，2006.
[21] 王剑辉. 民用航空法规 [M]. 成都：西南交通大学出版社，2017.
[22] 董杜骄. 航空法案例评析 [M]. 北京：对外经济贸易大学出版社，2009.
[23] 王铁崖. 国际法 [M]. 北京：法律出版社，1995.
[24] 赵维田. 国际航空法 [M]. 北京：社会科学文献出版社，2000.
[25] 张焱. 试论航权交换与航权经济 [J]. 上海经济研究，2017（3）：103-108.
[26] 范思赫. 国际航空法 [M]. 黄韬，译. 9 版. 上海：上海交通大学出版社，2014.
[27] 杨惠，郝秀辉. 航空法学原理与实例 [M]. 2 版. 北京：法律出版社，2017.
[28] 杨惠，郝秀辉. 航空法通论 [M]. 北京：法律出版社，2009.

[29] 刘得一, 张兆宁, 杨新湜. 民航概论 [M].3 版. 北京：中国民航出版社，2011.
[30] 王立志. 论空域权：以与空间权的比较为核心 [J]. 法律科学，2017（4）：124-132.
[31] 中国民用航空局航空安全办公室, 中国民航大学. 民航客舱安全读本 [M]. 北京：中国民航出版社，2016.
[32] 陆晓娇. 航空器融资租赁的法律问题探析 [J]. 科技与法律，2016（4）：812-836.
[33] 中国航空运输协会法律委员会. 中国民航法律案例精解 [M]. 北京：知识产权出版社有限责任公司，2016.
[34] 董念清. 中国航空法：判例与问题研究 [M]. 北京：法律出版社，2007.
[35] 董念清. 航空法判例与学理研究 [M]. 北京：群众出版社，2001.
[36] 朱子勤. 国际航空运输关系法律适用问题研究 [D]. 北京：中国政法大学，2006.
[37] 张爱宁. 国际民用航空立法的晚近发展及在我国的适用 [J]. 法律适用，2007（6）：50-52.

让法律的力量跟随者我们，就像影子跟随着身体一样，时刻约束并指导我们的行为，让法律变成我们的生活方式。——切萨雷·贝卡利亚（Beccaria, Marchese di）